＼トラブルを防ぐ／

著作権侵害の判断と法的対応

弁護士 弁理士 南部 朋子 ―― 弁護士 弁理士 平井 佑希 ―― 共著

日本法令®

はしがき

本書は、会社の法務部、知財部など社内から著作権に関する問い合わせを受ける立場の方や、弁護士であっても普段あまり著作権に関する案件を扱っていない方を想定して書かれたものです。

知的財産法の中でも、著作権法は最も身近な法律といえます。会社では毎日著作物が創作されていますし、第三者の著作物も利用しています。コンテンツの創造や流通を生業とする会社でなくとも、自社ウェブサイトを開設している場合は多いでしょうし、商品のパッケージや広告など、著作物を扱わずに事業を行うことはできません。

弁護士としても、普段知的財産に関する案件を扱っていなくても、著作権案件については、たまに飛び込んでくることがあるのではないでしょうか。

そんな身近な著作権法ですので、解説した書籍はたくさんあります。基本書と呼ばれるものから、条文を１つ１つ詳細に解説した逐条解説、こども向けに解説したものまで多岐にわたります。本書で参考文献として挙げさせていただいたものは、そのごく一部です。

私たち著者２人は、すばらしい先人たちの書籍群の中で、本書の居場所を探しました。私たちは学者ではありませんし、弁護士としてもまだ若手～中堅の範疇ですが、実務家としてこれまで四苦八苦しながらも著作権案件に対応してきました。そんな経験から、自分たちが新人だったころにこんな本があったらよかったな、と思うような本にしようと考えました。

いきなり著作権案件が降ってきたというような企業内の法務担当者や弁護士の方に本書を手に取っていただければと思います。

ただその分、本格的に著作権法を学ぼうという方や、多くの著作権案件を扱っている方にとっては少し物足りないかもしれません。この本の読者のみなさまも、著作権案件をいくつか扱っていくうちに、本書が物足りなくなってくるかもしれませんが、その段階に至れば、もう本書はその役割を終え、消尽したといえるでしょう。

さて、本書は、南部が担当した第１部と、平井が担当した第２部からなります。

第１部は、著作権の基本的知識を説明しています。ここでも本書の目的に沿って、著作権法を網羅的に解説することを目指すのではなく、実務で問題となることが多い支分権や権利制限規定などを中心に解説をしています。また、どのような場面で著作権問題が発生するのかをまずは本書のみでイメージできるよう、裁判例を多めに、かつできるだけ事案の概要を添えて紹介するように心がけています。「今回の事案だったらどうなるか」ということを考える道標になれば幸いです。

第２部は、著作権案件に接した場合に、どういう順序でどのように考えればよいのかということを解説しています。ここではこれまで案件を扱ってきた中で、よく問題になること、注意をしなければならないこと、思いもよらなかったこと、こうしておけばよかったと思うことなどを織り込んでいます。せっかく実務家が書く本ですので、警告書や訴状などの例も掲載しました。

また、第１部、第２部を通じて、図表などを使って、なるべくわかりやすく解説することを心がけました。

以上が本書に込めた私たち２人の気持ちです。突然の著作権案件についても、本書がスムーズに対応する一助になることができたら幸いです。また、本書をきっかけに著作権法に興味を持っていただけたら、このうえない喜びです。

2021年７月

弁護士　南部朋子

弁護士　平井佑希

Contents

第4章　出　版　権　60

第5章　著　作　物　64

第6章　著作者　107

第7章　著作権者　125

第8章　著作権の制限　129

第2部　著作権案件への対応

第12章　著作者人格権侵害か否かの考え方（フロー）　199

第13章　著作権、著作者人格権以外の権利　209

第 1 部

著作権の基本的知識

第1章 「著作権」と著作権法で規定する権利

1　用語「著作権」の意味

「著作権」という用語の持つ意味は文脈によって異なり、どのような権利を指すのかをよく確認する必要があります。

というのも、著作権法では、著作物（例えば曲）を創作した者である「著作者」の権利だけでなく、それを実演（演奏等）した者（実演家）、録音した者（レコード製作者）、放送・有線放送をした者（放送・有線放送事業者）である著作隣接権者の権利も規定しています。

最も狭い意味では、著作財産権（第２章１「著作権（著作財産権）の概要」参照。**図表１－１**のＡ枠内の範囲）のみを指して「著作権」といい、

図表１－１　用語「著作権」の概念図

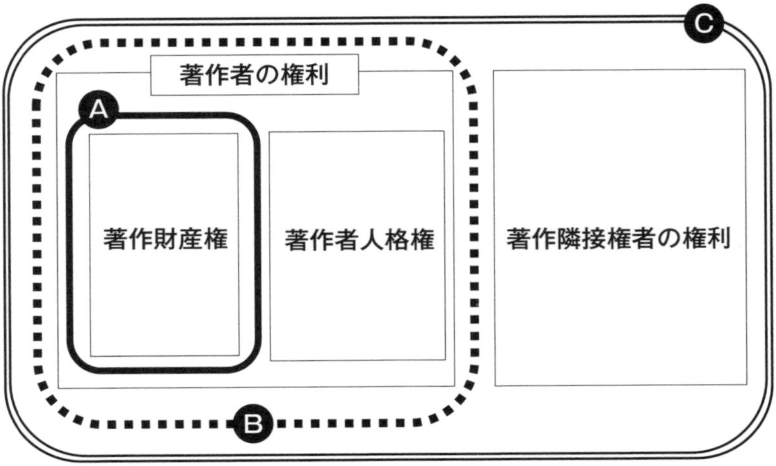

より広く、これに著作者人格権（第２章７「著作者人格権の概要」参照）を加えた、著作者の権利（**図表１－１**のＢ枠内の範囲）を指す場合もあり、さらに広い意味では、著作隣接権者の権利を加えた範囲（**図表１－１**のＣ枠内の範囲）を指します。本書では、特に断りのない限りは「著作権」という用語を、著作財産権を指すものとして使用しています。

2　著作権法で保護されている権利

著作権法では、著作権以外の様々な権利を規定しており、その概略は**図表１－２**のとおりです。本書では、実務上広い範囲で問題となる著作者の権利を中心に解説しています。

図表１－２　著作権法で保護されている権利

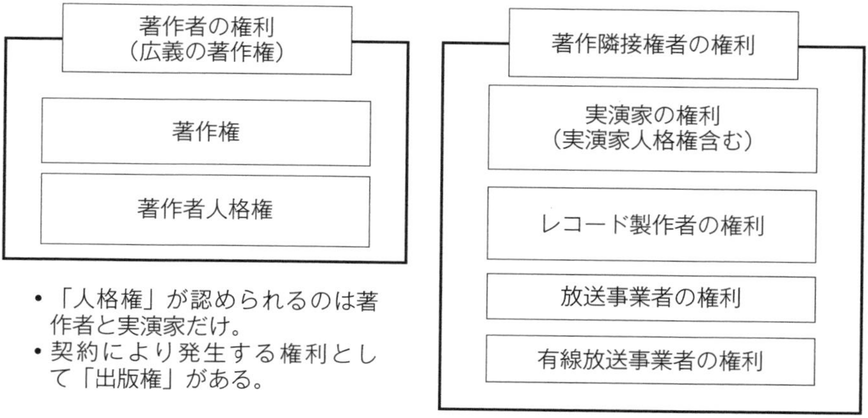

3　他の知的財産権との比較にみる著作権の特徴

「知的財産」とは、発明、意匠、著作物その他の人間の創造的活動により生み出されるものや、商標、商号などの表示及び営業秘密など事業活動に有用な技術上又は営業上の情報をいい、これらに関して法令で規定する権利を「知的財産権」といいます（正確には、知的財産基本法２条１項及び２項で定義されています。）。

著作権も知的財産権の１つであり、その特徴を他の代表的な知的財産権と比較すると**図表１－３**のとおりです。

著作権は、著作物の創作と同時に発生し、権利保護のための登録が不要で、他の知的財産権と比較しても保護期間が長いこともあり、世の中に多くの権利者が存在するといえます。

図表１－３　代表的な知的財産権の種類とその特徴

権利の種類	保護対象	保護対象の基本要件	保護対象の例	登録の要否	保護期間（原則）
特許権（特許法）	発明	・自然法則を利用 ・新規、高度かつ産業上利用可能 ・技術的思想の創作	菓子の製造方法	要	出願から20年
実用新案権（実用新案法）	考案	・自然法則を利用 ・物品の形状、構造又は組合せ ・新規かつ産業上利用可能 ・技術的思想の創作	菓子の包装容器の構造	要	出願から10年
意匠権（意匠法）	意匠	・視覚を通じて美感を起こさせる ・物品又は建築物の、形状、模様、色彩（スマホのホーム画像など、機器操作用の画像等も保護対象）	菓子用包装容器のデザイン	要	出願から25年
商標権（商標法）	商標	・商品やサービスについて使用 ・人の知覚で認識可能 ・文字、図形、記号、立体的形状、色彩又はこれらの結合、音等	菓子の商品名	要	登録から10年（更新可、制限なし）
著作権（著作権法）	著作物	・思想又は感情の創作的表現 ・文芸、学術、美術又は音楽の範囲に属する	菓子のイメージキャラクターの原画	不要	著作物の創作から著作者の死亡後70年

第2章 著作者の権利

1 著作権（著作財産権）の概要

(1) 根拠条文

著作権法17条１項は、著作者が有する権利のうち著作権法21条から28条までに規定する権利を「著作権」と定義しています。

著作権に含まれる著作権法21条から28条までに規定する権利は「支分権」といわれ、「複製」をはじめとして、「公衆送信」、「翻訳」、「展示」といった著作物の利用形態に対応する形で、複製権、公衆送信権等と各支分権が著作権法で定められています。

支分権が法で定められているのは、著作物が「創作的表現」という一種の情報であり、その利用形態は多様であるため、どのような利用に対して著作権者が権利行使可能であるのかを明確にするためです。

例えば、支分権として「複製権」のほか「公衆送信権」が定められているので、論文のコピー（複製に当たります。）にその著作権者の許可が必要なほか、論文をウェブサイトに掲載する（公衆送信に当たります。）のにも著作権者の許可が必要になります（なお、著作権の制限規定によって許可が不要なケースもあります。）。

(2) 種類・内容

著作権の支分権は、「著作者は、その著作物を○○する権利を専有する。」という形式で規定されています。これは、著作者がその著作物について○○する排他的な権利を有し、他者に対して、著作物を○○することを禁止できることを意味します。例えば複製権であれば、他者が著作物を複製することを禁止できるということです。

このような排他的な権利である著作権の支分権には、次のものがあります。

ア　複製権：著作物を複製（有形的に再製）する権利（詳しくは第２章２「著作権：複製権」参照）

イ　上演権・演奏権：著作物を公衆に直接見せる・聞かせる目的で（＝公に）上演・演奏する権利
※歌唱も「演奏」に含まれます（著作権法２条１項16号）。

ウ　上映権：著作物を公に上映する権利
※上映とは、映写幕その他の物に映写することで（著作権法２条１項17号）、映画館での映写に限らず、例えばセミナー会場でのスクリーンへの映写やプロジェクションマッピングによる建物等への映写も含まれます。

エ　公衆送信権：著作物について公衆送信（放送などのほか配信用サーバへのアップロード行為である「送信可能化」を含みます。）を行う権利（詳しくは第２章３「著作権：公衆送信権」参照）

オ　公の伝達権：公衆送信された著作物を公に伝達する権利（公への伝達の例：放送中の歌番組をそのまま街頭の大型ビジョンに写して公衆に視聴させる行為）

カ　口述権：朗読その他の方法により言語の著作物を公に口頭で伝達する権利（なお、口述には例えば他人の講演の録音を再生するような行為も含みます。）

キ　展示権：美術の著作物又は写真（未発行のもの）の著作物の原作品を公に展示する権利

ク　頒布権：映画の著作物の複製物を公衆に譲渡し、又は貸与する権利

※譲渡・貸与は、映画の著作物を公衆に提示することが目的であれば、たとえ映画の著作物の複製物を１つしか譲渡・貸与しないとしても「頒布」に当たります。

ケ　譲渡権：著作物（映画の著作物を除きます。）を原作品又は複製物の譲渡により公衆に提供する権利（詳しくは第２章４「著作権：譲渡権」参照）

コ　貸与権：著作物（映画の著作物を除きます。）をその複製物の貸与により公衆に提供する権利

サ　翻訳権・編曲権・変形権・翻案権：それぞれ、著作物を翻訳・編曲・変形・翻案する権利（二次的著作物を創作する権利。詳しくは第２章５「著作権：翻訳権・翻案権等」参照）

シ　二次的著作物の利用に関する原著作者の権利：二次的著作物の原著作物の著作者（原著作者）が、当該二次的著作物について有する権利

※原著作者は、二次的著作物の著作者と同じように二次的著作物について複製権等の権利を有します（権利の存続期間は原著作物についての保護期間内に限ります。詳しくは第２章６「著作権：二次的著作物の利用に関する原著作者の権利」参照）。

(3) 特　徴

著作権は、著作物の創作によって発生し、登録等の手続は一切不要です（著作権法17条２項）。

著作権は、他者にその全部又は一部を譲渡でき（著作権法61条１項）、相続や差押えの対象にもなります。

ただ、著作権の譲渡の際、翻訳権・編曲権・変形権・翻案権及び二次的著作物の利用に関する原著作者の権利については、譲渡の目的として契約に特記（「特掲」）されていない限り、譲渡人に残るもの（譲渡の対象外）

と推定されてしまうので注意が必要です（著作権法61条２項）。

また、著作権者は、他人に対してその著作物の利用を許諾することができます（著作権法63条１項。もっとも、契約自由の原則から左記条文は確認規定であると理解されています。）。

著作権は、著作権法30条以下の著作権制限規定により、権利行使可能な範囲が制限されています（詳しくは第８章「著作権の制限」参照）。

2　著作権：複製権

⑴　根拠条文

著作権法21条は、「著作者は、その著作物を複製する権利を専有する。」と規定していますので、複製権の内容を理解するには、どのような行為が「複製」に該当するのかを理解する必要があります。

⑵　「複製」とは

「複製」とは、「印刷、写真、複写、録音、録画その他の方法により有形的に再製すること」と定義されています（著作権法２条１項15号）。紙面への印刷といったアナログな行為だけでなく、記録媒体への記録のようなデジタルな行為も「複製」に当たります。

具体的な例を先に挙げると、次のような行為が「複製」に該当します。

- パソコンなどで閲覧しているウェブサイトをプリントアウトする
- パソコンやスマートフォンの画面のスクリーンショットを保存する
- 複合機などでコピーをする
- 雑誌記事の写真をスマートフォンなどで撮影する
- インターネット上で見つけた画像をダウンロードする
- セミナーなどでの講演をICレコーダーやスマートフォンで録音

する
- テレビ番組を録画する
- 絵や文章を手で写す

また、例えば、演劇を脚本に基づいて上演した場合はその脚本を複製したことになり、建築物をその設計図に基づいて建築した場合には、当該設計図で表現されている建築物を複製したことになります（著作権法２条１項15号）。

(3) 「有形的」な再製の意味

「有形的」な再製とは、紙やハードディスクなど、「具体的に存在する物の中に著作物等を収録する行為」をいいます。

著作権法は、「有形的」な再製に限って複製権で保護することとし、上演、演奏、口述などの無形での再製行為は、上演権、演奏権、口述権など「公衆に」あるいは「公に」といった、行為についての要件が課された他の権利（支分権）で保護しています。

そのような制度となっているのは、いったん著作物の有形的な再製物が作成されると、それが将来反復して使用される可能性が生じるため、再製自体が公のものでなくとも予防的に著作者の権利を及ぼすことが相当であると判断されたからと理解されています（RAM におけるデータ等の蓄積が「複製」に当たるか否かが争点となった後掲の**スターデジオ事件**参照）。

(4) 「再製」の意味（「複製」の解釈）

著作権法上は、「複製とは……有形的に再製すること」（著作権法２条１項15号）と記載されているだけで、「再製」自体の定義はされておらず、直接その解釈を示した裁判例も多くはありません。

しかし、判例で「複製」を解釈したものはあります。日本人の作った曲がそれ以前に公表された米国の楽曲についての著作権を侵害するか否かが問題となった**ワン・レイニー・ナイト・イン・トーキョー事件**最高裁判決は、「著作物の複製とは、既存の著作物に依拠し、その内容及び形式を覚知させるに足りるものを再製することをいう」と判断しています（ただし、旧著作権法に関する判例です。）。

つまり、著作権法上の複製といえるには、既存の著作物への「依拠」が必要となります。著作権法には「依拠」という文言は使われておらず、その内容についてもいくつかの見解がありますが、例えば中山信弘『著作権法 第３版』（有斐閣、2020年）709頁では、「依拠とは、他人の著作物に接し、それを自己の作品の中に用いること」と説明されています。

また、上記判例に基づき、複製といえるには「既存の著作物の内容及び形式を覚知させる」必要がある、言い換えれば既存の著作物との類似性が必要であると理解されています。

どのような場合に類似性が認められるかについても解釈に委ねられていますが、NHKの番組ナレーションが第三者の執筆した書籍を複製又は翻案（著作権法27条）したものか否かが争われた**江差追分事件**最高裁判決（第２章５⑷「裁判例」参照）では「著作権法は、思想又は感情の創作的な表現を保護するものであるから……既存の著作物に依拠して創作された著作物が、思想、感情若しくはアイデア、事実若しくは事件など表現それ自体でない部分又は表現上の創作性がない部分において、既存の著作物と同一性を有するにすぎない場合」に著作権侵害を否定しています。

つまり、類似部分に創作性がないか、単なる事実やアイデアのように著作権法の保護対象でない場合は、著作権法上は「類似性あり」と評価されないということです。

このように類似性があるかどうかについて、上記江差追分事件では、「既存の著作物の表現上の本質的な特徴を直接感得すること」ができるかどうか、という言葉で表現しています。

これを受けて、その後の下級審の裁判例の中には、「著作物の再製は、当該著作物に依拠して、その表現上の本質的な特徴を直接感得することのできるものを作成することを意味するものと解され」るなどと判示するものがあります（後掲の**アクション折り紙事件**や**マンモス頭部CT画像事件**）。

また、最近は、著作物の「複製」を直接定義する裁判例も見られます。例として「著作物に依拠して、その表現上の本質的な特徴を直接感得することのできるものを有形的に再製する行為」と定義した**ペンギン写真事件**の控訴審（ペンギン写真の画像を、写真の著作者に無断でネットサービスのアカウント画像としてアップロードしたケース）があります。

以上から、ある作品が既存の著作物の複製といえるには、①既存の著作物への依拠及び②既存の著作物の有形的な再製（著作権法で保護されるべき部分の類似性があることが前提）の両方が満たされる必要があるということになります。そして、著作物について、このような意味での複製を他者に禁止することができる権利が複製権です。

(5) 「複製」と「翻案」の違いや両者を区別する実益

上記江差追分事件最高裁判決では、言語の著作物の「翻案」を定義しており、これによれば、複製ではなく翻案といえるには少なくとも既存の著作物の具体的表現に修正、増減、変更等を加えて、新たに思想又は感情を創作的に表現する必要があると理解できます。

ただ、実務上は、上記①依拠及び②有形的再製（類似性）が認められて既存の著作物に創作的表現を加えていなければ複製、加えていれば翻案に当たり、いずれにせよ権利侵害となるため、通常はあまり区別の実益はなく、権利者側としては「複製権侵害又は翻案権侵害に当たる」と主張することが多いでしょう。ただし、複製権と翻案権が別人に帰属している場合など、複製と翻案を区別して主張することが必要な場合もあります。

(6) 平面的表現の立体的表現への変換は複製か翻案か

例えばゆるキャラのイラストをもとに、そのゆるキャラのぬいぐるみを作成したときのように、平面的表現を立体的表現に変換したような場合は、複製又は翻案のいずれに当たるのでしょうか。

一般には、既存の著作物と表現形式が変わったものでもその「再製」（複製）に該当し得るとされ、例えば、録音した講演をテープ起こしして文字化した場合は、講演の再製（複製）になります（音声から文字に変換）。

下級審裁判例でも、複製権侵害の成否の検討に当たって、「再製とは、既存の著作物と同一性のあるものを作成することをいうと解すべきであるが、同一性の程度については、完全に同一である場合のみではなく、多少の修正増減があっても著作物の同一性を損なうことのない、すなわち実質的に同一である場合も含むと解すべきである」などと説明しているものがあります（ノンフィクション書籍の複製又は翻案が問題となった、**破天荒力事件**控訴審など）。

この点、漫画等のキャラクターの模型原型の著作物性が問題となった**模型原型事件**では、「漫画等のキャラクターをプラモデルや人形等に立体化する際、その立体化の過程において創作性が認められない場合には、そのプラモデルや人形は……漫画又は当該キャラクターの複製」であるのに対し、「立体化の過程において創作性が認められる場合」には、その立体物はキャラクターについての二次的著作物（原著作物に新たな創作的表現が加えられたもの。詳しくは第５章２「二次的著作物」参照）である、つまりキャラクターの翻案である旨判断しました。

したがって、平面的表現を立体的表現へ変換した場合には、立体的表現がその内容によって、

- 平面的表現の「再製」にすぎないもの（複製の範疇を出ない）
- もとの平面的表現に創作的表現が加わったもの（翻案）、すなわち「二次的著作物」（原著作物とは別の著作物）

のいずれかに評価され得ることになります（後掲の**チョコエッグ・フィギュア事件**も参照）。

⑺　著作物の一部分の再製（複製）

著作物の全体ではなく、その一部分の再製（複製）であっても、当該一部分に創作性が認められるような場合は、著作権法上の複製となります（冷蔵倉庫の設計図の複製が問題となった、**冷蔵倉庫事件**参照）。前述（第２章2⑷）の**ペンギン写真事件**控訴審でも、裁判所は原告写真に写っているペンギン２羽のうち１羽のペンギンを被写体とする部分に創作性を認め、被告が１羽のペンギン及びその背景のみを切り出すトリミング処理をしてアップロードした行為が複製権侵害に当たるとしています。

逆にいえば、複製した部分に創作性がないような場合は、著作権法上の複製には該当しないということです。

⑻　裁 判 例

【スターデジオ事件】東京地判平12・5・16（平10ワ17018）

レコード会社８社が原告となり、通信カラオケ事業等を営む会社と衛星放送サービス「スカイパーフェク TV」を提供する事業者を訴えた事件です。同衛星放送サービスの１つとして行われている音楽送信サービス「スターデジオ100」において、被告らが原告らの製作したレコードの音源を使用することが原告らのレコードの音源についての複製権侵害（原告らは著作権者ではなくレコード製作者という著作隣接権者なので第３章２で説明する著作隣接権としての複製権が問題となりました。）に該当するか否かが争われました。具体的には、衛星放送の受信者（リスナー）が受信チューナーを利用する際、レコードの音源データが受信チューナーのRAM（ランダム・アクセス・メモリー）に一時蓄積されるところ、それが著作権法上の「複製」に当たるかどうかが争点とされました。

裁判所は、「RAM におけるデータ等の蓄積は……一時的・過渡的な性質を有するものであるから、RAM 上の蓄積物が将来反復して使用される可能性のある形態の再製物といえないことは、社会通念に照らし明らか」だとして、著作権法上の「複製」に当たらないと判断しました。本件では結局、原告らの請求はいずれも認められませんでした。

【ワン・レイニー・ナイト・イン・トーキョー事件】東京地判昭43・5・13（昭40ワ5299・5489）、東京高判昭49・12・24（昭43ネ1124・1190）、最判昭53・9・7（昭50オ324）

1933年に米国で発行された「The Boulevard of Broken Dreams」という楽曲（原告楽曲）について日本で著作権を有する原告が、1963年、1964年ころに「ワン・レイニー・ナイト・イン・トーキョー」という楽曲（被告楽曲）を作成し自己の創作物として公表した個人と同楽曲の音楽出版社を、著作権侵害を理由に訴えた事件です（旧著作権法の適用が問題となった事件です。）。原告は、被告楽曲が原告楽曲の「偽作物」、つまり著作権を侵害する複製だと主張しました。

第一審は、原告楽曲と被告楽曲の同一性を否定して著作権侵害を否定し、控訴審は、被告楽曲の作者が同楽曲の作成当時、原告楽曲の存在、内容を知っていた事実を認めるに足りる証拠はないとして、原告楽曲についての著作権侵害を否定しました。原告らは上告しましたが、最高裁は、複製の要件として依拠を挙げ、控訴審の判断同様、被告楽曲をもって原告楽曲に依拠して作曲された原告楽曲の複製物と断ずることはできないとして、上告を棄却しました。

【アクション折り紙事件】東京地判平23・5・20（平22ワ18968）

折り紙作家である原告が、テレビドラマの番組ホームページに掲載された折り紙の折り図が、原告の書籍に掲載されている折り図の複製又は翻案に当たる等と主張して著作権侵害等を理由にテレビ局を訴えた事件です。

裁判所は、原告の折り図の著作物性を認めたうえで、被告の折り図と比較し、被告折り図に従って折り進めても折り紙作品の完成形に至ることができないこと等に着目し、被告折り図から、折り紙作品の一連の折り工程（折り方）を見やすく、わかりやすく表現した原告折り図の表現上の本質的特徴を直接感得することができるものとは認められないとして、原告折り図の複製及び翻案を否定しました。

【マンモス頭部CT画像事件】東京地判平23・11・29（平23ワ28962）、知財高判平24・4・25（平23ネ10089）

大学教授である原告が、被告である出版社に貸し出したカラー画像（マンモスの頭部の標本のX線CTデータ等をもとに3DCGにより作成されたもの）が、原告に無断で白黒画像に改変等されたうえで被告の出版した書籍に掲載されたことについて、複製権・譲渡権侵害や同一性保持権・氏名表示権侵害を主張して出版の差止め等を求めた事件です。

第一審は、書籍に記載された画像が、原告画像の有する創作性のある表現上の特徴的部分の多くにおいて同一性を有するもので、原告画像の表現上の本質的特徴を直接感得できるものだとして、複製権侵害を認めました（その他、原告による損害賠償請求の一部を除きすべて認容されました。）。控訴審もその判断を維持しました。

【ペンギン写真事件】東京地判令元・5・31（平30ワ32055）、知財高判令元・12・26（令元ネ10048）

プロの写真家である原告が撮影した、２羽のペンギンが前後に並んで歩いている様子を撮影した写真の画像データを、被告が無断で改変の上、２度にわたりオンライン・カラオケサービスのアカウントのプロフィール画像に設定したことが、原告の著作権（複製権及び自動公衆送信権）並びに著作者人格権（氏名表示権及び同一性保持権）の侵害に当たるとして、被告に原告への損害賠償が命じられた事件です。

被告がプロフィール画像に設定したのは、被告がトリミング処理をした結果、原告写真の一部（２羽のペンギンのうち１羽のみの部分）でした。被告は、プロフィール画像が小さく表示され、画質も粗い上、被告プロフィール画像のペンギンは１羽にすぎないから、本件写真の表現上の本質的特徴を感得することができず「複製」に当たらないなどと主張しましたが、裁判所は第一審及び控訴審ともその主張を認めませんでした。

【破天荒力事件】東京地判平22・1・29（平20ワ1586）、知財高判平22・7・14（平22ネ10017・10023）、最決平23・10・24（平22受2071）（上告不受理）

「富士屋ホテル」を題材にしたノンフィクション書籍の執筆者（原告）が、被告出版社の出版した箱根の開発と近代化に尽力した人物の人物像等を内容とする書籍は原告書籍の複製又は翻案である等と主張して、被告書籍の出版の差止め等を求めた事件です。

第一審は、原告書籍中の「正造が結婚したのは、最初から孝子というより富士屋ホテルだったのかもしれない。」との記述部分に創作性があることを前提に、被告書籍中の「彼は、富士屋ホテルと結婚したようなものだったのかもしれない。」との記述部分が、原告書籍の同記述部分を再製したものだとして複製権侵害等を一部認めましたが、控訴審は、両記述部分に共通する「（特定の事業又は仕事）と結婚したようなもの」「だったのかもしれない」との部分はごくありふれた用語にすぎず、表現それ自体ではない部分又はせいぜい表現上の創作性のない部分において同一性を有するにすぎないとして、複製権侵害等を否定し、第一審の判断を覆して原告の請求を認めませんでした。

【模型原型事件】京都地判平９・７・17（平７ワ1371）、大阪高判平10・７・31（平９ネ2769、平10ネ205）

原告は、各種模型及び玩具の卸・小売販売等の事業を営む被告会社に勤務し、ガレージキット（漫画のキャラクターを立体化した、手作り模型）の模型原型を制作しました。しかし、その退職後に被告会社が模型原型を改変し、同社の他の従業員を制作者として販売したため、原告が模型原型の著作者は被告会社ではなく自分だと主張して制作した模型原型の改変等の差止め等を求めて同社とその従業員を訴えました。

本件では争点として原告が制作した模型原型の著作物性が問題となりましたが、第一審は、ガレージキットは造型師が平面資料から自己の感性で各部品を造るもので、同一メーカーの同一シリーズでもサイズは一定しないことが多く、数社が同一キャラクターを立体化した場合でもフォルム、バランス、サイズが微妙に異なるなどと指摘し、「ガレージキット業界は、キャラクターの立体化の過程における当該キャラクターの解釈や表現を競う模型ジャンルであるといえ、その制作の過程において、制作者の思想・感情の表現が看られる」としました。そのうえで、原告の制作した模型原型は、キャラクターが描かれた漫画又は当該キャラクターという美術著作物の二次的著作物だと認定して、原告の請求を一部認めました。控訴審も第一審の判断を維持し、キャラクターの立体化の過程に関してより詳しい説明をしています。

【チョコエッグ・フィギュア事件】大阪地判平16・11・25（平15ワ10346、平16ワ5016）、大阪高判平17・7・28（平16ネ3893）

原告は、製菓会社である被告が製造販売する菓子類のおまけとなる各種のフィギュアの模型原型を製造し、被告との間で著作権使用許諾契約を締結したものの、被告が商品の製造数量について過少報告をするなどしたとして、当該契約に基づき被告に対して未払ロイヤルティや違約金の支払を請求しました。被告は、フィギュアの模型原型の著作物性を争い当該契約は無効だと主張しました。

第一審は、当該模型原型が応用美術（実用目的の美的創作物。第５章８「著作物性に関する裁判例：美術の著作物（実用品）」参照。）でありかつ純粋美術と同視できる創作性がないとして著作物性を否定しました（もっとも、契約は有効だとして原告の請求は大部分認めました。）。

これに対し、控訴審では、多くの点で第一審の判断を維持しつつも、模型原型のうち、妖怪をテーマとしたフィギュアについては、「一定の美的感覚を備えた一般人を基準に、純粋美術と同視し得る程度の美的創作性を具備している」として著作物性を認めました。妖怪フィギュアの相当部分は、江戸時代に鳥山石燕が著した文献「画図百鬼夜行」を原画とするものでしたが、妖怪フィギュアが原画を忠実に立体化したものではなく、随所に制作者独自の解釈、アレンジが加えられ、妖怪本体のほかに制作者において独自に設定した背景ないし場面も含めて構成され、色彩についても独特な彩色をしたものがあるために、原画を立体化する制作過程において制作者の個性が強く表出されていて高度の創作性が認められるというのがその理由でした。

【冷蔵倉庫事件】大阪地判昭54・2・23（昭51ワ2991）

第三者から冷蔵倉庫の設計監理を依頼されて昭和48年８月にその設計図を完成させた原告が、昭和50年８月に被告が完成させた冷蔵倉庫の設計図を原告設計図の複製であるなどと主張して、被告に損害賠償を求めた事案です（なお、設計図の設計会社のほか、その依頼者と、設計図をもとに倉庫を建築した会社も被告とされました。)。

裁判所は、原告の主張の趣旨は、部分複製による著作権侵害の主張だと解釈したうえで、「一般に一個の著作物の部分引用は、当該引用部分が原著作物の本質的な部分であつてそれだけでも独創性または個性的特徴を具有している部分についてはこれを引用するものは部分複製をしたものとして著作権侵害を認めるべきである」としましたが、原告設計図の複製は否定しました（必ずしも明確ではありませんが、被告設計図は原告設計図に依拠していない等の理由のようです。)。

3　著作権：公衆送信権

(1)　根拠条文

著作権法23条１項は、「著作者は、その著作物について、公衆送信（自動公衆送信の場合にあつては、送信可能化を含む。）を行う権利を専有する。」と規定しています。

⑵ 「公衆送信」とは

「公衆送信」は、著作権法２条１項７号の２で「公衆によつて直接受信されることを目的として無線通信又は有線電気通信の送信（中略）を行うこと」と定義されています。具体的な例を先に挙げると、次のような行為が「公衆送信」に該当します。

ア	テレビやラジオなどでの放送・有線放送
イ	インターネット上のウェブサイトにアクセスした人に対する、当該ウェブサイト（情報）の送信
ウ	（イの前段階としての）インターネットに接続したサーバへのアップロード
エ	顧客の求めに応じて手動でファクシミリや電子メールで情報を提供するサービス

上記のイの行為は、公衆からの求めに応じて自動的に行う公衆送信であり、「自動公衆送信」（著作権法２条１項９号の４）と呼ばれています。

自動公衆送信は、文字どおり送信が自動で行われるものであり、ネットワークの発達により、実際に自動公衆送信されたか否かを著作権者が立証することは極めて困難です。そこで、著作権法は、著作権者保護のために、自動公衆送信の前段階、すなわち、著作物を自動公衆送信装置（例：インターネットに接続したサーバ）にアップロードして、公衆送信し得る状態に置く「送信可能化」も「公衆送信」に含めています（上記のウの行為）。

⑶ 「公衆」とは

「公衆」は、著作権法上、「不特定人」だけでなく、「特定かつ多数の者」を含みます（著作権法２条５項）。「特定」の者とは、行為者との間に個人的な結合関係がある場合を指します。何人から「多数」となるのかは定まっておらず、相対的な概念のため、判断が困難です。

この点に関連して、社交ダンス教室での音楽CD等の再生が「演奏権」侵害に当たるかが争われた**ダンス教室著作権侵害事件**で、裁判所は、著作権法が2条5項で「特定かつ多数の者」を含むとして公衆概念の内容を明らかにしたのは、「著作物が不特定一般の者のために用いられる場合はもちろんのこと、多数の者のために用いられる場合にも、著作物の利用価値が大きいことを意味するから、それに見合った対価を権利者に環流させる方策を採るべきとの判断による」と説明しました。

そして、法の趣旨に照らし「著作物の公衆に対する使用行為に当たるか否かは、著作物の種類・性質や利用態様を前提として、著作権者の権利を及ぼすことが社会通念上適切か否かという観点をも勘案して判断するのが相当である（このような判断の結果、著作権者の権利を及ぼすべきでないとされた場合に、当該使用行為は「特定かつ少数の者」に対するものであると評価されることになる。）。」と判示しています。

公衆送信（著作権法2条1項7号の2）における「公衆」の意義が問題となった事件としては、テレビ番組の一括録画・個別視聴を可能にする集合住宅向けの録画システムの販売が問題となった**選《より》撮《どり》見《み》録《どり》事件**やCD等に収録されている楽曲をユーザ自身の携帯電話で聴けるようにするサービスが問題となった**MYUTA事件**があります。

⑷ 「公衆送信」から除外されている送信行為

上記第2章3⑵で示した公衆送信の定義中、「中略」の部分には、「電気通信設備で、その一の部分の設置の場所が他の部分の設置の場所と同一の構内……にあるものによる送信……を除く」と記載されています。

これは、発信と受信の場所が同じ構内の場合、例えば1棟のビルを丸ごと自社ビルとして使用している会社が、構内LANの中で情報をやりとりするような場合は、構内LANでの送信は公衆送信とはしない、ということです。

ただし、ソフトウェアなどプログラムの著作物の送信については、構内

LANの中で行われた場合であっても、原則に戻って公衆送信に該当します（著作権者の保護のため）。

また、発信と受信の場所が同じ構内（例：１棟のビル内）でも、それぞれ別の者に占有されているような場合も、原則に戻って公衆送信に該当することになります。例えば、ビルの１階に入居するＡ社を発信場所とし、同じビルの２階に入居するＢ社を受信場所とする場合には、公衆送信に該当します。

⑸ 裁判例

【ダンス教室著作権侵害事件】名古屋地判平15・2・7（平14ワ2148）、名古屋高判平16・3・4（平15ネ233）、最決平16・9・28（平16受1000）（上告不受理）

生徒が教師の指導を受けながら音楽に合わせてダンスする形式で授業を行う社交ダンス教室で、音楽CD等を再生することが「公衆」に直接聞かせることを目的とした演奏（著作権法22条）に当たるとして、社団法人日本音楽著作権協会（JASRAC）が社交ダンス教室の経営者らを演奏権侵害で訴えた事件です。

被告ダンス教室側は、CD等の再生は被告らとダンス指導受講の契約を結んだ特定の生徒に対してなされるので「特定」の者が対象であり、各施設におけるレッスンの生徒数は最高でも10名程度であって「多数」の者に対するものではないから「公衆」に対する演奏ではないなどと主張しました。

これに対し、第一審は、上記第２章3⑶のような判断基準を示し、音楽著作物の利用主体とその利用行為を受ける者との間に契約ないし特別な関係が存することや、著作物利用の一時点における実際の対象者が少数であることは、必ずしも公衆であることを否定するものではなく、入会金さえ支払えば誰でも被告らの各施設におけるダンス教授所の受講生資格を取得でき、入会の申込みと同時の受講が可能であることなどを考慮すると、受講生である顧客は不特定多数の者であって、CD等の再生が公衆に対するものと評価できると判断しました。控訴審もその判断を維持しました。

【選撮《よりどり》見録《みどり》事件】大阪地判平17・10・24（平17ワ488）、大阪高判平19・6・14（平17ネ3258、平18ネ568・362）

毎日放送等５社のテレビ放送事業者が、集合住宅向けに商品名「選撮《よりどり》見《み》録《どり》」とするハードディスクビデオレコーダーシステムの販売事業を手掛ける事業者に対し、同システムの使用等・販売の差止め・廃棄を求めた事案です。請求の根拠は、本商品が、テレビ番組の著作者としての放送事業者らの著作隣接権（複製権及び公衆送信権）等を侵害するのに専ら用いられるというものでした（著作権法112条）。

本商品は、①サーバ（テレビ放送受信用チューナーと放送番組録画用ハードディスクを備えるもの）と②各利用者用のビューワーとそのコントローラーがセットになっているもので、①のサーバは、集合住宅の共用部分（管理人室等）に設置されてチューナー部がテレビ放送受信用アンテナに接続され、②の各利用者用のビューワー及びそのコントローラーは、集合住宅の居室に各戸１台ずつ設置され、各ビューワーとサーバとの間が配線で電気的に接続されます（**図表２－１**参照）。

本商品では、①のサーバによって、テレビ放送から、事前に設定された最大５局分の番組を、同時に、１週間分録画することができ、各利用者が②のビューワーから録画予約指示をすることで、自動的に放送番組の録画がされました（録画予約をしたビューワーの数にかかわらず、サーバのハードディスク上の１か所にのみ１組のみの音及び影像の情報が記録されます。）。各利用者は、自らが録画予約を指示してある番組についてビューワーを用いて再生の指示をすれば、サーバからビューワーに録画番組の音声・映像の情報が送信され、ビューワーに接続されたテレビ受像機でその番組の視聴ができました。

本商品の１サーバ当たりのビューワー数の上限は50個（50戸）程度とすることが予定されていたところ、サーバからの録画番組の情報の送信が「公衆」に対するものかどうかが問題となりました。

図表2－1　「選撮《よりどり》見録《みどり》」の概要

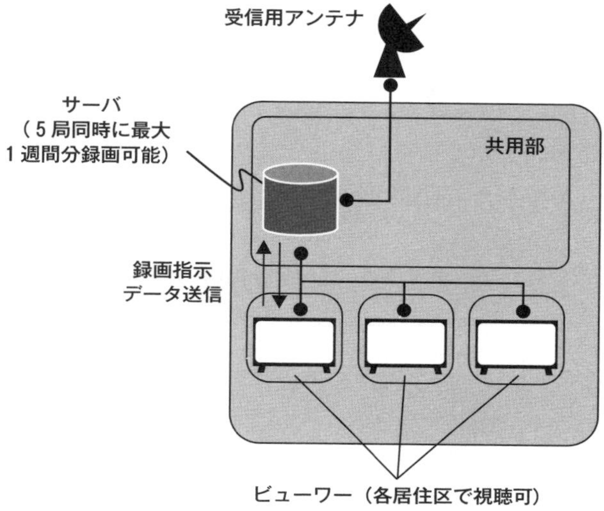

第一審は、1サーバに接続されるビューワー数は少なくとも10個以上と推認し、10世帯以上の入居者が利用者となるとして、利用者数は、公衆送信の定義に関して「公衆」ということを妨げない程度に多数である旨判断しました。控訴審は、少なくとも24戸以上の入居者が使用者となると認定して、同様にそれが「公衆」といい得る程度に多数である旨判断しました。

【MYUTA 事件】東京地判平19・5・25（平18ワ10166）

原告（事業者）は、パソコンと携帯電話のインターネット接続環境を有するユーザに対して、CD 等に収録されている楽曲をユーザ自身の携帯電話で聴くことができるようにする「MYUTA」というサービスを提供するに当たり、JASRAC を被告として、同被告が楽曲の著作権に基づいて同サービスを差し止める請求権を有しないことの確認を求める訴訟を提起しました。

原告のサービスは、ユーザがMYUTA 専用のソフトをユーザ自身のパソコンにインストールし、ユーザの携帯電話とそのパソコンの紐付けの設定をすることにより、パソコンに保存されたMP3等の音楽ファイルが3G2という形式のファイルに変換されたうえでインターネット回線を通じて原告のMYUTAサーバに蔵置され、ユーザの求めに応じてその3G2ファイルがサーバからユーザの携帯電話（パソコンに紐付けられたもの）に送られるというものでした（**図表2－2**参照）。

図表2－2 「MYUTA」の概要

本件サービスにおける音楽著作物の利用

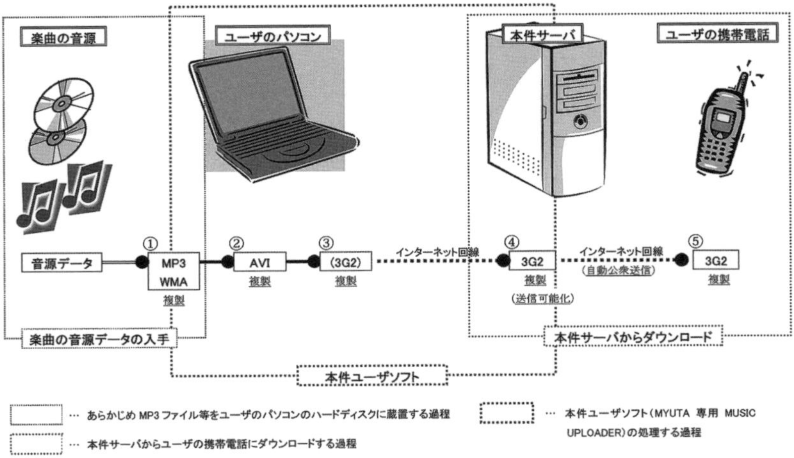

出典：裁判所ウェブサイト
（https://www.courts.go.jp/app/files/hanrei_jp/696/034696_option1.pdf）

原告のサービス中、MYUTAサーバ（図表2－2の「本件サーバ」）からの3G2ファイルの送信が「自動公衆送信」に該当するかが争点の１つとなりました。原告は、MYUTAサーバに蔵置された3G2ファイルは、そのファイルをサーバに蔵置したユーザの携帯電話にのみ送信されるため、「公衆」への送信とはいえないなどと主張しました。

しかし、裁判所は、本件サービスはインターネット接続環境を有するパソコンと携帯電話を有するユーザが所定の会員登録を済ませれば、誰でも利用することができるから、ユーザは本件サーバを設置する原告にとって不特定の者だとして、「公衆」への送信だと判断しました。

4　著作権：譲渡権

(1)　根拠条文

著作権法26条の２は、「著作者は、その著作物……をその原作品又は複製物……の譲渡により公衆に提供する権利を専有する。」と規定しています。

(2)　譲渡権の対象となる行為

著作物を、譲渡により公衆に提供する行為です。ただし、映画の著作物（著作権法２条３項参照）は対象外で、より強力な「頒布権」（著作権法26条）という権利で保護されています。

譲渡権は比較的最近に規定された権利で、以前は、映画の著作物以外の著作物には譲渡に関する権利は認められていませんでした。

しかし、平成８（1996）年12月に、譲渡権などについて定めたWIPO著作権条約が採択され、日本が同条約に加入する前提として平成11（1999）年に著作権法が改正され、譲渡権が規定されました。

有償・無償を問わず、譲渡により「公衆」に提供する行為が対象ですので、例えば友人の１人への譲渡行為は、通常、譲渡権侵害に当たりません（「公衆」概念については、第２章３「公衆送信権」を参照）。

(3)　譲渡権の消尽

いったん適法に譲渡された著作物の原作品又は複製物をさらに公衆に譲渡する行為には、譲渡権は及びません。これを譲渡権の消尽といい、その内容は著作権法26条の２第２項で定められています。

具体的には、以下のような「著作物の原作品又は複製物」をさらに譲渡することに対しては譲渡権が及びません。

ア	譲渡権者（又は同人から譲渡の許諾を受けた者）が公衆に譲渡したもの
イ	著作権法等の規定する文化庁長官の裁定・許可を受けて公衆に譲渡されたもの
ウ	著作権法67条の２の適用を受け裁定申請中に公衆に譲渡されたもの
エ	譲渡権者（又は同人から譲渡の承諾を受けた者）が特定少数者に譲渡したもの
オ	国外で、譲渡権に相当する権利を害することなく、又はその権利者（若しくは同人から譲渡の承諾を受けた者）が、譲渡したもの

例えば、画家が展示会で売った自分の作品を、その購入者らが転売・贈与することを止められませんし（上記ア）、画家が友人に贈った自分の作品を、その友人が転売・贈与することは止められません（上記エ）。

一方、前述（第２章４⑵）のように、映画の著作物には譲渡権ではなく「頒布権」が認められますが、譲渡権と違い「頒布権」は消尽しません。

⑷　譲渡権の特例

著作権法26条の２の規定によれば、著作物の原作品又は複製物（以下「複製物等」といいます。）の最初の譲渡が適法に行われなかった場合、当該複製物等の以後の公衆への譲渡についても、譲渡権が消尽していないために違法（譲渡権侵害）となります。

しかし、取引の安全を保護するため、複製物等を善意無過失で譲り受けた者が、当該複製物等をさらに公衆に譲渡する場合には、譲渡権侵害行為に当たらないものとみなされています（著作権法113条の２）。

上記の善意無過失とは、複製物等について譲渡権が消尽していないことを知らず、知らないことについて過失がないことです。

もっとも、例えば譲渡権が消尽していない複製物等を善意無過失で譲り受けたＡさんから、当該複製物等を悪意で譲り受けたＢさんが、さらに公衆に譲渡した場合は、Ｂさんの行為は、譲渡権侵害に該当します。

また、譲渡権が消尽していない複製物等を善意無過失で譲り受けたＡさんが、後日事情を知って悪意となり、なお当該複製物等を販売したり、その目的で所持したりした場合には、いわゆる「みなし侵害」（著作権法113条１項２号該当行為）として問題になりますので、注意が必要です。

5　著作権：翻訳権、翻案権等

(1)　根拠条文

著作権法27条は、「著作者は、その著作物を翻訳し、編曲し、若しくは変形し、又は脚色し、映画化し、その他翻案する権利を専有する。」と規定しています。

本条で規定する、著作物の翻訳、編曲、変形、翻案という４つの行為についての定義はされておらず、解釈に委ねられています。

まず、翻訳とは、例えば日本語の論文を英訳するように、言語の著作物を言語体系の異なる他の国語で表現し直すことです。

編曲とは、例えばピアノ用に作曲されたものをギター用に直すなど、音楽の著作物について、楽曲をアレンジして原曲に付加的価値を生み出すことです。編曲については、楽曲「記念樹」が楽曲「どこまでも行こう」の複製に当たるか否かが争われた**記念樹事件**の控訴審でその定義（後記第２章５(3)のとおり）が示されています。

変形とは、例えば美術の著作物でいえば絵画を彫刻にするなど、表現形式を変更することです。

翻案は、実務上、よく問題となる行為です。「脚色」と「映画化」は翻案の例示で、小説をもとに脚本を作る、漫画をアニメや映画にする、長文を要約することなどが翻案に当たり得るといえます。

以上のような行為を他者に禁止し得る権利が翻訳権、翻案権等です。

⑵ 「翻案」の要件

翻案については、NHKの番組ナレーションが、あるノンフィクションの「翻案」に当たるか否かが争われた**江差追分事件**最高裁判決で、言語の著作物の「翻案」について「既存の著作物に依拠し、かつ、その表現上の本質的な特徴の同一性を維持しつつ、具体的表現に修正、増減、変更等を加えて、新たに思想又は感情を創作的に表現することにより、これに接する者が既存の著作物の表現上の本質的な特徴を直接感得することのできる別の著作物を創作する行為をいう。」と判示されました。

このことから、翻案といえるには、

ア　既存の著作物に依拠し
イ　既存の著作物の表現上の本質的な特徴の同一性を維持（つまり、表現上の本質的な特徴を直接感得可能）しつつ
ウ　具体的表現に修正、増減、変更等を加えて、新たに思想又は感情を創作的に表現する

ことが必要と考えられています（なお、要件の捉え方としては別の考え方もありますが、ここでは紹介していません。）。

翻案の結果創作した著作物は、「二次的著作物」となります（翻訳、編曲、変形により創作した著作物も同様です。著作権法２条１項11号参照）。

⑶ 「言語の著作物」以外の「翻案」

江差追分事件最高裁判決は、直接には「言語の著作物」の「翻案」に関する判断を示しているものの、その後の裁判例では言語の著作物に限らず、他の著作物に関する著作権法27条に規定する権利（つまり、二次的著作物を創作する権利）について、同様の判断基準を採用しているものが多くあります。

例えば、後掲のとおり、美術の著作物については**幼児用箸事件**控訴審や

ゴルフクラブシャフトデザイン事件控訴審、映画の著作物（ゲーム）について**プロ野球カードゲーム事件**控訴審や**釣りゲーム事件**控訴審、写真の著作物について**廃墟写真事件**控訴審がいずれも「翻案」について江差追分事件の判断基準を採用しています。

また、学習塾の問題と解説の翻案権侵害が問題となった**SAPIXテストライブ解説事件**控訴審では、江差追分事件最高裁判決を引用した上、編集著作物について「翻案が行われたといえるためには、素材の選択又は配列に含まれた既存の編集著作物の本質的特徴を直接感得することができるような別の著作物が創作されたといえる必要がある」としています。

音楽の著作物である歌謡曲についての著作権侵害が問題となった後掲**記念樹事件**では、「翻案」ではなく「編曲」を、江差追分事件最高裁判決に準じて、「既存の著作物である楽曲（以下「原曲」という。）に依拠し、かつ、その表現上の本質的な特徴の同一性を維持しつつ、具体的表現に修正、増減、変更等を加えて、新たに思想又は感情を創作的に表現することにより、これに接する者が原曲の表現上の本質的な特徴を直接感得することのできる別の著作物である楽曲を創作する行為をいう」と定義しています。

⑷　裁判例

【記念樹事件】東京地判平12・2・18（平10ワ17119・21184・21285）、東京高判平14・9・16（平12ネ1516）、最決平15・3・11（平14オ1763、平14受1793）（上告棄却、上告不受理）

「どこまでも行こう」（昭和41（1966）年作曲）の作曲者と同曲の著作権者である音楽出版社が、「記念樹」（平成4（1992）年作曲）の作曲者である被告に対し、「記念樹」は「どこまでも行こう」を複製したものであると主張して、原告作曲者は氏名表示権及び同一性保持権侵害に基づき、原告音楽出版社は複製権侵害に基づいて、被告に損害賠償を求めた事件です。これに対し、被告は、反訴という形で、「記念樹」について（自分が創作したもので他曲の複製ではないので）自分が著作者人格権を有することの確認を求めました。

第一審では、両曲の相違点が多くあることを指摘され「複製」には当たらないとして原告側の請求は認められず、被告の請求が認められました。原告側は不服として控訴し、控訴審では、「記念樹」が「どこまでも行こう」の「編曲」に当たると主張を変更しました。

控訴審は、前記第２章５(3)の「編曲」の定義を踏まえ、「異なる楽曲間の旋律の類似の程度として、……他に類例を見ないほど多くの一致する音を含む（約72％）」ことなどから「旋律の相当部分は実質的に同一といい得るものである上、旋律全体の組立てに係る構成においても酷似しており、……表現上の本質的な特徴の同一性を維持している」として「記念樹」が「どこまでも行こう」の表現上の本質的な特徴を直接感得することのできるものだとしました。そして、「どこまでも行こう」の著名性や、両曲の顕著な類似性などを根拠に「依拠」も肯定し、原告側の主張の一部を認めました。

また、控訴審は、被告が「記念樹」について著作者人格権を有することの確認もしました。これは、仮に編曲が違法だったとしても、編曲によって創作された二次的著作物について、なお編曲者が著作権法上の保護を受けるという解釈を前提としています。

【江差追分事件】東京地判平８・９・30（平３ワ5651）、東京高判平11・３・30（平８ネ4844）、最判平13・６・28（平11受922）

江差追分（北海道の民謡）に関するノンフィクション「北の波濤に唄う」と題する書籍の著作者が、「ほっかいどうスペシャル・遥かなるユーラシアの歌声―江差追分のルーツを求めて―」と題するテレビ番組を作成したNHKを、翻案権侵害等を理由に訴えた事件です。

著作者は、この番組のナレーションのうち「日本海に面した北海道の小さな港町江差町。古くは鰊漁で栄え、江戸にもないという賑わいを見せた豊かな海の町でした。しかし、鰊はすでに去り、今はその面影を見ることはできません。九月、その江差が年に一度、かつての賑わいをとりもどします。民謡江差追分の全国大会が開かれるのです。大会の三日間、町は一気に活気づきます。」という部分が、上記書籍のプロローグ（1000字程度）に依拠しており、プロローグの表現形式上の本質的な特徴が上記ナレーションから直接感得できるから翻案権侵害に当たると主張しました。

プロローグには、「むかし鰊漁で栄えたころの江差は」、「江差の五月は江戸にもない」、「鰊の去った江差に、もはや昔日の面影はない」、「その江差が、九月の二日間だけ、とつぜん幻のようにはなやかな一年の絶頂を迎える。日本じゅうの追分自慢を一堂に集めて、江差追分全国大会が開かれるのだ。」といった記述がありました。

第一審は、**パロディ・モンタージュ写真事件**（第８章３⑷参照）の判断基準を引用し、上記ナレーションが本件プロローグにおける表現形式上の本質的な特徴を直接感得することができるとして翻案権侵害を認め、控訴審は、「江差追分全国大会を『年に一度（中略）の賑い』と捉え、これを、江差町の過去の繁栄（すなわち、『かつての賑い』）と対比して構成されている本件ナレーションの表現は、本件プロローグの江差追分全国大会に対する深い思いに基づく思想又は感情の創作的な表現を直ちに感知させるものであって、単なる客観的事実の説明とはいえない」として、やはり翻案権侵害を認めました。

これに対し、最高裁では、前記第２章５⑵のように翻案を定義したうえで、著作権法が創作的表現を保護することを理由に「表現それ自体でない部分又は表現上の創作性がない部分において、既存の著作物と同一性を有するに過ぎない場合には、翻案には当たらない」と判示し、本件ナレーションにつき「本件プロローグと同一性を有する部分は、表現それ自体ではない部分又は表現上の創作性がない部分であって、本件ナレーションの表現から本件プロローグの表現上の本質的な特徴を直接感得することはできない」として翻案権侵害を否定しました。

【幼児用箸事件】東京地判平28・4・27（平27ワ27220）、知財高判平28・10・13（平28ネ10059）、最決平29・9・22（平29オ60、平29受65）（上告棄却、上告不受理）

図表2－3　幼児用箸（一部）

被告商品（一部）　　原告図画　　原告製品（一部）

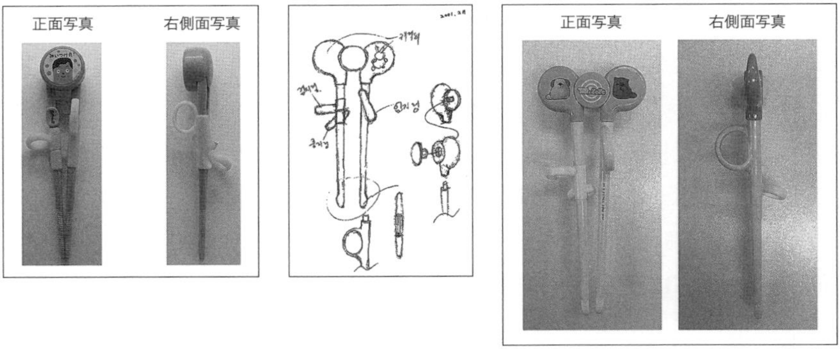

出典：裁判所ウェブサイト
（https://www.courts.go.jp/app/files/hanrei_jp/868/085868_option1.pdf）

幼児用箸を製造販売する原告が、同種製品を製造販売する被告に対し、被告商品（うち１点について**図表2－3**参照）の製造販売が原告図画及び原告製品（いずれも**図表2－3**参照）に係る各著作権（複製権及び翻案権。ただし、原告製品のうちキャラクターの図柄及び立体像に関する部分を除く。）を侵害すると主張して、被告商品の製造販売の差止め等を求めた事案です。

第一審は、原告製品の著作物性を否定し、原告図画について、美術の著作物として創作性を認めるとした場合でも、被告商品から原告図画の表現形式上の本質的特徴は感得することができないとして原告の請求を認めず、控訴審も原告製品の著作物性を否定し、原告が原告図画及び被告商品について「表現上の創作性がない部分において同一性を主張するにすぎない」として、原告図画についての翻案権侵害を否定し、第一審の判断を維持しました。

【ゴルフクラブシャフトデザイン事件】東京地判平28・4・21、知財高判平28・12・21（平28ネ10054）

ゴルフ用品等の製造販売業者である被告は、広告業者にゴルフクラブ用のシャフトの外装デザインを依頼し、同広告業者からさらに依頼を受けた原告（デザイナー）は、シャフトデザイン図である原画を納品し、被告はその原画をもとにシャフトを製造販売しました。その後、被告がそのシャフトの後継モデルを製造販売したところ、原告は、後継モデルが原告のシャフトデザインの特徴をすべて踏襲したうえで配色、パターンの位置等を変えたものでそれが原告のシャフトデザインないしその原画の翻案権等を侵害するとして、損害賠償等を求めた事案です。

第一審は、シャフトデザイン及び原画の著作物性を否定して原告の請求を認めず、控訴審も同様にそれらの著作物性を否定しましたが、仮に著作物性が認められるとしても、被告の後継モデルからは原告のシャフトデザイン等の表現上の本質的特徴を直接感得することはできないとして、原告の請求を認めませんでした。

【プロ野球カードゲーム事件】東京地判平25・11・29（平23ワ29184）、知財高判平27・6・24（平26ネ10004）

「プロ野球ドリームナイン」というタイトルのゲームをSNS上で提供・配信している原告が、「大熱狂！！プロ野球カード」というタイトルのゲームを提供・配信している被告に対し、被告ゲームは原告ゲームの複製又は翻案に該当するなどとして著作権（複製権、翻案権、公衆送信権）侵害に基づく損害賠償請求や被告ゲームの配信差止請求等をした事案です。

第一審は、当事者の各ゲームの個別表現（「試合」、「選手カード」等）ごとに著作権侵害の成否を検討し、次いでゲーム全体（画面遷移や進行方法）について同様の検討をしましたが、いずれにおいても被告ゲームは原告ゲームの複製又は翻案に当たらないと判断しました。これに対し控訴審では、一部の選手カード（一例として**図表２－４**参照。左側が原告ゲームのもの、右側が被告ゲームのもの）について「本体写真のポーズ及び配置、多色刷りで本体写真を拡大した二重表示部分の存在、部位や位置関係、背景の炎及び放射線状の閃光の描き方という具体的な表現が同一」だ

図表２－４　選手カード（左・原告ゲーム、右・被告ゲーム）

１　中島裕之選手

出典：裁判所ウェブサイト
（https://www.courts.go.jp/app/files/hanrei_jp/179/085179_option1.pdf）

として、問題の原告選手カードと被告選手カードは「表現上の本質的特徴を同一にしているものと認められ、また、その表現上の本質的特徴を同一にしている部分において思想又は感情の創作的表現がある」として翻案権侵害を認めました。

【釣りゲーム事件】東京地判平24・2・23（平21ワ34012）、知財高判平24・8・8（平24ネ10027）

SNS提供事業等を営む原告が、自社で配信する携帯電話向け釣りゲームを翻案した釣りゲームを競業他社である被告が配信している等として、被告作品（ゲーム）の影像抹消や配信停止等を求めた事件です。

被告作品の「魚の引き寄せ画面」が原告作品の同画面を翻案したものか否かが争点の１つとなりました（**図表２－５**参照）。

第一審は、原告作品の魚の引き寄せ画面の表現上の本質的な特徴といえる、①水面上を捨象して、水中のみを真横から水平方向の視点で描いている点、②水中の中央に、三重の同心円を大きく描いている点、③水中の魚

図表２－５　魚の引き寄せ画面（左・原告作品、右・被告作品）

【原告作品】

【被告作品】

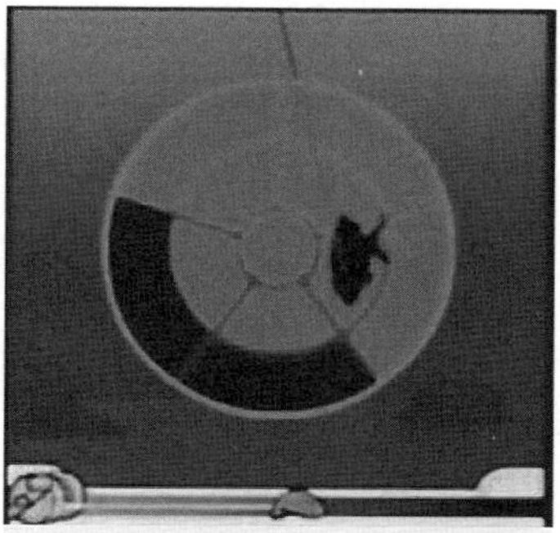

出典：裁判所ウェブサイト
（https://www.courts.go.jp/app/files/hanrei_jp/118/082118_option1.pdf）

を黒い魚影で表示し、魚影が水中全体を動き回るようにし、水中の背景は全体に薄暗い青系統の色で統一し、水底と岩陰のみを配置した点、④魚を引き寄せるタイミングを、魚影が同心円の一定の位置に来たときに決定キーを押すと魚を引き寄せやすくした点についての同一性が、被告作品の中に維持されているとしました。そして、被告作品の魚の引き寄せ画面は、同心円の配色や、魚を引き寄せやすい位置等に変更を加えて、新たに被告作品の製作者の思想又は感情を創作的に表現したものだとし、これに接する者が原告作品の魚の引き寄せ画面の表現上の本質的な特徴を直接感得することができるとして翻案を認めました。上記各点については創作性を欠く・アイデアにすぎないという被告の主張も採用しませんでした。

これに対し、控訴審は、上記①と③について「水中のみを描くことや、水中の画像に魚影、釣り糸及び岩陰を描くこと、水中の画像の配色が全体的に青色であること……黒色の魚影と釣り糸を表現している点」はいずれもありふれており創作性がなく、上記①②④に関連し「水中を真横から水平方向に描き、魚影が動き回る際にも背景の画像は静止していること」、

「三重の同心円を採用すること」、「静止した同心円と動き回る魚影の位置関係によって釣り糸を巻くタイミングを表現すること」はアイデアであって表現それ自体ではないと認定しました。そして、原告被告両作品の共通部分は、表現それ自体ではない部分又は表現上の創作性がない部分にすぎず、その具体的表現においても異なるため、原告作品と相違する被告作品の魚の引き寄せ画面から、原告作品の表現上の本質的な特徴を直接感得できないとして翻案を否定しました。

【廃墟写真事件】東京地判平22・12・21（平21ワ451）、知財高判平23・5・10（平23ネ10010）

「廃墟」の写真を撮影したプロの写真家である原告が、同じ被写体を撮影して書籍に掲載した同業者である被告に対し、翻案権侵害等を理由に当該書籍の増製・頒布の差止め等を求めた事案です。

原告は、原告写真の表現上の本質的な特徴は、その被写体及び構図の選択にあると主張しましたが、第一審は被写体の選択はアイデアにすぎず、構図ないし撮影方向もそれだけで表現上の本質的特徴といえないとし、さらに原告と被告の各写真を比べて写真全体から受ける印象が大きく異なり、被告写真から原告写真の表現上の本質的な特徴を直接感得することはできないとして、被告による原告写真の翻案を否定しました。

控訴審も「被写体が既存の廃墟建造物であって、撮影者が意図的に被写体を配置したり、撮影対象物を自ら付加したものでないから、撮影対象自体をもって表現上の本質的な特徴があるとすることはできず、撮影時季、撮影角度、色合い、画角などの表現手法に、表現上の本質的な特徴があると予想される」と指摘したうえで、原告写真と被告写真の撮影時季の違いによる写り込み対象の違いや、色合いなどの違いを挙げて、第一審同様、被告による原告写真の翻案を否定しました。

【SAPIX テストライブ解説事件】東京地判令元・5・15（平30ワ16791）、知財高判令元・11・25（令元ネ10043）

中学受験のための学習塾等を経営する原告が、原告のテスト問題（本件問題）及びその解説（本件解説）を競業他社である被告が無断で翻案し、ネット配信しているなどと主張し、被告による本件問題ライブ解説（被告ライブ解説）の配信差止め等を求めた事案です。

第一審は本件問題と本件解説が編集著作物であるとしたうえで、①本件問題と被告ライブ解説を対比し、被告ライブ解説では本件問題の全部又は一部の画像を表示しておらず、口頭で本件問題の全部又は一部を読み上げるなどの行為もしていないから、被告ライブ解説は本件問題の本質的な特徴の同一性を維持しておらず、被告ライブ解説に接する者が本件問題の素材の選択又は配列に係る本質的な特徴を直接感得することができるということはできない、②本件解説と被告ライブ解説を対比し、両者で表現が共通する部分はほとんど存在せず、当該各設問に係る被告ライブ解説が本件解説の本質的特徴の同一性を維持しているということはできない、として被告による翻案を否定しました。

控訴審も、①被告ライブ解説は「作成された問題（すなわち、素材の選択及び配列等）を所与のものとして……問題に対する回答者の思考過程や思想内容を表現する言語の著作物であって、このような思考過程や思想内容の表現にその本質的特徴が現れているものである」から、素材の選択及び配列等にその本質的特徴が現れている本件問題と被告ライブ解説とでは、その本質的特徴を異にするとし、②本件解説と被告ライブ解説は、いずれも本件問題に対する解説であることに由来して内容の類似性・同一性はみられるものの、その表現については本質的特徴を同一にするとは認められない、として翻案を否定しました。

6　著作権：二次的著作物の利用に関する原著作者の権利

(1)　根拠条文

著作権法28条は、「二次的著作物の原著作物の著作者は、当該二次的著作物の利用に関し、この款に規定する権利で当該二次的著作物の著作者が有するものと同一の種類の権利を専有する。」と規定しています。

著作物を翻訳、編曲、変形又は翻案して創作した著作物が二次的著作物であり（著作権法２条１項11号）、元となった著作物のことを原著作物といいます。

⑵　権利の内容

二次的著作物について著作権の各支分権で定める行為に該当するような利用をする場合は、当該二次的著作物の著作者の許諾が必要となります。

しかし、これに加えて、そのような利用について原著作物の著作者の許諾も必要となります。

例えば、英語の小説を日本語に翻訳して出版する場合、まずは、原著作物である英語の小説の著作者からの、小説を日本語に翻訳することの許諾（著作権法27条）が必要です。次に、その小説の日本語訳を出版する場合には、日本語訳の著作者から複製の許諾を得る必要があります。

加えて、著作権法28条に基づき、英語の小説の著作者からも「日本語訳の複製」の許諾を得る必要があります。

二次的著作物の利用に関する原著作者の権利が行使された事例としては、製薬会社の商品パッケージ等の図柄（外部のデザイン会社に委託し作成）につき原著作物の著作者（フランス国籍）の相続人から権利主張のあった、**パンシロントリム事件**があります。

⑶　二次的著作物の一部分の利用についての原著作物の著作者の権利

例えば、小説を原著作物として、小説とは別の著作者が漫画（小説の二次的著作物）を執筆した場合、漫画の絵を複製するのに、著作権法28条により小説の著作者の許諾も必要となるのでしょうか。

この点について、連載漫画のストーリーの著作者が、漫画の絵について著作権法28条の権利を主張した**キャンディ・キャンディ事件**最高裁判決が参考になります。

最高裁は、本件連載漫画が、物語作家が創作したストーリーを小説形式で原稿化し、漫画家がおおむねその原稿に依拠して漫画を作成するという手順を繰り返して制作されたという事実関係によれば、本件連載漫画はその原稿を原著作物とする二次的著作物であると認定しました。

そして、二次的著作物である本件連載漫画の利用に関し、原著作物の著作者は本件連載漫画の著作者が有するものと同一の種類の権利を専有し、両著作者の権利が併存するため、本件連載漫画の著作者である漫画家は、原稿の著作者との合意なくして本件連載漫画の主人公キャンディを描いた原画を作成等できないと判断しました。

この判断については、原著作者の権利範囲を広く捉えすぎているといった批判もありますが、二次的著作物を全体的に利用するのではなく、その一部分である著作物を利用するだけでも、原著作者の許諾が必要と判断される可能性が高いことに注意すべきであるといえます。

⑷ 裁 判 例

【パンシロントリム事件】大阪地判平11・7・8（平9ワ3805）

フランス国籍の著作者により創作された図柄（**図表２－６**の原告著作物①～⑤）の複製又はその二次的著作物に当たる図柄（**図表２－６**の被告図柄）を、日本の製薬会社が、販売する胃腸薬「パンシロントリム」の包装箱、説明書や販促用資料に使用したことが当該図柄についての複製又は翻案に当たるとして、著作者の相続人が製薬会社に対して著作権侵害に基づく損害賠償を求めた事案です。請求額は３億7000万円余りに上りました。

被告製薬会社は、デザイン会社に対し胃腸薬のパッケージ等のデザイン作成を委託し、デザイン会社の代表者は、第三者発行のデザイン画集に掲載されていた**図表２－６**の参考デザイン画（原告著作物の著作者とは別の著作者によるもの）を参考に、被告図柄を作成しました。なお、参考デザイン画と同じページには、原告著作物⑤が掲載され、その下に参考デザイン画の説明が記載されていました。

裁判所は、参考デザイン画が原告著作物⑤に依拠して作成されたその複

図表２－６　パンシロントリム事件で争われた図柄

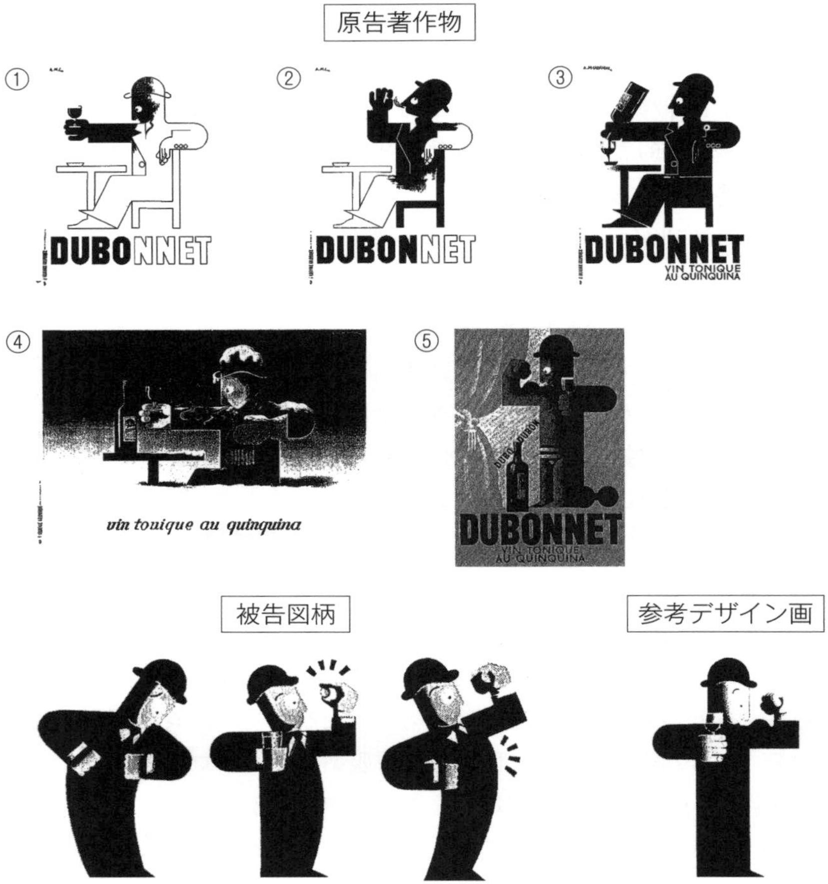

出典：裁判所ウェブサイト
(https://www.courts.go.jp/app/files/hanrei_jp/682/013682_option1.pdf)

製物であると認定しました。次に、被告図柄と原告著作物⑤とを比較し、被告図柄には原告著作物⑤とは別個の創作性があるが、原告著作物⑤の創作的表現が再製されており、被告図柄は原告著作物⑤の複製物である参考デザイン画に依拠しているから原告著作物⑤の二次的著作物であると判断しました。そして、被告図柄を被告医薬品の包装箱等に使用した被告の行為は、二次的著作物に関する原告の複製権（著作権法28条、21条、11条）を侵害したものであるとしました。

もっとも、被告は、デザイン会社に被告図柄の作成を委託していたため、著作権侵害についての被告自身の過失の有無が争われました。

この点、デザイン会社代表者は、参考デザイン画の使用許諾をデザイン画集の発行会社から得るための交渉を外部業者に委託したものの、その交渉結果を正確に把握できておらず、かつ、原告著作物⑤の使用許諾を得るための措置を何ら講じていませんでした。

そのため、裁判所は、デザイン会社（代表者）には著作権侵害について過失があったものと判断しました。さらに裁判所は、被告は、デザイン会社が著作権侵害の有無を調査し、使用許諾を得るための措置を講じる行為を行うに当たって、しかるべき注意を尽くすよう指揮・監督すべき義務がありながら、この注意を尽くしていなかったとして、著作権侵害について過失があるものと認定しました。

本件は、著作物の作成委託の場合の発注者の注意義務を考えるうえでも、知っておくべき事件であるといえます。

【キャンディ・キャンディ事件】東京地判平11・2・25（平9ワ19444）、東京高判平12・3・30（平11ネ1602）、最判平13・10・25（平12受798）

孤児の少女「キャンディ」を主人公とする連載漫画「キャンディ・キャンディ」のストーリーを創作した原告が、原告のストーリー原稿をもとに本件連載漫画を執筆した漫画家や、その漫画家から「キャンディ」の絵の複製等に関するライセンスを受けた事業者を被告として訴訟提起した事件です。原告は、本件連載漫画及び「キャンディ」の絵が、自らが創作したストーリーを原著作物とする二次的著作物であり、漫画や絵について自らが著作権法28条に基づき漫画家と同一の種類の権利を有することの確認を求めました。また、漫画家が新たに書き下ろした「キャンディ」の絵について作成・複製・配布の差止めを請求しました。

被告側は、本件連載漫画は原告の原稿の二次的著作物ではない、仮に二次的著作物だとしても本件連載漫画における絵の部分は専ら漫画家が創作したので、本件連載漫画を絵という表現形式においてのみ利用することは、漫画家の専権に属するという趣旨の主張をしましたが、第一審は、二次的著作物であることを認めた上、「本件連載漫画は、絵のみならず、ストーリー展開、人物の台詞や心理描写、コマの構成などの諸要素が不可分一体となった一つの著作物」であることを理由に被告側の主張を退けて原告の請求を認め、控訴審もこれを支持し、最高裁も前記第２章6(3)のとおり判断して原審の判断を維持しました。

7　著作者人格権の概要

(1)　根拠条文

著作者が有する権利のうち著作権法18条１項（公表権）、19条１項（氏名表示権）及び20条１項（同一性保持権）に規定する権利が「著作者人格権」であると定義されています（17条１項）。

著作者人格権が認められているのは、著作物が、思想・感情の創作的表現であり、著作者の人格が現れたものであるためです。もっとも、著作者人格権は、自然人である著作者のみならず、会社などの法人である著作者にも認められています。というのも、著作物が職務著作（著作権法15条１項）に当たる場合には、会社などの法人が著作者とされるからです（職務著作については、第６章２「職務著作」参照）。

(2)　種類・内容

ア　公表権：未公表の著作物を公衆に提供・提示する権利
イ　氏名表示権：著作物の原作品やその公衆への提供・提示の際に著作者名の表示の有無や方法を決定できる権利
ウ　同一性保持権：著作物の内容や題号を意に反して改変されない権利

(3) 特　徴

著作者人格権は、他者に譲渡できず、かつ相続の対象外となる一身専属的な権利です（著作権法59条）。したがって、著作者が亡くなったり解散したりした場合は、著作者人格権は消滅することになります。ただ、著作者が存在しなくなった後も、原則として著作者人格権を侵害するような行為は禁止されます（著作権法60条。第９章３「著作者人格権の保護期間」の裁判例の三島由紀夫事件も参照）。

著作者が著作権を譲渡しても、著作者人格権は著作者に残ります。しかし、そうすると例えばイラストを広告のために自由に利用したくてその著作権（複製権や翻案権などを含む。）の譲渡を受け、イラストをトリミングして使ったところ、著作者から同一性保持権侵害を主張される、ということも想定されます。そこで、実務上は、トラブル防止のため、譲渡と併せて著作者から著作者人格権を行使しないことも約束してもらうことが多いといえます（著作者人格権の不行使特約）。

また、著作権は、各種制限規定（著作権法30条から47条の７）により一定の制限を受けますが、著作者人格権は、著作権の制限規定による影響を受けないものとされています（著作権法50条）。よって、著作権制限規定に基づき著作物の利用をする際は、著作者人格権の根拠規定を意識し、その侵害をしないよう配慮する必要があります。

8　公表権

(1) 根拠条文

著作権法18条１項には、「著作者は、その著作物でまだ公表されていないもの（その同意を得ないで公表された著作物を含む。……）を公衆に提供し、又は提示する権利を有する。」との規定があります。

著作物は、著作者の思想・感情の創作的表現であり、それを公表するか否か、どのような形あるいは時期に公表するかについての著作者の自由を確保するために公表権が認められています。

⑵ 内　容

公表権が認められるのは、著作物のうち「公表されていないもの」に限ります。ここで、「公表」は著作権法４条で定義されており、「発行」された場合（著作権法３条参照）、上演等無形的な利用により公衆に提示された場合、ネット上にアップロードされた場合などが該当します。ただし、著作者の同意を得ないで公表されてしまった著作物には、なお公表権が認められます（著作権法18条１項かっこ書）。

条文上は明記されていませんが、著作者は、自らの著作物を①公表するかどうか、公表するとして②書籍や映画等どのような形式で出すか、③いつ公表するかという３点について決定権があると考えられています。

また、著作者は、自己の未公表の著作物を原著作物とする二次的著作物についても公表権が認められます（著作権法18条１項後段）。つまり、未公表の小説の著作者は、その小説を原作とする映画の公表の有無や時期について決定権があることになります。

⑶ 公表に関する同意の推定やみなし規定

本来公表権の対象となるような著作物であっても、例えば次のような公表行為については、著作者は、原則として公表権を主張できません（著作権法18条２項。特約があれば主張可）。

ア　著作者がその著作物の著作権を譲渡して、譲受人がその著作権の行使として著作物を利用することで公衆に提供・提示する場合（論文の著作権をすべて出版社に譲渡して、論文が出版社によって公刊されるようなケース）

イ　著作者が絵画などの美術の著作物の原作品を譲渡して、譲受人がその原作品を美術館などで展示する場合また、情報公開法等及び公文書管理法等の円滑な運用のために、公表権が制限されています（著作権法18条３項。みなし規定のため、特約による排除は不可）。

⑷　裁判例

他人の論文の無断投稿が問題となった**市史事件**、他人の撮影した写真をもとに制作した日本画の、展覧会への出展が問題となった**舞妓写真事件**、執筆した教材原稿が無断で早期に出版された**中小企業診断士テキスト事件**などがあります。

【市史事件】東京地判平８・２・23（平２ワ16311、平３ワ4959、平６ワ5759）、東京高判平８・10・２（平８ネ1129・2413）、最判平９・７・17（平９オ1057）（上告棄却）

原告は、市が発行する予定の市史の編集委員をしていた被告の依頼で、市史に掲載するために論文を執筆し（以下「原告論文」）、これを被告に送付しました。ところが、被告が、原告に無断で原告論文の一部を改変した上、その前後に文章を付加して、被告の著作名義の別の論文として、自分が教諭を務める高等学校発行の学内誌に投稿してしまいました。原告は、原告論文についての公表権等の著作者人格権及び複製権の侵害を主張し、被告に対して損害賠償や謝罪広告等を求めて訴えを提起しました（なお、原告に対する被告の損害賠償請求反訴や、それを受けての原告の、被告代理人弁護士を被告とする慰謝料請求訴訟（別訴）も併合審理されていますが、割愛します。）。

裁判所は、第一審及び控訴審とも公表権等の著作者人格権及び複製権の侵害を肯定し、損害賠償請求を認めました（第一審は著作者人格権侵害の慰謝料として50万円、控訴審は150万円を認容）。謝罪広告については、第一審は認めず、控訴審は認めました。控訴審は、本件で原告論文の著作者が原告であることが一般社会通念上不明のままに推移したこと等から、謝罪広告が、原告論文の著作者が原告であることを確保する適当な措置であることをその理由としています。被告は、謝罪広告を命じる必要性はないとし上告しましたが、最高裁は控訴審の判断を維持して上告を棄却しました。

【舞妓写真事件】大阪地判平28・7・19（平26ワ10559）

原告は、主に舞妓をモデルにした絵画を制作する日本画家で、絵画制作のための舞妓の写生会に参加し、舞妓の写真を撮影していました。原告は、写生会に参加していた高齢で眼病を患った画家Ａの依頼で、撮影した舞妓の写真を拡大してＡに渡すなどしていました。Ａは、しばらくして眼病のため絵画制作を断念し、自らが保存していた舞妓の写真を同じく日本画家である被告に郵送ないし手渡しにより交付しました。被告は、Ａより入手した写真に依拠して日本画を制作して展覧会に出展しましたが、その写真はもともと原告がＡに渡したもので、未だ発行されていないものでした。

原告は、被告が展示した日本画の制作が、自分を著作者とする写真の翻案権及び同一性保持権の侵害に当たり、被告による日本画の展示が展示権及び公表権の侵害に当たると主張して被告を訴え、裁判所は原告の主張をいずれも認めました。著作者人格権侵害の慰謝料は20万円と認定しています。

【中小企業診断士テキスト事件】東京地判平18・11・15（平18ワ4824・12689）、知財高判平19・2・28（平18ネ10090）

原告は、Ａ会社から中小企業診断士試験用教材（平成13（2001）年５月末発行）の原稿執筆を依頼され、その原稿をＡ会社に引き渡しました。Ａ会社は、資格試験予備校を運営するＣ会社から、中小企業診断士試験用講座の講義及びテキスト作成等を受託していたところ、Ａ会社の代表者Ｂが原告に無断で、その原稿を半分ほど省略した上、Ｃ会社に受託業務の成果物として引き渡してしまいました。Ｃ会社は、Ａ会社から受領した原稿を350部印刷して70名の受講生等に配布し、平成13（2001）年５月１日以降に講義で使用しました。原告は、A、B、Cに対し、複製権及び著作者人格権の侵害を理由として損害賠償請求をしました。

第一審は、原告の原稿が公刊される前提で執筆され、Aらの行為により予定よりも1か月程度早く公表されたこと等を考慮し、著作者人格権侵害の慰謝料は11万円と認定しましたが、控訴審は同様の事情の下で慰謝料は20万円と認定しました。

9　著作者人格権：氏名表示権

(1)　根拠条文

著作権法19条1項は、氏名表示権につき、「著作者は、その著作物の原作品に、又はその著作物の公衆への提供若しくは提示に際し、その実名若しくは変名を著作者名として表示し、又は著作者名を表示しないこととする権利を有する。」と規定しています。著作者の思想・心情の創作的表現である著作物は、著作者と人格的な意味で結びついているので、著作者の人格的利益を保護するために氏名表示権が認められています。

(2)　内　容

著作者が、その著作物について、①著作者名を表示するか否か、②著作者名を表示するとしていかなる著作者名を表示するか（実名かペンネームなどの変名か）を決定する権利です。

著作物について氏名を表示する機会としては、

ア　原作品に表示する場合（例：絵画の落款）
イ　公衆への提供（著作物を有体物に固定して交付）に際し表示する場合（例：公刊された書籍の奥付への表示）
ウ　公衆への提示（著作物を無形的に利用して伝達）に際し表示する場合（例：曲目演奏の際の作曲者のアナウンス）

があり得ます。

なお、二次的著作物の原著作物の著作者（例：漫画化された小説の著者）は、二次的著作物（小説を漫画化したもの）を公衆へ提供又は提示の際、自己の名を表示するか否か、表示するとしていかなる表示にするかを決定する権利があります（著作権法19条１項後段)。

また、既に著作者が著作物に氏名を表示した例があれば、著作物を利用する者は、それと同じように表示すればよいとされています（著作権法19条２項)。ただし、著作物利用前に著作者から表示のあり方につき特に注文があった場合は、それに従う必要があります。

⑶ 例　外

楽曲メドレーをBGMとして流すような場合など、①著作物の利用の目的及び態様に照らし著作者が創作者であることを主張する利益を害するおそれがないと認められるときで、かつ②公正な慣行に反しない限り、著作者名の表示を省略することができます（著作権法19条３項)。

ただし、同規定は、主として音楽の演奏のような著作物の無形的な利用の場合のほかは、適用範囲は極めて狭いと解されています。

その他、情報公開法等との関係で、氏名表示権の保護規定が適用されないケースがあります（著作権法19条４項)。

⑷ 裁判例

氏名表示権侵害が問題となったケースの多くは、他人の著作物の無断利用がなされた場合です。

最近の裁判例としては、**リツイート事件**があります。

一方、他人の著作物の利用許諾はあったものの、過失により当該他人の氏名の表示をしなかったことについて氏名表示権侵害が認定された**国立大医学部助手氏名脱落事件**があります。

【リツイート事件】東京地判平28・9・15（平27ワ17928)、知財高判平30・

4・25（平28ネ10101）、最判令2・7・21（平30受1412）

プロの写真家である原告が撮影した写真が、いずれも原告に無断で、氏名不詳者によって、あるツイッターアカウントのプロフィール画像としてアップロードされているほか、他のアカウントで同写真の画像ファイルを含むツイートがなされ、さらにそのツイートが他の３つのアカウントでリツイートされました。そこで原告は、これら氏名不詳者による行為により同写真についての原告の著作権（複製権、公衆送信権等）及び著作者人格権（氏名表示権、同一性保持権等）が侵害されたと主張し、ツイッターの米国本社及び日本法人を被告として、原告の権利を侵害した氏名不詳者に関する情報（発信者情報）の開示を求めて訴えを提起しました。

本件の争点の１つとして、ツイッターのシステムの仕様上、ツイート及びそのリツイートにおいていずれも原告の写真画像がトリミングされて表示され、もとは写真画像の隅に表示されていた原告の氏名が表示されなくなったことをもって原告の氏名表示権が侵害されたといえるかどうかが問題となりました（第12章２(1)の**図表12－３**参照）。

第一審は、そもそもリツイート行為者は侵害の主体ではなく、リツイート行為者による権利侵害はないと判断しましたが、控訴審は、リツイート行為者が侵害の主体であると判断したうえで、これらの者による原告の氏名表示権侵害を認めました。

被告（ツイッター）側は、控訴審の判断を不服として上告しましたが、最高裁は、控訴審と同様、リツイート行為者は写真画像をトリミングされた形で表示させ、氏名表示部分が表示されない状態をもたらしたとして、氏名表示権侵害の主体であると判断しました。

【国立大医学部助手氏名脱落事件】千葉地判昭54・2・19（昭45ワ637）、東京高判昭55・9・10（昭54ネ848）

国立大の医学部の外科助手である原告が、同医学部の外科教授（被告）に依頼されて、医学専門書に掲載するための複数の論文のうちの１つを執筆しました。ところが、発行された医学専門書には、同じく教授の割り当てに従って論文を執筆した他の外科助手等の氏名が目次等に表示されているのに原告の氏名は脱落していました。原告は、同専門書の編著者である上記外科教授と出版社に対し、（旧著作権法に規定する）著作者人格権侵害等に基づく損害賠償請求等を求めて訴え提起しました。裁判所は、一審及び控訴審とも被告らによる著作者人格権侵害を認めましたが（慰謝料３万円を認容。）、同侵害について、出版社の過失は認めませんでした。

10　著作者人格権：同一性保持権

⑴　根拠条文

著作権法20条１項は、同一性保持権について「著作者は、その著作物及びその題号の同一性を保持する権利を有し、その意に反してこれらの変更、切除その他の改変を受けないものとする。」と規定しています。

著作者の思想・感情の創作的表現である著作物には著作者の人格が具現化されているため、その思想・感情の表現の完全性を保持して著作者の人格的な利益を保護すべく著作物の同一性を保持する権利が認められています。

⑵　内　　容

同一性保持権は、①著作物の内容の同一性を保持する権利と、②著作物の題号の同一性を保持する権利で構成されています。

自らを著者とする書籍に対する第三者の評論が、同書籍の内容について読者に誤解を与えかねないことを問題視した著者が評論執筆者等を訴えた**雑誌「諸君！」事件**の最高裁判決では、同一性保持権を侵害する行為を「他人の著作物における表現形式上の本質的な特徴を維持しつつその外面的な表現形式に改変を加える行為」と説明しています。もっとも、「表現形式上の本質的な特徴」の特定は必ずしも容易ではありません。

また、「著作者……の意に反し」た改変が一切許されないかのような規定となっていますが、些細な改変について同一性保持権侵害を否定したり（**ウェブサイト転職情報事件**）、「意に反する改変」を限定的に解釈して侵害を否定したりした例（**計装士講習会資料事件**第一審）があります。

ただし、短歌に2つ読点を加えたことが同一性保持権侵害に該当するとされた例もあります（**浅間山荘短歌事件**）。

著作物の題号の同一性を保持する権利が侵害されたとした裁判例に、「**XO醤男と杏仁女**」事件があります。この事件では、小説の著作者が、その小説で主人公の心情描写のために他人の詩を利用するに当たって、小説の本文では詩の題号を省略して記載したことが同一性保持権侵害とされました。

(3) 同一性保持権の例外

著作権法20条2項は、同一性保持権が及ばないケースを列記しています。大まかにいえば①学校教育の目的上やむを得ないもの（旧漢字を新漢字に直すなど）②建築物の増改築等による改変、③プログラムの著作物をパソコンで利用可能とするため又は効率的に利用可能とするための改変（バグの修正やアップデート等）、④著作物の性質並びにその利用目的・態様に照らしやむを得ない改変、の4つです。

このうち、④著作物の性質並びにその利用目的・態様に照らしやむを得ない改変に該当するか否かの判断基準について、著作者に無断で大学が論文を雑誌掲載のために改変したことが問題となった**法政大学懸賞論文事件**控訴審判決では「『やむを得ないと認められる改変』に該当するというためには、利用の目的及び態様において、著作権者の同意を得ない改変を必要とする要請がこれらの法定された例外的場合と同程度に存在することが必要であると解するのが相当」だとしています。

つまり、④に該当するのは、①～③の場合と同じくらい、改変を許す必要性があるケースに限られることになります。

(4) 裁 判 例

【雑誌「諸君！」事件】東京地判平４・２・25（昭59ワ3358、昭59ワ7553）、東京高判平５・12・１（平４ネ765）、最判平10・７・17（平６オ1082）

ベトナムに関する書籍（大手新聞社が発行）を執筆した、同新聞社の記者（原告）が、同書籍における原告の執筆姿勢を批判する内容の記述を含む評論を月刊雑誌「諸君！」に寄稿した執筆者、当該雑誌に掲載した出版社やその編集長らを訴えた事件です。

具体的には、被告執筆者がその評論において、原告の書籍中、第三者の談話（ベトナムの僧尼が焼死したある事件が、堕落・退廃した僧侶の無理心中事件であるなどとするもの）の紹介等を内容とした部分（本件著作部分）を、あたかも原告自身の認識、判断であるかのように記載したため、原告は、被告執筆者による評論により名誉毀損及び同一性保持権の侵害があったと主張しました。

第一審及び控訴審は共に原告の主張を認めず、原告は上告しました。

最高裁は、名誉毀損を否定し、同一性保持権侵害についても、問題の評論において「他人の著作物における表現形式上の本質的な特徴を維持しつつその外面的な表現形式に改変を加える行為」があったか否かを検討し、被告執筆者の評論が、本件著作部分の内容の一部をわずか３行に要約したものにすぎず、38行にわたる本件著作部分における表現形式上の本質的な特徴を感得させる性質のものではないとして侵害を否定しました。

なお、この最高裁判決は、旧著作権法下での同一性保持権について判断した、**パロディ・モンタージュ写真事件**（第８章３(4)「裁判例」参照）の最高裁判決を参照しています。

【ウェブサイト転職情報事件】東京地判平15・10・22（平15ワ3188）

ウェブサイトに会社の転職情報を提供する事業者（原告）が、自社の作成した転職情報を同業他社（被告）が複製・改変等したとして同業他社を訴えた事件です。

裁判所は、被告転職情報が、原告転職情報に依拠し、文末の表現や数字等を変更し、掲載項目の順序を入れ替えて作成されたなどとして複製権等著作権侵害は認めたものの、その変更は、原告転職情報の本質的な特徴をなす表現部分を改変したと評価することはできないとして、同一性保持権侵害は否定しました。

【計装士講習会資料事件】東京地判平18・2・27（平17ワ1720）、知財高判平18・10・19（平18ネ10027）、最決平19・2・23（平19受41）（上告不受理）

空調設備の保守管理等を営む会社（被告会社）の元従業員（原告）が、同会社に在籍中に、業界団体（被告団体）主催の「平成12年度計装士技術維持講習会」において講師を務めた際、講習資料として「空調技術の最新動向と計装技術」に係る資料を作成しましたが、原告の後任として平成13年度及び同14年度の講師を務めた被告会社の従業員（被告従業員）が、12年度資料の大部分の記述をそのまま用いて13年度資料を作成し、それをもとに14年度資料を作成したことが、原告の複製権や同一性保持権等を侵害するか否かが争われた事件です。

第一審は、原告による資料複製の許諾があったとした上、「意に反するか否かは、著作者の立場、著作物の性質等から、社会通念上著作者の意に反するといえるかどうかという客観的観点から判断されるべき」、「同一性保持権の侵害となる改変は、著作者の立場、著作物の性質等から、社会通念上著作者の意に反するといえる場合の変更がこれに当たる……明らかな誤記の訂正などについては、そもそも、改変に該当しない」と判示しました。そして、講習会の資料の性質や、原告が同講習会の講師経験を有し事情を十分認識していることを理由に、一般的用語への置き換えについて「改変にあたらない」として同一性保持権侵害を否定しました。また、講演テーマに関する最新情報を資料に追加した点について、「やむを得ない改変」（著作権法20条２項４号）に当たるとして、やはり侵害を否定しています。控訴審は、複製及び改変についていずれも原告の許諾ないし同意があったと認定し、権利侵害を否定しました。

【浅間山荘短歌事件】東京地判平９・10・31（平８ワ24327）、東京高判平10・５・28（平９ネ5055・5251）

あさま山荘事件の被疑者として現行犯逮捕された原告が、「連合赤軍『あさま山荘』事件」と題する作品を執筆した作者及びその作品を雑誌に掲載した出版社を名誉毀損及び同一性保持権侵害を理由として訴えた事件です。

被告作者は、原告の短歌を「Ｔ君の死を知らぬ父上の、呼掛けを籠城の吾ら、俯きて聞く」と引用しましたが、もともと読点はない短歌でした。第一審は、「本件改変は、短歌という極めて字数の少ない表現形式に二つもの読点を加え、しかも、この読点の打ち方も理解を助けるものではないといわざるを得ないものとなっている。このような改変を、原告の了解を得ずに、その意思に反して行った以上、短歌の外面的表現形式に増減変更を加えたものであることは明らか」であるとして同一性保持権侵害を認めました。控訴審もこの点についての第一審の判断を維持した上、同一性保持権侵害につき慰謝料10万円を認容しました。

【「XO醤男と杏仁女」事件】東京地判平16・５・31（平14ワ26832）、東京高判平16・12・９（平16ネ3656）

平成６（1994）年に中国の出版社により出版された詩の著作者である亡Ａ（中国人）の相続人が原告となり、亡Ａの複数の詩の翻訳文を、平成14（2002）年に日本で出版された「XO醤男と杏仁女」という小説に無断で掲載し翻訳権、氏名表示権及び同一性保持権を侵害した等と主張して、同小説の執筆者と同小説の出版社に対して小説の印刷製本、販売及び頒布の差止め等を求めた事件です。

争点は亡Ａの許諾の有無や「引用」（著作権法32条１項）の成否を含めいくつかありましたが、裁判所は、第一審及び控訴審共に被告執筆者が小説に複数掲載した亡Ａの詩の一部について題号を省略したことが亡Ａの同一性保持権を侵害するものと判断し、それが「やむを得ない改変」に当たるとした被告側の主張は採用しませんでした（同一性保持権侵害につき、慰謝料30万円を認容。）。

【法政大学懸賞論文事件】東京地判平２・11・16（昭61ワ2867）、東京高判平３・12・19（平２ネ4279）

大学の懸賞論文募集に対する応募論文を、大学が自ら発行する雑誌に掲載するに当たって、50か所以上削除、変更等の改変を行ったことが論文の著作者の同一性保持権侵害に当たるかどうかが問題となった事件です。

第一審は、送り仮名の付し方の変更、読点の切除、中黒の読点への変更及び改行の省略については、「やむを得ない改変」に当たるとして、これらの点については同一性保持権侵害を否定しました（その他の点では同一性保持権侵害を肯定し、慰謝料25万円を認容。）。

しかし、控訴審は、送り仮名の付し方の変更等についても「やむを得ない改変」には該当しないとしました。その理由は、本件論文が大学における学生の研究論文であり、本件雑誌が大学生を対象としたものであることからすると、「利用の目的において、教科用の図書の場合と同様に前記のような改変を行わなければ、大学における教育目的の達成に支障が生ずるものとは解し難いし、また、前記のような性格の論文において、他の論文との表記の統一がいかなる理由で要請されるのかも明確ではない。……かような著作物の利用の目的及び態様に照らし、本件論文の掲載に当たって、前記の著作権者の同意を得ない改変の必要性が例外的に許容されている一号及び二号の場合と同程度に存したものと解することは到底困難」であるというものでした。控訴審では慰謝料５万円を認容しています。

なお、控訴審は、「前後の文章の脈絡からみて単なる誤植」である箇所を改めたとしても、改変とまではいえないとしています。

第3章 著作隣接権者の権利

1　根拠条文

著作権法89条では、１項で「実演家」の権利を、２項で「レコード製作者」の権利を、３項で「放送事業者」の権利を、４項で「有線放送事業者」の権利を規定し、これらの権利を、その一部（第３章４参照）を除いて「著作隣接権」と定義しています（同条６項)。

「実演家」とは「俳優、舞踊家、演奏家、歌手その他実演を行う者及び実演を指揮し、又は演出する者」（著作権法２条１項４号）です。「実演」は著作物を演ずることをいい（著作権法２条１項３号)、プロはもちろん、アマチュアも実演家となり得ます。

また、「レコード製作者」とは「レコードに固定されている音を最初に固定した者」です（著作権法２条１項６号)。なお、ここで「レコード」とは、広く「物」に音を固定したもの（著作権法２条１項５号）を意味します。例えば、小鳥のさえずり等自然音をスマートフォンで録音すれば、録音した人は「レコード製作者」となります。

「放送事業者」、「有線放送事業者」は、それぞれ「放送」、「有線放送」を業として行う者と定義されています（著作権法２条１項８号～９号の３を参照)。

実演家、レコード製作者、放送事業者、有線放送事業者に著作隣接権という権利が与えられているのは、実演、レコードの製作、放送、有線放送が著作物の創作行為ではないものの、著作物の創作活動に準じた創作活動であり、その活動主体に著作権に準じた保護を与えることで、当該活動を奨励するとともにその知的価値を正当に評価するためです。著作物の著作者だけでなく、著作物の解釈者・伝達者である著作隣接権者にも一定の権利が認められているということです。

2　種類・内容

著作隣接権は、実演、レコード、放送、有線放送について、著作隣接権者による排他的利用を可能にするもので、他者の利用を禁止できる点は著作権と同様です。次のものが挙げられます。

ア　実演家の著作隣接権：「実演」の、録音・録画権、放送・有線放送権、送信可能化権、実演の録音物又は録画物の譲渡により公衆に提供する権利（譲渡権）、実演が録音されている商業用レコードの貸与により公衆に提供する権利（貸与権。レコード発売後１年間のみ）

イ　レコード製作者の著作隣接権：「レコード」の複製権、送信可能化権、譲渡権、貸与権（商業用レコード発売後１年間のみ）

ウ　放送事業者の著作隣接権：「放送」の複製権、再放送権、有線放送権、送信可能化権、テレビジョン放送の公の伝達権

エ　有線放送事業者の著作隣接権：「有線放送」の複製権、放送権、再有線放送権、送信可能化権、テレビジョン放送の公の伝達権

以上の権利について具体的な説明は本書では割愛しますが、重要なのは、著作物が実演・レコード・放送・有線放送という形で利用されているときに、それをさらに利用する場合には、著作者だけでなく、著作隣接権者との間でも権利処理が必要になるという点です。

なお、レコード・放送・有線放送は、それによって伝えられるものが「著作物」ではなかったとしても、著作隣接権が生じます（例：自然音のスマートフォンでの録音）。これに対し、実演は、著作物でないものを対

象としても原則として著作隣接権は生じませんが、手品師の手品など、「著作物を演じないが芸能的な性質を有するもの」については実演に含まれ、著作隣接権により保護されます（著作権法２条１項３号）。

3　特　　徴

著作隣接権は、実演、レコード製作（音の固定）、放送、有線放送によって権利が発生します。また、著作権と同様な性質を有する財産権であるため、全部又は一部の譲渡や実演等の利用の許諾が可能であり、著作権に関する多くの規定が、著作隣接権に準用されています（著作権法103条）。著作権と同じく権利制限規定が置かれています（著作権法102条）。

4　著作隣接権から除かれている権利

著作隣接権者に認められている権利のうち、著作隣接権からは除外されるものとしては、以下のものがあります（著作権法89条６項かっこ書）。

⑴　実演家人格権（実演家以外の著作隣接権者には人格権はない）

ア　氏名表示権：実演の公衆への提供又は提示に際し氏名を表示するか否か、表示するとして氏名にするか芸名等にするかを決定する権利

イ　同一性保持権：実演について、自己の名誉又は声望を害するような変更、切除その他の改変を受けない権利（ただし、やむを得ない又は公正な慣行に反しない改変は可）

実演家人格権は一身専属的権利であり、譲渡・相続ができません（著作権法101条の２）。

(2) 実演家の報酬請求権

ア　放送事業者又は有線放送事業者が、実演が録音されている商業用レコードを用いた放送又は有線放送を行った場合の「二次使用料」請求権
イ　貸レコード業者が、商業用レコードの貸与により実演を公衆に提供した場合の「相当な額の報酬」請求権

(3) レコード製作者の報酬請求権

ア　放送事業者又は有線放送事業者が、商業用レコードを用いた放送又は有線放送を行った場合の「二次使用料」請求権
イ　貸レコード業者が、商業用レコードの貸与によりレコードを公衆に提供した場合の「相当な額の報酬」請求権

第4章 出 版 権

1　根拠条文

複製権（著作権法21条）又は公衆送信権（著作権法23条１項）を有する者（複製権等保有者）は、その著作物について、

①文書・図画として出版すること（紙媒体への印刷による昔ながらの出版のほか、CD-ROM 等の記録媒体によるオフラインでの電子出版を含む。）

又は

②記録媒体に記録された著作物の複製物を用いて公衆送信（送信可能化を含み放送・有線放送は除く。）すること（いわゆるオンラインでの電子出版）

を行うことを引き受ける者に対し、出版権を設定することができます（著作権法79条１項）。

出版権の設定は、基本的には複製や公衆送信の許諾であるといえますが、出版が歴史的に著作物利用の典型的な形態であることから、旧著作権法のころから出版権という物権的利用権が規定されています。

出版権者は、単に著作物の利用許諾を受けた者と異なり、自己の名で侵害行為者への差止請求権を持つなど、著作権者等と並んで強力な権利が与えられています。

2 内　容

出版権者は、設定行為（出版権設定契約）で定めるところにより、出版権の目的である著作物について、次の権利の全部又は一部を専有します。

①著作物を頒布目的で、原作のまま印刷等により文書又は図画として複製する権利（CD-ROM 等記録媒体へ複製する権利も含む。）
→オフラインで出版する権利で、著作権法80条１項１号で規定しているため「第１号出版権」と呼称されることがあります。

②著作物を原作のまま記録媒体に記録された当該著作物の複製物を用いて公衆送信を行う権利
→オンラインで出版する権利で、「第２号出版権」と呼称されることがあります。

出版権を設定すると、原則として複製権等保有者といえどもその出版権の範囲内で著作物の利用（複製・公衆送信）ができなくなります（著作者死亡時などには例外あり）。ただし、契約で複製権等保有者に複製や公衆送信の権利を留保することはできると考えられています。

出版権の存続期間も、設定行為で定めますが（著作権法83条１項）、存続期間の定めがない場合は、出版権設定後最初の出版行為があった日から３年を経過した日までになります（同条２項）。

出版権は、出版権の目的である著作物を「原作のまま」複製ないしは公衆送信する権利ですので、例えば翻訳して出版することは、出版権者の専有権限に含まれません。また、出版権は、著作物を「文書又は図画」として複製する権利（あるいは著作物がパソコン画面等で文書・図画として表示されるような記録を複製・公衆送信する権利）ですので、著作物を音声・動画として複製・配信する権利は出版権には含まれていません。

出版権の譲渡には、複製権等保有者の承諾が必要です（著作権法87条）。

3　出版権者の義務

出版権者は、複製権等保有者から複製・公衆送信に必要な原稿を受け取ってから６か月以内に出版行為を行い、かつ、慣行に従い継続して出版行為を行う義務があります（著作権法81条）。

出版権者が原稿受領から６か月以内に出版行為を行わなかった場合、複製権等保有者は、出版権者に通知して出版権を消滅させることができます（著作権法84条１項）。

また、出版権者が慣行に従い継続して出版行為を行う義務に違反した場合（例：品切れ状態が相当長期間継続した場合）、複製権等保有者は、３か月以上の期間を定めて催告しても義務が履行されなければ、出版権者に通知して出版権を消滅させることができます（著作権法84条２項）。

4　裁 判 例

著作物の出版について契約締結があっても、必ずしも出版権が設定されたとは限りません。下記**「太陽風交点」事件**では、小説家と出版社との間の出版権設定契約の有無が争われ、結局出版社に出版権はないとの判断が下されました。

【「太陽風交点」事件】東京地判昭59・3・23（昭56ワ4210）、東京高判昭61・2・26（昭59ネ814）

小説家の許諾のもとSF短編小説集の単行本を出版した原告（出版社）が、単行本出版の１年余り後にほぼ同内容の文庫本を出版した競業他社と同小説家を出版権侵害で訴え、文庫本の出版の差止めや損害賠償を求めました。

しかし、第一審は、原告と被告小説家との間に単行本「太陽風交点」の出版に関する契約が締結されたことが認められるものの、締結された同契約が物権類似の性質を有する出版権を設定する出版権設定契約であると認めることはできない旨判断し、出版権侵害を認めず、控訴審もその判断を維持しました。

第5章 著 作 物

1　著作物の定義

(1)　根拠条文

著作物は「思想又は感情を創作的に表現したものであつて、文芸、学術、美術又は音楽の範囲に属するものをいう。」と定義されています（著作権法２条１項１号）。

著作権及び著作者人格権は著作物についての権利であり、その有無を判断するには、著作物か否か（著作物性）の判断が必要です。

(2)　著作物の要件

ア　思想又は感情の表現であること

人の考えや気持ちが現れていればこの要件は満たすと考えられています。例えば気温、降水量、水深などのデータや歴史的事実は、大変な労力で測定や発見がされ、示されても本要件は満たしません。

また、アイデアや理論それ自体が頭の中にあるだけでは「表現」されているとはいえず、著作物として保護されません。

イ　創作性があること

厳密な意味で独創性が発揮されていることは必要でなく、何らかの個性が表現されていればよいと考えられています。

著作物か否かが争われるケースでは、多くの場合、この「創作性」の有無が問題となります。具体例としては、第５章５「著作物性に関する裁判例：言語の著作物」以下をご覧ください。

ウ　文芸、学術、美術又は音楽の範囲に属すること

「文芸、学術、美術又は音楽」に入らないもの、具体的には実用品のデザインなどを著作物から排除するための要件と考えられています。いわゆる応用美術（実用目的の美的創作物）がこの要件を満たすかどうかが問題となるケースが多いといえます（第５章８「著作物性に関する裁判例：美術の著作物（実用品)」参照)。

(3)　著作物として例示されているもの

著作権法10条１項で、**図表５－１**のとおり著作物が例示されています。あくまで例示であるものの、これらにあてはまらないものを裁判所が「著作物」と認定したケースは見当たりません。

図表５－１　著作物として例示されているもの

例示著作物	補足説明
言語の著作物	小説、脚本、論文、講演など（書面化されている必要はありません。)。
音楽の著作物	歌詞も含みます（譜面などに起こされている必要はありません。)。
舞踊又は無言劇の著作物	ステップ・振付など。ごく短く、ありふれた基本ステップは創作性がないとされます。
美術の著作物	絵画、版画、彫刻など。
建築の著作物	一般的なビルや住宅は該当しません。
図形の著作物	地図、学術的な性質を有する図面、図表、模型など。設計図も該当し得ます。
映画の著作物	劇場用映画だけでなくビデオゲームやアマチュアが作成した動画を含みます。記録媒体など物に固定されている必要があります。
写真の著作物	自動証明用写真は通常、著作物ではありません。
プログラムの著作物	プログラム作成のためのプログラム言語、規約及び解法は保護されません。プログラム言語・規約・解法については著作権法で定義されています。

(4)　著作物の例示とは別に規定のある著作物

著作権法10条１項で例示されている著作物は、表現形態別により分類されていますが、それとは異なる観点から別途類型化されているものとして、二次的著作物（著作権法２条１項11号)、編集著作物（著作権法12条)、

及びデータベースの著作物（著作権法12条の２）があります（第５章２～４参照）。

(5)　権利の目的とならない著作物

憲法、法令、国・地方公共団体の機関等の発する告示、訓令、通達等、裁判所の判決等や行政庁の裁決等、及びこれらの翻訳物・編集物で国・地方公共団体の機関等の作成したものは、著作権や著作者人格権で保護されません（著作権法13条）。

2　二次的著作物

(1)　根拠条文

著作権法２条１項11号は二次的著作物を「著作物を翻訳し、編曲し、若しくは変形し、又は脚色し、映画化し、その他翻案することにより創作した著作物をいう。」と定義しています。

第２章５「著作権：翻訳権、翻案権等」で説明したとおり、条文上翻訳等の定義はないものの、言語の著作物の「翻案」を定義した江差追分事件最高裁判決に従い、一般には、二次的著作物とは「既存の著作物に依拠し、かつ、その表現上の本質的な特徴の同一性を維持しつつ、具体的表現に修正、増減、変更等を加えて、新たに思想又は感情を創作的に表現することにより、これに接する者が既存の著作物の表現上の本質的な特徴を直接感得することのできる別の著作物」であると理解されています。

そうすると、ある著作物が既存の著作物（原著作物）の単なる複製か、それとも二次的著作物に該当するか否かを判断する際は、創作的表現の付加の有無がポイントであるといえます。

もっとも、創作的表現の付加の有無の判断は必ずしも容易ではありません（第２章２(6)「平面的表現の立体的表現への変換は複製か翻案か」参照）。

⑵　裁判例

ある著作物が原著作物の単なる複製か、それともその二次的著作物に該当するか否かが著作権侵害の成否に直結した事件として、浮世絵を模写した絵画を、その作者に無断で商品パッケージに採用した行為が問題となった**豆腐屋事件**があります。

【豆腐屋事件】東京地判平18・5・11（平17ワ26020）、知財高判平18・11・29（平18ネ10057）、最決平19・3・27（平19受370）（上告不受理）

江戸時代の豆腐屋の店先の様子を描いた浮世絵（著作権保護期間は満了している）を模写した絵画（原告絵画）を、豆腐の製造販売業者が原告絵画の作者に無断で自己の商品パッケージに印刷して使用したことが、作者の複製権を侵害するとして、作者の相続人が同製造販売業者に約2000万円の損害賠償請求をした事件です。

本件では、原告絵画が、上記浮世絵を模写したものであることから、浮世絵の二次的著作物として浮世絵とは別に著作権で保護されるのか、それとも浮世絵の複製にすぎないものとして著作権で保護されないのかが争点となりました。原告絵画は浮世絵のデッドコピーではなく、修正が加えられている部分もあったため、原告は、原告絵画が二次的著作物に該当すると主張しました。

第一審は、原告の主張を退けました。すなわち、「模写作品と原画との間に差異が認められたとしても、その差異が模写制作者による新たな創作的表現とは認められず、なお原画と模写作品との間に表現上の実質的同一性が存在し、原画から感得される創作的表現のみが模写作品から覚知されるにすぎない場合には、模写作品は、原画の複製物にすぎず、著作物性を有しない」と述べ、原告絵画と浮世絵を比較して、原画に新たな創作的表現は付加されていないと認定しました。

原告は控訴しましたが、控訴審も第一審の判断を維持しました。

3　編集著作物とは

⑴　根拠条文

著作権法12条１項で、編集著作物は「編集物……でその素材の選択又は配列によつて創作性を有するもの」とされています。例えば、典型的な編集著作物である新聞には、記事本文（言語の著作物）のほか、現場写真（写真の著作物）などがその素材として含まれています。

もっとも、編集著作物において、編集の対象となった素材は著作物である必要はありません。例えば個人の氏名・住所・電話番号という、それ自体は著作物に該当しない素材を職業別に分類して掲載している職業別電話帳も編集著作物に該当する可能性があります。

また、他人の著作物を無断で編集物にした場合も、それが編集著作物として保護される可能性があります（例：ネットで収集したイラストや写真を無断でプレゼン素材集にしたような場合）。ただし、当該他人の著作物についての著作権侵害が成立することとなります。

なお、法文上、「データベースの著作物」（著作権法12条の２）は編集著作物には含まれないものとされています（著作権法12条１項かっこ書）。

⑵　裁 判 例

職業別電話帳や、用語辞典のレイアウトフォーマットが編集著作物か否かが争われたケースとして、それぞれ**NTT タウンページ事件**や**知恵蔵事件**があります。

編集著作物は、「素材」の「選択又は配列」に創作性があるものと定義されているため、何をもって「素材」と捉えるかにより創作性の有無、ひいては著作権侵害の有無の判断が異なり得るという特徴があります。この点に関して裁判所の判断が示されたものとして、特定の英字新聞のほぼすべての記事の抄訳が掲載された文書がその英字新聞の著作権を侵害するかが問題となった**ウォール・ストリート・ジャーナル事件**や商品である色画用紙の見本帳が編集著作物か否かが争われた**色画用紙見本帳事件**があります。

【NTT タウンページ事件】東京地判平12・3・17（平８ワ9325）

原告（又はその前身企業）が作成したタウンページデータベース及び職業別電話帳「タウンページ」の電話番号情報と職業分類を、被告がデッドコピーし「業種別データ」として作成販売しているとして、原告が、被告に対し、原告データベースの著作権及び「タウンページ」についての編集著作権の侵害に基づき、「業種別データ」の販売差止め等を求めた事件です。

「タウンページ」が編集著作物として創作性が認められるかについて、裁判所は「職業分類体系によって電話番号情報を職業別に分類した点において、編集著作物として認められる」としました。職業分類体系は、原告の前身企業が昭和58（1983）年に新たに作成し、各業界の動向等の諸事情を考慮して数年に一度見直しているもので、日本標準産業分類の分類項目とは大きく異なりました。裁判所は、この職業分類体系は検索の利便性の観点から職業を分類して全職業を網羅するよう原告独自の工夫が施されたもので、他に類するものがないとし、「タウンページ」は素材の配列によって創作性を有すると判断しました。

また、タウンページデータベースについても、上記職業分類体系による電話番号情報の分類であるため、全体として体系的な構成によって創作性を有するとしてデータベースの著作物に該当するとしました。

【知恵蔵事件】東京地判平10・5・29（平７ワ5273）、東京高判平11・10・28（平10ネ2983）

被告出版社は、原告に用語辞典「知恵蔵」の平成２年版〜同５年版のブックデザインを依頼し、その出版をしましたが、その後平成６年版及び同７年版の知恵蔵においても、原告が作成したレイアウトフォーマット用紙（裁判所ウェブサイトに掲載あり）とほぼ同一のレイアウトフォーマット用紙を使用して出版をしたとして、原告が被告に対し著作権侵害等に基づく損害賠償を求めた事件です。

原告は、レイアウトフォーマット用紙に基づく紙面の割付方針により作成された知恵蔵（の紙面）が編集著作物であるとし、「柱、ノンブル、ツメの態様、分野の見出し、項目、解説本文等に使用された文字の大きさ、書体、使用された罫、約物の形状」が「素材」に当たり、その選択配列に創作性があるから原告も知恵蔵の著作権者だと主張しました（注：「柱」＝版面の周辺の余白に印刷した見出し、「ノンブル」＝頁数を示す数字、「ツメ」＝検索の便宜のために辞書等の小口に印刷する一定の記号等、「約物」＝文字や数字以外の各種の記号活字の総称）。

第一審は、「本件知恵蔵の創作的選択及び創作的配列の対象となった素材は、あくまで、『新語話題語』及び『用語』欄に記載された用語とその解説」等であるとし、原告が知恵蔵の素材であると主張するものは、本件知恵蔵の年度版用語辞典という著作物としての性質、目的から考えれば、編集著作物としての本件知恵蔵の創作の対象となった素材とはなり得ないと判断し、原告に著作権はないとしてその請求を認めませんでした。

控訴審は、第一審とはやや異なる理由付けで第一審の結論を維持しました（原告が知恵蔵の「素材」であると主張するものは、知恵蔵の編集過程における紙面の割付け方針を示すもので、特段の事情のない限りそれ自体に独立して著作物性はないとし、著作物性を否定）。

【ウォール・ストリート・ジャーナル事件】東京地判平５・８・30（平３モ6310）、東京高判平６・10・27（平５ネ3528）、最判平７・６・８（平７テ５）（上告棄却）

米国で英語の日刊新聞（本件新聞）を発行するＡ社が、日本で「全記事抄訳サービス」と称して本件新聞の各記事を抄訳した文書（Ｂ社文書）を作成・頒布するＢ社に対し、本件新聞について有するＡ社の著作権（編集著作物である本件新聞についての著作権。なお、個々の記事の著作権については主張していません。）の侵害を理由に、Ｂ社によるＢ社文書の作成・頒布の差止めの仮処分（いわば訴訟による決着に先立つ暫定措置）を申し立てたところ、裁判所がＡ社の申立てを認める仮処分決定を出したので、Ｂ社がその取消し等を求めた事件です。

Ｂ社文書には本件新聞の名称、日付及び曜日が記載され、同日付の本件新聞に掲載の記事のほとんどがＢ社文書での抄訳（１記事当たり34字～103字程度）の対象となっており、本件新聞に掲載の記事以外は対象となることはなく、抄訳の配列順序も本件新聞での対象記事の割付順序と原則としてほぼ同様でした。

Ｂ社は、素材の表現が異なれば、素材に依存する編集著作物の表現も異ならざるを得ず、素材である本件新聞の各記事とそれに対応するＢ社文書での抄訳は表現が異なり（つまり、複製や翻案ではなく）、本件新聞とＢ社文書は編集物全体としての表現もまったく異なるから、編集著作権の侵害には当たらないなどと主張しました。

第一審は、本件新聞が編集著作物であることを前提に、選択・配列の対象となる素材は、記事原稿である一方で原稿を媒体として記者が伝達しようとした出来事自体だと認定しました。そして、編集著作権の侵害の有無を考えるに当たり「選択・配列の対象となる素材の内容・趣旨が実質的に同一であれば、両素材の具体的表現の相違は考慮する必要はない」とし、本件新聞に掲載された記事とＢ社文書の項目とを対比すれば、両編集物の素材としての出来事の選択・配列は同一又は類似し、かつ本件文書は本件新聞に依拠して作成されているとして、本件新聞についてのＡ社の著作権の侵害を肯定しました。

控訴審も、第一審同様、Ｂ社によるＡ社の著作権の侵害を肯定しました。その理由の中で、「新聞の編集著作権に対する翻案権の侵害が成立するためには、対象となる文書が、当該新聞に依拠して、そこで取り上げられ、記事に具現化されている情報の核心的事項である客観的な出来事の表現と共通するものを同様に要素としていれば足り、両者の個々の素材（要素）自体の具体的な表現や詳細な内容が相当程度において一致していることまでは必要ない」などと指摘しています。

【色画用紙見本帳事件】東京地決平11・6・23（平11ヨ22022）

色画用紙の製造販売業者である原告が、自社作成の色画用紙見本帳（52色を掲載）は、色彩及び色名を素材とし、その選択に創作性のある編集著作物に該当すると主張した事件です。原告は、競業他社である被告による色画用紙見本帳（55色を掲載）の作成は、原告の見本帳についての著作権等を侵害するとして、被告による見本帳の作成の差止め仮処分を裁判所が命じるよう求めました。

原告の主張の根拠は、①色彩は無限に作出でき、色名は400程度の既存の色名及び自らが創作した色名の中から選択されるべきところ、自社では市場性、品質に秀でた色彩及び色名を選択し、これを自社見本帳に掲げたものであり、その色彩及び色名の選択には著作権法12条所定の創作性が存する、②原告被告両社の見本帳を比較すると、52色の色名が同じで、51色の色彩が同じだとし、色名と色彩という素材がほぼ一致しているというものでした。

しかし、裁判所は、各見本帳の「素材」をどう捉えるかについて、原告の見本帳は原告の取扱商品の見本にほかならず、その素材は、原告の取扱商品である色画用紙についての色、材質、用途、サイズ、包装状態等の商品情報であって、純粋に色彩及び色名を素材としたものではないとし、被告の見本帳の素材も、同様に被告の商品情報であって、色彩及び色名ではないと判断して、色彩及び色名が素材だとする原告の主張は採用しませんでした。そして、原告の取扱商品情報が「素材」だとすると、原告見本帳は原告取扱商品すべての種類の情報を掲げているため商品情報の選択について創作性もないと指摘しました。

4　データベースの著作物とは

(1)　根拠条文

著作権法12条の2第1項では、「データベースでその情報の選択又は体系的な構成によつて創作性を有するものは、著作物として保護する。」と規定しています（「データベース」は著作権法2条1項10号の3で定義）。

データベースは、情報をコンピュータで検索できるように、情報にキーワードを付したり体系付けをしたりするなどの、一般の編集著作物とは別の知的作業が作成に当たって必要となる一方、コンピュータで検索できれば情報の配列自体は重要ではないと考えられるため、編集著作物とは別の要件で著作物として保護されています（著作権法12条1項で明示的に「編集物」からデータベースが除外されています。）。

データベースの著作物を構成する情報は、著作物でなくても構いません。したがって、例えば電話番号をパソコンで検索できるようにしたデータベースも著作物性が認められる可能性がありますが、単に電話番号の全文検索が可能であるにすぎないものは、体系的な構成による創作性があるといえず、著作物性が認められません。

(2)　裁 判 例

データベースの著作物性が認められたケースとして、**NTTタウンページ事件**（第5章3(2)「裁判例」参照）があり、認められなかったケースとして、次の**自動車データベース事件**（原告の請求に対する最終的な判断ではなく、事件の重要な争点について判断をした「中間判決」と呼ばれるものです。）があります。

【自動車データベース事件（中間判決）】東京地判平13・5・25（平8ワ10047・25582）

コンピュータソフトウェア開発販売業等を営む会社（原告）が、日本国内の実在の自動車に関する一定の情報を収録したデータベースＡを作成し、それを構成要素として自動車整備業用のシステムを開発しました。一方、原告の競業他社である被告も、同じころにデータベースＢを構成要素とする同様のシステムを開発しました。原告は、被告データベースＢがデータベースＡの複製だとして、被告のシステムの製造等の差止め及び9.5億円の損害賠償を求めて訴えを提起しました。

原告は、データベースＡは対象となる自動車の選択、自動車に関する情報の選択及び体系的構成に創作性があるから著作物性が認められると主張しましたが、裁判所はデータベースＡの創作性を否定し、データベースの著作物には当たらないとしました。

その理由として、まず、情報の選択につき、データベースＡのために国内の実在の自動車の情報が選択され、収録データ項目が、自動車検査証での記載項目と自動車の車種であることは、同データベースが国内の自動車整備業者向けのものである以上、通常のことであり、情報の選択に創作性はないとしました。また、体系的な構成について、各データ項目が、道路運送車両法に基づいて付される型式指定—類別区分番号の古い自動車から順に並べた構成を採用し、それ以上に何らの分類もされていないため、創作性も認められないとしました。

なお、原告は、ダミーデータの収録やデータ項目への原告独自のコード番号の割り当てにより情報の選択に創作性があると主張しましたが、やはり創作性は認められませんでした。

しかし、裁判所は、被告がデータベースＡのデータ（少なくとも約６万件）をデータベースＢに組み込んだ上販売したと認定し、被告による一般不法行為（民法709条）を認定しました（本件では最終的に約5600万円の損害賠償請求を認めました。終局判決である東京地判平14・３・28（平８ワ10047・25582）参照）。その理由の中で、裁判所は、一般論として「人が費用や労力をかけて情報を収集、整理することで、データベースを作成し、そのデータベースを製造販売することで営業活動を行っている場合において、そのデータベースのデータを複製して作成したデータベースを、その者の販売地域と競合する地域において販売する行為は、公正かつ自由な競争原理によって成り立つ取引社会において、著しく不公正な手段を用いて他人の法的保護に値する営業活動上の利益を侵害するものとして、不法行為を構成する場合がある」と述べ、被告の行為は、取引における公正かつ自由な競争として許される範囲を甚だしく逸脱し、法的保護に値する原告の営業活動を侵害するものと認定しています。

5　著作物性に関する裁判例：言語の著作物

言語の著作物について、著作物性が争われた裁判例は多くありますが、ここでは契約、宣伝広告等の活動が必須のビジネスの場面で参考になると思われるものを中心に紹介します。

(1)　契約書・利用規約・書式

【契約書案返還請求事件】東京地判昭62・5・14（昭61ワ8498）

土地の購入を検討していた原告２名は、その代理人弁護士が作成した土地の売買契約書案２通を、当該土地の売主である会社の代理人弁護士２名に送付したものの、結局売買交渉が打ち切られることになり、売主側代理人が契約書案２通のうち１通のみ買主側に返送した件で、原告らが、契約書案の返還を求めて売主側の会社及び代理人弁護士２名を訴えた事件です。

返還請求の根拠として、原告らは当該契約書案の著作権を有することを主張しましたが、裁判所は、「著作物は思想又は感情を表現したものでなければならないが、本件文書は原告らの希望する契約条件ないし意思を被告会社に伝達するための文書にすぎない」として著作物性を否定しました。なお、仮に著作物性が認められたとしても、著作権に基づく返還請求は認められません。

【修理規約事件】東京地判平26・7・30（平25ワ28434）

インターネットを通じて時計修理サービスを提供している株式会社（原告）が、自社のウェブサイトに掲載している修理規約などを複製又は翻案したとして、著作権侵害を理由に同業他社（被告）を訴えた事件です。

まず、原告は、自社の規約文言を59項目に分けて、各項目に記載の規約文言がそれぞれ著作物であるとの前提で、それぞれに対応する被告の規約文言が原告の規約文言を複製又は翻案したものだと主張しました。これに対して、裁判所は、原告の規約文言は個別にみる限りアイデアや事実そのものかありふれた表現にすぎないから創作的な表現ではないとして著作物性を否定しました。

次に、原告は、自社の規約文言は、一体として著作物性があると主張し、裁判所は、原告規約文言は、疑義が生じないよう同一の事項を多面的な角度から繰り返し記述するなどしている点に原告の個性が現れていることを理由に、全体としては著作物性があるとしました。そのうえで被告規約文言全体を原告規約文言全体と比較し、「見出しの項目、各項目に掲げられた表現、記載順序などは、すべて原告規約文言と同一であるか、実質的に同一である」として著作権侵害を認めました。本件の具体的な文言は、裁判所ウェブサイトに掲載されています。

裁判所は、一般論として、規約としての性質上、取り決める事項はある程度一般化、定型化されておりその表現方法は自ずと限られたものとなるから、通常の規約であれば、ありふれた表現として著作物性は否定される場合が多い旨述べています。

【公共事業入札書類等作成支援ソフトウェア事件】大阪地判平14・7・25（平12ワ2452）（プログラム中の帳票部分の著作物性について）

県の公共事業入札及び公共事業における契約関係書類等の作成支援ソフトウェアを販売した原告が、それと同様のソフトウェアを製作販売する被告に対し、被告が原告ソフトウェアを複製又は翻案したとして著作権に基づき被告ソフトウェアの差止請求等を求めた事件です。

本件ではソフトウェアの著作物性が争われましたが、その中でプログラム中の帳票部分については、裁判所は著作物性を否定しました。帳票部分は、県の土木関係書式をエクセルのワークシートに入力したものであり、誰が作成しても同一又は類似の記載にならざるを得ないため、作成者の何らかの個性が表現されたものとはいえないというのが理由でした。なお、帳票部分には、レイアウトを県の書式と左右反対にしたり、コメントを付加したりするなど、県の土木関係書式には存在しない部分がありましたが著作物性を否定されています。

【船荷証券事件】東京地判昭40・8・31（昭39ワ2686）

原告は、被告の依頼により被告独自の船荷証券の用紙（本件用紙）を作成し、印刷の上、被告に２回納品しましたが、その後被告はほぼ同一の船荷証券の用紙を自社で作成して使用していました。原告は、本件用紙についての著作権侵害等を根拠に被告に損害賠償を求めました。

裁判所は、本件用紙は、被告が後日依頼者との間に海上物品運送取引契約を締結するに際してそこに記載された条項のうち空白部分を埋め、契約当事者双方が署名又は署名押印することによって契約締結のしるしとする契約書の草案にすぎず、本件用紙に表示されているものは、被告ないしその取引相手方の将来なすべき契約の意思表示にすぎないから、原告の「思想」の表現ではないとして著作物性を否定しました。

⑵　キャッチフレーズ・スローガン

【スピードラーニング事件】東京地判平27・3・20（平26ワ21237）、知財高判平27・11・10（平27ネ10049）、最決28・3・22（平28受346）（上告不受理）

「音楽を聞くように英語を聞き流すだけ　英語がどんどん好きになる」「ある日突然、英語が口から飛び出した！」などのキャッチフレーズを自社の英会話教材の広告に使用している原告が、「音楽を聞くように英語を

流して聞くだけ　英語がどんどん好きになる」「ある日突然、英語が口から飛び出した！」などのキャッチフレーズを自社の英会話教材の広告に使用している被告に対し、著作権侵害等を理由に被告キャッチフレーズの複製等の差止めや損害賠償を求めた事件です。

第一審は、「文章表現による作品において、ごく短かく、又は表現に制約があって、他の表現が想定できない場合や、表現が平凡でありふれたものである場合には、作成者の個性が現れていないものとして、創作的に表現したものということはできない」としたうえで、原告のキャッチフレーズはいずれも平凡でありふれているとして、その創作性を否定しました。控訴審で、原告は、短い表現であっても選択の幅が狭いとはいえず、創作者の個性が現れていれば足りるから著作物性を認めるべきだと主張しましたが、控訴審も第一審の判断を維持し、「キャッチフレーズのような宣伝広告文言の著作物性の判断においては……他の表現の選択肢がそれほど多くなく、個性が表れる余地が小さい場合には、創作性が否定される場合がある」と指摘しました。

【スローガン事件】東京地判平13・5・30（平13ワ2176）、東京高判平13・10・30（平13ネ3427）

原告が創作した「ボク安心　ママの膝（ひざ）より　チャイルドシート」というスローガンは、全国交通安全スローガン優秀賞に選定され、平成6（1994）年12月に新聞（全国紙）の第1面に掲載されました。被告団体は、平成9（1997）年度後半の交通事故防止キャンペーンのスローガン作成を広告代理店に依頼し、「ママの胸より　チャイルドシート」というスローガンをテレビ広告に使用しました。これに対して原告は著作権侵害を主張して被告に損害賠償を求めました。

原告スローガンの著作物性が争われましたが、第一審は、5・7・5調を用いてリズミカルに表現されている、「ボク安心」という語が冒頭に配置され、幼児の視点から見て安心できるとの印象、雰囲気が表現されている、「ボク」や「ママ」という語が、対句的に用いられ、家庭的なほのぼのとした車内の情景が効果的かつ的確に描かれている、などとして筆者の個性が十分に発揮されたものと認定して著作物性を認めました。もっとも、被告スローガンは原告の作品の複製ではないとし、原告の請求は認めませんでした。控訴審では、原告のスローガンの著作物性についての明確な判断は避けつつ、複製は否定して第一審の結論を維持しました。

⑶ 手　紙

【少林寺拳法事件】高松高判平８・４・26（平５ネ402、平７ネ25）

原告（少林寺拳法連盟役職歴任者）は、平成元（1989）年２月に被告（少林寺拳法連盟に所属、平成４（1992）年に破門）に対し、少林寺拳法関連団体の役職者（管長）の新聞紙上での発言を批判する内容の手紙（本件手紙）を送ったところ、被告が、自らを著者として平成５（1993）年３月に発行された少林寺拳法関連団体の告発本に、本件手紙を原告に無断で掲載したため、本件手紙についての著作権侵害等があったとして原告が被告を訴えた事件です。

第一審は公表されていないため詳細は不明ですが、控訴審は、本件手紙は思想又は感情を表明したものといえるがその表現自体に何らかの著作者の独自の個性があるとはいえないとして創作性を否定し、著作物ではないとしました（本件手紙の文章は不明）。

【三島由紀夫事件】東京地判平11・10・18（平10ワ8761）、東京高判平12・5・23（平11ネ5631）

三島由紀夫が生前、Ａ宛に書いた未公表の手紙及び葉書合計15通（本件各手紙）を、Ａが執筆した自伝的な小説に掲載し、それが出版社により出版されたため、三島由紀夫の遺族が、Ａ、出版社及び同社の第一出版局長を被告として、小説の出版等の差止めや廃棄、損害賠償等を求める訴訟を提起した事件です。

本件各手紙の著作物性が争われましたが、第一審は「本件各手紙には、単に時候の挨拶、返事、謝礼、依頼、指示などの事務的な内容のみが記載されているのではなく、三島由紀夫の自己の作品に対する感慨、抱負、被告Aの作品に対する感想、意見、折々の心情、人生観、世界観等が、文芸作品とは異なり、飾らない言葉を用いて述べられている」ことを理由に、本件各手紙が三島由紀夫の思想又は感情を個性的に表現したものであるとして著作物性を認め、控訴審もこれを維持しました。判決文では、手紙の文章の一部が紹介されています。

(4) 裁判の傍聴記録

【ライブドア裁判傍聴記事件】東京地判平19・11・26（平19ワ9982）、知財高判平20・7・17（平20ネ10009）、最決平20・12・11（平20受1662）（上告不受理）

原告は、刑事裁判における証人尋問の傍聴記録をネットで公開していましたが、その文字部分のほとんどがそのまま被告の管理・運営する「Yahoo! ブログ」上のブログ記事に、何者かによって原告に無断で掲載されました。原告は、著作物である自分の傍聴記録についての著作権侵害が生じているとして、被告に対し、ブログ記事を掲載した者についての情報（発信者情報）の開示等を求めました。

第一審は、新聞記事に著作物性があること等を根拠とした原告の主張に対し、原告傍聴記における事実の取捨選択に当たっての原告の視点が不明で、表現方法も単なる箇条書きの域を出ない等として、同傍聴記録の著作物性を否定して原告の請求を全部棄却したため、原告は控訴しましたが、控訴審は言語表現による記述等の創作性について一般論を述べたうえで、本件傍聴記録は証言をありふれた方法でまとめたものである、とか、記述が極めて短く表現の選択の幅が狭いという理由で、原告の個性が発揮されていないとして創作性を否定しました。

(5) 記事の見出し

【YOL 見出し事件】東京地判平16・3・24（平14ワ28035）、知財高判平17・10・6（平17ネ10049）

ネット上のニュース記事へのリンクをユーザに配信するサービスを提供する会社（被告）が、そのリンクボタンの多くについてリンク先ニュース記事の「見出し」語句と同一の語句を使用していることが、「見出し」についての著作権を侵害するとして、リンク先ニュース記事の著作者である新聞社（原告）が被告を訴えた事件です。

第一審は、各見出し（例：「マナー知らず大学教授、マナー本海賊版作り販売」）がありふれた表現であるなどとして創作性を否定し、著作物性を認めず、原告が控訴しました。控訴審は、ニュース記事見出しがその性質上の制約（事実の簡潔かつ正確な伝達の必要性）や使用可能字数の限界に起因する表現の選択の幅の狭さから、創作性を発揮する余地が比較的少なく、著作物性の肯定が容易ではないことを指摘したうえで、本件各見出しに創作性はないとし著作物性を否定しました。もっとも、控訴審は被告の行為が原告の法的保護に値する利益を侵害したものと認定し、被告に不法行為に基づく損害賠償を命じています。

⑹ 挨拶文

【ラストメッセージ in 最終号事件】東京地判平 7・12・18（平 6 ワ9532）

昭和61（1986）年から平成５（1993）年までの間に休刊又は廃刊となった各雑誌の最終号の表紙、休廃刊に際し出版元等の会社やその編集部、編集長等から読者宛に書かれた文章やイラスト等（本件記事）を集めた書籍を発行した出版社を、本件記事の著作権者であると主張する出版社数社が訴えた事件です。

裁判所は、「少なくとも当該雑誌は今号限りで休刊又は廃刊となる旨の告知、読者等に対する感謝の念あるいはお詫びの表明、休刊又は廃刊となるのは残念である旨の感情の表明が本件記事の内容となることは常識上当然であり、また、当該雑誌のこれまでの編集方針の骨子、休廃刊後の再発行や新雑誌発行等の予定の説明をすること、同社の関連雑誌を引き続き愛読してほしい旨要望することも営業上当然のことであるから、これら五つの内容をありふれた表現で記述しているにすぎないものは、創作性を欠く」としたうえで、本件記事の一部（７点）について創作性を否定して、残りについて著作物性を肯定しました。**図表５－２**は、創作性が否定された記事の一例です。

図表５－２　創作性が否定された編集後記

編集後記・お知らせ

★昭和五十七年十二月号創刊以来、三年三か月にわたって発行してまいりました小誌は、この二月号をもっていったん休刊し、近々、誌名・内容を刷新して再発行いたします。長い間ご愛読いただき、まことにありがとうございました。心から御礼申し上げますとともに、新雑誌へのご支援をよろしくお願い申し上げます。★新・健康誌は、新しい読者層の開拓と、その関り合いを深めるため、これまでの「壮健ライフ」のイメージ・内容を一新し、誌名も改題して、まったく新しい健康分野に挑戦いたします。どうぞご期待ください。

出典：裁判所ウェブサイト
（https://www.courts.go.jp/app/files/hanrei_jp/818/013818_option1.pdf）

⑺　取扱説明書

【消防用特殊車両事件】東京地判平29・11・16（平28ワ19080）、知財高判平30・6・20（平29ネ10103、平30ネ10012）、最決令元・5・29（平30受1587）（上告不受理）

キャンピングカー及び特殊車両等の製造等を行っている原告が、消防庁における消防用特殊車両の製造にかかる一般競争入札に参加して落札者となった被告Ａ社及び同車両の製造に関与した被告Ｂ社に対し、被告Ａ社が不当に安い金額で入札等したことで、他の入札者から原告が同車両の製造委託を受注する機会を喪失させたとして不法行為に基づく損害賠償請求をし、予備的に、被告らが同車両の製造に当たり、原告が著作権を有する制御プログラム、タッチパネル画面、取扱説明書及び警告用のシールを複製・翻案したと主張して、著作権侵害に基づく損害賠償請求をしました。

原告の取扱説明書の著作物性が争点の1つとなり、原告は、その取扱説明書の分量も膨大（40頁にも及ぶ）であり、構成や表現がありふれたものでないことは明らかだと主張しましたが、第一審は当該説明書の表現に作成者の個性が発揮されていないため分量が膨大であるからといって創作性は認められないとして著作物性を否定しました。また、取扱説明書が編集著作物であるとの原告の主張に対しても、素材の選択又は配列において創作性があるとはいえないと判断しました。

控訴審も原告の取扱説明書の著作物性は否定していますが、より詳しくその理由を述べており、例えば「装備、機器の機能や操作方法が同じであれば、その説明も似たものにならざるを得ない」から作者の個性が表れていないとか、「取扱説明書においては、説明文は簡略なものとする必要があり、簡略な表現としたことから直ちに創作性が認められることにはならない」などと指摘しています。

【乳幼児用浮き輪事件】東京地判平28・7・27（平27ワ13258）

外国企業Aが製造販売する乳幼児用浮き輪（本件商品）について、日本での総代理店である原告が、直輸入品の卸売販売、インターネット販売・小売販売等を業とする被告が本件商品を日本で販売する際に同封している取扱説明書（被告説明書）は、原告作成の取扱説明書（原告説明書）の11の説明文や6つの挿絵を複製したものであると主張して、複製権、譲渡権及び著作者人格権侵害を理由に被告説明書の複製等の差止めや損害賠償を求めた事案です。なお、原告説明書の説明文は、外国企業Aの説明書の英文を日本語に翻訳したうえでこれを修正して作成されたものでした。

原告説明書の説明文及び挿絵の著作物性が争点となり、裁判所は、原告説明書の各説明文については著作物であることを否定せずに、被告説明書の各説明文と対比して複製に当たるか否かを個別に検討し、結局すべて複製に該当しないと判断しました。また、（言語の著作物ではありませんが）原告説明書の挿絵のうち、3つにつき著作物性を肯定し、被告による複製があったと認定し、残りについては著作物性を否定しました。裁判所ウェブサイトに掲載されている判決書には、詳細な判断が示されており、末尾には上記説明文及び挿絵が含まれているほか、説明文と挿絵の対比表も添付文書として掲載されています。

6　著作物性についての裁判例：写真の著作物

写真は、被写体の選択・組み合わせ・配置、構図・カメラアングルの設定、シャッターチャンスの捕捉、被写体と光線との関係（順光、逆光、斜光等）、陰影の付け方、色彩の配合、部分の強調・省略、背景等の諸要素を総合してなる１つの表現であるとされ（後述のスメルゲット事件参照）、これらの要素に独自性があれば創作性が肯定され著作物性が認められる傾向にあります。

以下のとおり肯定例をみると、プロの撮影した肖像写真だけでなく、素人の撮影した人物、石垣、商品などのスナップ写真についても、著作物性が認められています。しかし、被写体をできるだけ忠実に再現することを目的として撮影された写真について、撮影者の個性が現れていないとして著作物性を否定した例もあります。

⑴　肯 定 例

【真田広之ブロマイド写真事件】東京地判昭62・7・10（昭57ワ2997）

原告が、被告（会社）が業として製作販売するブロマイド写真の顔部分を切り抜き、キーホルダーのプラスチック製ケース部分に入れた商品を製作して業者に販売したところ、被告が原告の転売先業者に対して、商品への加工が写真イメージを大きく変えるとして、写真についての著作権侵害を主張して本件商品の販売を中止させたため、原告が被告に損害賠償を求めた事件です。原告は写真の著作物性を争いました。

裁判所は、本件写真のような肖像写真につき、「被写体のもつ資質や魅力を最大限に引き出すため、被写体にポーズをとらせ、背景、照明による光の陰影あるいはカメラアングル等に工夫をこらすなどして、単なるカメラの機械的作用に依存することなく、撮影者の個性、創造性が現れている場合には、写真著作物として、著作権法の保護の対象になる」としたうえで、本件写真は専属のカメラマンが、上記のような工夫をこらしてシャッターチャンスをうかがい、ファンの好みそうな表現のときをねらって撮影しており、撮影者の個性、創造性が窺えると判断して著作物性を肯定しました。

【津医療生活協同組合写真事件】津地判平6・1・31（平4ワ117）、名古屋高判平6・10・27（平6ネ134）、最判平9・10・9（平7オ79）（上告棄却）

原告が被告団体に在職中に撮影した、被告関係者の記念写真やスナップ写真を、被告が無断で被告発行の書籍に掲載したことについて、原告から被告に対し、これらの写真（本件写真）についての著作権侵害に基づく損害賠償請求がなされた事件です。

本件写真の著作物性について、第一審は「写真には、被写体を忠実に機械的に再製することを目的としたものと、被写体の選択・構図のとりかた・カメラアングル・光量の調節・シャッターチャンスなどに撮影者の創意と工夫を加えて撮影したものとがあり……後者の写真については原則として著作物性を肯定するのが相当」と述べて本件写真は後者に該当するとして著作物性を肯定しました。

控訴審も「写真は……被写体の選定、撮影の位置・角度・時間の選択、カメラ・レンズ・フィルムなどの機材やその組合せの選択、光量の調節などについて撮影者の創意と工夫があれば著作物と認めるのが相当」であり、本件写真は、原告が「自身の判断と趣向・工夫によって歴史的現象を創作的に映像化したもの」だとして著作物性を肯定し、最高裁もその判断を維持して上告を棄却しました。

【石垣写真事件】青森地判平7・2・21（平4ワ344）、仙台高判平9・1・30（平7ネ207）、最判平9・10・14（平9オ1140）（上告棄却）

アマチュア史家である原告が紀伊半島の熊野地方の石垣をカメラで撮影した写真が被告らにより書籍に無断掲載された事件で、原告撮影写真の著作物性が争われました。

第一審は、主題の決定、被写体・構図・カメラアングル・光量・シャッターチャンス等の選択について創作性が認められる限り、写真の著作物性が肯定されるとしました。そして原告が本件石垣の状態を保存する意図のもとに本件各写真を撮影し、その際、本件石垣の状態がわかりやすく写るように配慮していることなどから、本件各写真は、いずれも主題の決定や被写体・構図等の選択について原告の学問的観点からの個性が現れており、創作性も認められるとして著作物性を肯定しました。

控訴審も、原告が本件各写真の撮影に当たり、本件石垣の状況が理解しやすいよう、周囲の草木を取り除いたり、また、撮影の位置、角度等に配慮し、望遠レンズや広角レンズを利用したりするなどの工夫を重ねて撮影を行ったことなどを理由として著作物性を認めました。

【スメルゲット事件】横浜地判平17・5・17（平16ワ2788）、知財高判平18・3・29（平17ネ10094）

業者Aがネット販売広告としてホームページに掲載していた、シックハウス症候群対策品「スメルゲット」等の商品写真を、同業他社が無断でそのまま自社ホームページに掲載したため、Aから営業譲渡を受けた原告が当該同業他社を著作権侵害で訴えた事件です。

本件商品写真の著作物性が争われ、第一審では原告の請求がすべて棄却され、原告が控訴しました。控訴審は本件写真について「商品を紹介する写真として平凡な印象を与えるものであるとの見方もあり得る。しかし、本件各写真については、……被写体の組合せ・配置、構図・カメラアングル、光線・陰影、背景等にそれなりの独自性が表れているのであるから、創作性の存在を肯定することができ」るとして著作物性は肯定しつつ、「その創作性の程度は極めて低いものであって、著作物性を肯定し得る限界事例に近い」と指摘しました。本件では、被告の掲載した写真が本件写真のデッドコピーだったことから、複製権侵害が認められました。

【イケア商品写真事件】東京地判平27・1・29（平24ワ21067）

被告は、ウェブサイトを通じて消費者から原告製品の注文を募り、イケアストアで注文品を購入して梱包、発送し、注文した消費者に転売する買物代行事業を営んでいたところ、自らのサイトで、原告サイトに掲載されている原告製品写真を原告に無断で掲載したことについて、原告製品写真についての著作権侵害が問われた事件です。

原告製品写真の著作物性について、裁判所は、「同種製品を色が虹を想起せしめるグラデーションとなるように整然と並べるなどの工夫」（工夫①）や「マット等をほぼ真上から撮影」することで「生地の質感が看取できるよう撮影方法に工夫が凝らされている」（工夫②）ことにより、「原告各写真は、原色を多用した色彩豊かな製品を白い背景とのコントラストの中で鮮やかに浮かび上がらせる効果を生み、原告製品の広告写真としての統一感を出し、商品の特性を消費者に視覚的に伝えるものとなっている」から創作性があるとして著作物性を認めました。**図表5－3**は、著作物性が認められた原告製品写真の一例です。

図表5－3　著作物性が認められた原告製品写真

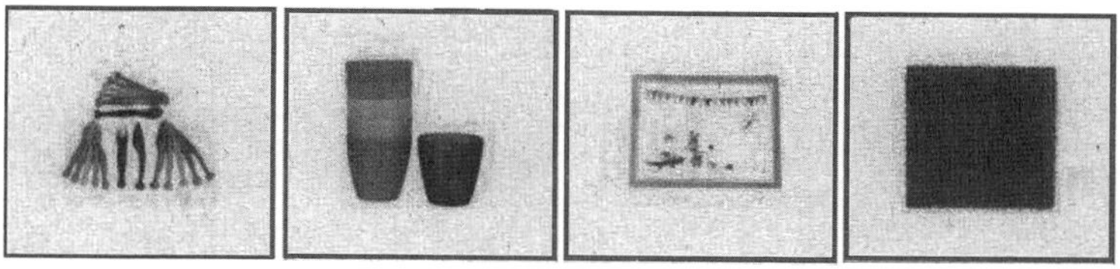

元はカラー写真。枠は筆者追加。左2点が工夫①がみられる写真、右2点が工夫②がみられるもの。
出典：裁判所ウェブサイト
（https://www.courts.go.jp/app/files/hanrei_jp/881/084881_option1.pdf）

【東京アウトサイダーズ事件】東京地判平18・12・21（平18ワ5007）

原告が撮影した自らの夫と子供の写真を、第三者がその執筆した書籍に無断で掲載したため、原告が当該書籍の出版差止め等を求めて当該第三者と当該書籍の出版社を訴えた事件です。

被告側は、職業カメラマンなどではない一般人が、ごく日常的な場面で無造作に撮影した家族のスナップ写真は、露光、陰影の付け方、レンズの選択、シャッター速度の設定、現像の手法等に工夫を凝らしたことによる創作性を欠くことが多いと主張しましたが、裁判所は、「写真を撮影する場合には、家族の写真であっても、被写体の構図やシャッターチャンスの捉え方において撮影者の創作性を認めることができ」るとして、著作物性を肯定しました。

⑵ 否定例

【版画写真事件】東京地判平10・11・30（昭63ワ1372）

版画作品等の紹介をする雑誌を発行する出版社と雑誌に掲載する版画の写真（本件写真）を撮影した従業員が、本件写真を自己の著作した書籍に無断で掲載した被告に損害賠償を求めた事件です。本件写真は、原作品を紹介するために版画をできるだけ忠実に再現することを目的として撮影された版画全体の写真で、被写体となった版画は、おおむね平面的な作品でした（わずかな凹凸のある作品も一部あり）。

裁判所は、本件のような写真において、撮影対象が平面的な作品である場合には、正面から撮影する以外に撮影位置を選択する余地がない上、版画をできるだけ忠実に再現した写真を撮影するために光線の照射方法の選択と調節、フィルムやカメラの選択、露光の決定等において、技術的な配慮をすることが必要だとしても、それは原画をできるだけ忠実に再現するためにされるものであって、独自に何かを付け加えるというものではないとして、著作物性を否定しました。

【一竹辻が花美術館事件】東京地判平30・6・19（平28ワ32742）

故久保田一竹の開発した「一竹辻が花」という独自の染色技術を用いた創作着物作品や、その制作工程に関する文章や写真等について、故久保田一竹の子及び「一竹辻が花」の染色技術を継承する法人が著作権を有すると主張して、久保田一竹美術館を運営する被告に対し、著作物の使用差止めや損害賠償を求めた事件です。

制作工程に関する写真や久保田一竹美術館の写真の著作物性が争点の1つでしたが（**図表5－4**参照）、裁判所は「制作工程写真の目的は、その性質上、いずれも制作工程の一場面を忠実に撮影することにあり、……写真の表現上の諸要素はいずれも限られたものとならざるを得ず……撮影者の個性が表れないもの」であるとして著作物性を否定しました。また、久保田一竹美術館写真についても、「これら美術館写真の目的は、その性質上、いずれも一竹美術館の外観又は内部を忠実に撮影することにある」として、制作工程写真と同様の理由付けにより、撮影者の個性が表れないものとして著作物性を否定しました。

図表5－4　著作物性を否定された制作工程・美術館の写真

上段は制作工程写真の一部、下段は美術館写真
出典：裁判所ウェブサイト
（https://www.courts.go.jp/app/files/hanrei_jp/871/087871_option2.pdf）

7　著作物性に関する裁判例：図形の著作物

図形によって思想又は感情を表現した著作物は図形の著作物とされており、学術的な性質を有することが前提とされています。

実務上、著作物性がよく問題となるものとしては、地図や設計図があげられます。地図については「記載すべき情報の取捨選択及びその表示方法」に個性があるか否かが重要です。設計図のうち、建築物の設計図については、著作物性が比較的認められやすいのに対し、工業製品の設計図については、設計図から読みとれる工業製品の具体的デザインは、思想又はアイデアであり、それを通常の方法で設計図に表したものに創作性は認められないという理由で、著作物性が否定される傾向にあります。

(1)　地　　図

【ふぃーるどわーく多摩事件】東京地判平13・1・23（平11ワ13552）

歴史研究者である原告が平成7（1995）年12月に書籍「ふぃーるどわーく多摩」を出版し、それを参考にした別の書籍が被告である出版社から出版されたところ、原告が複製権侵害等を理由に被告書籍の印刷、製本、販売、頒布の差止め等を求めた事件です。

原告書籍に掲載されている地図の著作物性が争点となり、裁判所は、一般に、地図は地形や土地の利用状況等を客観的に表現するため個性的表現の余地が少ないとしつつも、記載すべき情報の取捨選択及びその表示の方法に関しては、地図作成者の個性、学識、経験、現地調査の程度等が重要な役割を果たし得るため創作性が表われ得ると指摘しました。そのうえで、例えば**図表5－5**の地図①について、読者が最も関心があると思われる「近藤勇胸像」や「近藤勇と理心流の碑」等を、実物に近い形にしながら適宜省略し、デフォルメした形で記載した点に創作性を肯定し著作物性を認めましたが、**図表5－5**の地図②は既存の地図をもとに史跡やバス停留場の名前を記入しただけだとして創作性を否定しました。

図表5－5　「ふぃーるどわーく多摩」掲載の地図

地図①

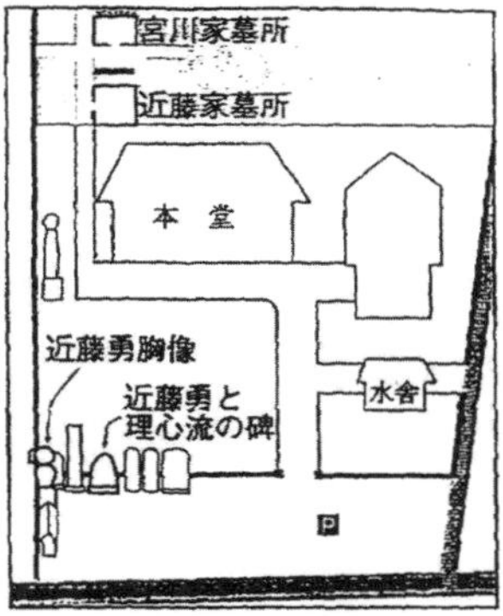

地図②

出典：裁判所ウェブサイト
（https://www.courts.go.jp/app/files/hanrei_jp/728/012728_option1.pdf）

【空港案内図事件】東京地判平17・5・12（平16ワ10223）、知財高判平18・5・31（平17ネ10091）

被告出版社から旅行ガイドブックの制作委託を受けた原告出版社が、被告にその委託料等の支払を求めたところ、被告から、原告の納品したガイドブックに掲載されている空港案内図が第三者の作成した空港案内図（本件空港案内図）についての著作権を侵害していること等を理由に支払義務がないと主張された事件です。

本件空港案内図の著作物性が問題となり、第一審は「実際に存在する建築物の構造を描写の対象とする間取り図、案内図等の図面等であっても、採り上げる情報の選択や具体的な表現方法に作成者の個性が表れており、この点において作成者の思想又は感情が創作的に表現されている場合には、著作物に該当する……もっとも、空港案内図は、……空港利用者の実用に供するという性質上、選択される情報の範囲が自ずと定まり、表現方法についても、機能性を重視して、客観的事実に忠実に、線引き、枠取り、文字やアイコンによる簡略化した施設名称の記載等の方法で作成されるのが一般的であるから、情報の取捨選択や表現方法の選択の幅は狭く、作成者の創作的な表現を付加する余地は少ない」とし、詳細な検討の上、本件空港案内図について著作物性を認めたものの、原告による著作権侵害は否定しました。

控訴審は著作物性及び侵害否定の判断は維持しつつ、本件制作委託契約上、原告には、著作権侵害に至らない態様であっても、相当程度に合理的な根拠に基づいて著作権侵害との疑義を受けるような態様で、他人の出版物を模倣・複製しない旨の付随的な債務があったと指摘して、委託料の一部について被告の支払義務を認めませんでした。

【富山住宅地図事件】富山地判昭53・9・22（昭46ワ33・71）

当事者はいずれも地図の出版社で、原告は自社が著作権を有する住宅地図と同様のものを被告が発行したことについて著作権侵害を主張しました。

裁判所は、地図について、個性的表現の余地が少なく著作権による保護を受ける範囲が狭いのが通例であるものの、各種素材の取捨選択、配列及びその表示の方法に関しては、地図作成者の個性、学識、経験等が重要な役割を果たすから、そこに創作性の表出があるとしました。そして、いわゆる住宅地図について、基本的には同様のことがいえるとしつつ、その性格上掲載対象物の取捨選択は自ずから定まっており、この点に創作性の認められる余地は極めて少なく、また、一般に実用性、機能性が重視される反面として、そこに用いられる略図的技法が限定されてくるという特徴があるから、住宅地図の著作物性は、地図一般に比べてさらに制限されたものである旨述べました。そのうえで、原告の住宅地図について著作物性を否定せずに両当事者の地図を比較し、原告の住宅地図の特徴が被告の住宅地図には表れていないとして著作権侵害を否定しました。

【土地宝典事件】東京地判平20・1・31（平17ワ16218）、知財高判平20・9・30（平20ネ10031）、最決平21・3・26（平20オ1696、平20受2057）（上

告棄却、上告不受理）

各地の法務局が備え置く土地宝典（個人又は出版社が公図に地目・地積等の情報を追加し、編集したもの）につき、法務局が利用者に貸し出し、法務局内に設置のコインコピー機で複写させていたことにつき、国が土地宝典についての著作権を侵害したと主張して土地宝典の著作権者である原告が損害賠償を求めて国を訴えた事件で、土地宝典の著作物性が争点となりました。

第一審は、地図には個性的表現の余地が少なく、著作権による保護を受ける範囲が狭いのが通例であるものの、記載すべき情報の取捨選択及びその表示の方法に関しては創作性が表われ得るから、地図の著作物性は、記載すべき情報の取捨選択及びその表示の方法を総合して判断すべきとしました。そして土地宝典は、民間の不動産取引の物件調査に資するという目的に従って広範囲の地図として一覧性を高め、公図上の誤情報について必要な補正を行って工夫を凝らし、記載すべき公図情報の取捨選択が行われ、現況に合わせて複数の土地をそれぞれ道路、水路、線路等としてわかりやすく表示し、さらに、各公共施設の所在情報や各土地の不動産登記簿情報である地積や地目情報を追加表示し、これらの情報の表現方法にも工夫が施されていることを指摘して、著作物性を肯定しました。控訴審もその判断を維持しました。

⑵　設計図：建築物

【ビル設計図事件】東京地判昭54・6・20（昭50ワ1314）

鉄骨造３階建てビル（店舗兼住宅部分と貸事務所部分があります。）の新築工事設計図（表紙を除き32頁）の著作物性が争われた事件です。本件設計図を作成した一級建築士Ａの相続人である妻子が原告となり、本件設計図を参照してビルの設計変更をし、別の設計図を作成した一級建築士Ｂ（被告）に対し、著作権侵害に基づき損害賠償を求めました。Ａ作成の本件設計図に基づく建設工事の費用が希望予算を大きく上回るため、建築主が工事費用を抑えるべく、被告Ｂに依頼して、本件設計図をもとに、店舗兼住宅部分のみを備える鉄筋コンクリート造の３階建てビルの設計図を作成したという事情がありました。

裁判所は、Ａの作成した本件設計図のうち、案内図については、客観的に定まったビル敷地の所在位置をごくありふれた手法により描いた略図であり、そこに何らの独創性を見出すことはできないとして著作物性を否定しましたが、他の部分については著作物性を認めました。

【高槻市情報公開請求事件】大阪高判平14・12・24（平13行コ67）

研究所の各階平面図等が市の情報公開条例に基づき公開の対象外か否かを裁判所が判断する前提として、その図面等の著作物性が争点となりました。

裁判所は、「建築家がその知識と技能を駆使して作成した建築物の設計図は、学術的な性質を有する図面として著作権法上保護される著作物である」としたうえで、本件図面が「一級建築士等の資格を有する数十名の従業員が、その知識と技術を用いて、昭和62年から平成３年までの歳月をかけて作成したものであり、当該建築物に求められる高度かつ多様な要求を図面上に反映させたものであると認められる」として、著作物性を認めました。

【コンペ用設計図事件】東京地判平15・2・26（平13ワ20223）

原告は被告Ａの事務所の設計及び施工の受注を競うコンペで、設計図２通を作成して被告Ａに提出しましたが（**図表５－６**参照）、結局被告Ａは被告Ｂに事務所の設計及び施工を依頼しました。原告は、被告Ｂの設計図が原告設計図の複製ないし翻案だと主張し、被告らに損害賠償を求めました。

裁判所は「設計図が著作物に該当するというためには、その表現方法や内容に、作成者の個性が発揮されていることが必要」であるとしたうえで、被告Ａによる詳細な設計条件への適合が必要なため、設計者が自由に選択できる事項としては、「各部屋及び通路の具体的形状」及び「全体の

図表５－６　原告設計図のうちの１通

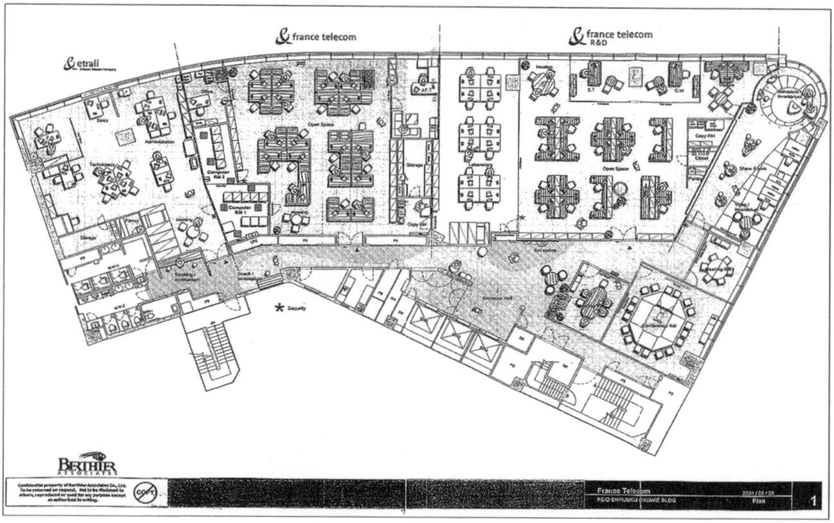

出典：裁判所ウェブサイト
（https://www.courts.go.jp/app/files/hanrei_jp/284/011284_option1.pdf）

配置」などに限られるところ、原告設計図は、入居するＡの部署等の各専用部分や各部屋及び通路等の具体的な形状及び具体的な配置の組み合わせにつき創作性が認められるとして著作物性を肯定しました。

【メゾンＡ事件】東京地判平26・11・7（平25ワ2728）、知財高判平27・5・25（平26ネ10130）、最決平27・11・10（平27オ1231、平27受1540）（上告棄却、上告不受理）

マンションの区分所有者ら（被告）が、その建替えを当初は事業者Ａに依頼する方針であり、Ａの依頼で原告会社はマンションの基本設計図（全５枚）を作成しました。しかし、結局Ａではなく事業者Ｂ（被告）が建替えの依頼を受け、Ｂからの依頼を受けて事業者Ｃ（被告）が設計図面を作成し、マンションが新築されました。原告は、被告らが原告の設計図に依拠して設計図を制作し、原告設計図についての複製権・翻案権を侵害したと主張して被告らに損害賠償を求めました。

第一審は、設計図の創作性は、作図上の表現としての工夫に作成者の個性が表現されている場合に認められ、設計思想そのものは表現それ自体ではないものとして著作権法の保護の対象とはならない旨述べ、原告設計図の著作物性を否定しました。

これに対し、控訴審は、建築物の設計図の創作性は、作図上の表現方法やその具体的な表現内容に作成者の個性が発揮されている場合に認められるとしたうえで、「各部屋や通路等の具体的な形状や組合せ等も含めた具体的な設計については、その限定的な範囲で設計者による個性が発揮される余地は残されているといえるから、……一級建築士としての専門的知識及び技術に基づいてこれらが具体的に表現された控訴人（筆者注：原告）図面全体については、これに作成者の個性が発揮されていると解することができ、創作性が認められる」として原告設計図の著作物性を肯定しました。

⑶　設計図：工業製品

【丸棒矯正機設計図事件】大阪地判平４・４・30（昭61ワ4752）

原告が作成した丸棒矯正機（特殊形状の２本以上のロールを用いて、金属の丸棒製作工程中に生じた丸棒材の曲がりを真っ直ぐに矯正するとともに、表面切削後の荒れた表面を磨いてつややかにする機能を有する機械）の設計図（図表５－７参照）の著作物性が争点となった事件です（被告は原告の設計図を参照して作成した設計図をもとに丸棒矯正機を製作・販売していました。）。

裁判所は、本件設計図には機械工学上の技術思想を表現した面があり、かつその表現内容（描かれた形状及び寸法）には創作性があるとして著作物性を認めました。具体的には、著作物として保護されるのは、技術的思想の表現（図示された形状や寸法）であるとしたうえで、「別紙図面１及び２に数字を赤色及び青色で示した寸法やこれらの寸法に基づき図示された形状部分は、……基本的構造に関するものであり、そうした基本的構造の寸法は、それだけでも、原告設計担当者らの機械工学上の技術思想を表現した面を有し、その表現内容（寸法及びその寸法に基づき図示された形状）には創作性があると認められる。」と判断し、設計図の複製差止め等を認めました（設計図に基づく丸棒矯正機の製作の差止め等については棄却しています。）。

図表5－7　丸棒矯正機の設計図（別紙図面1）

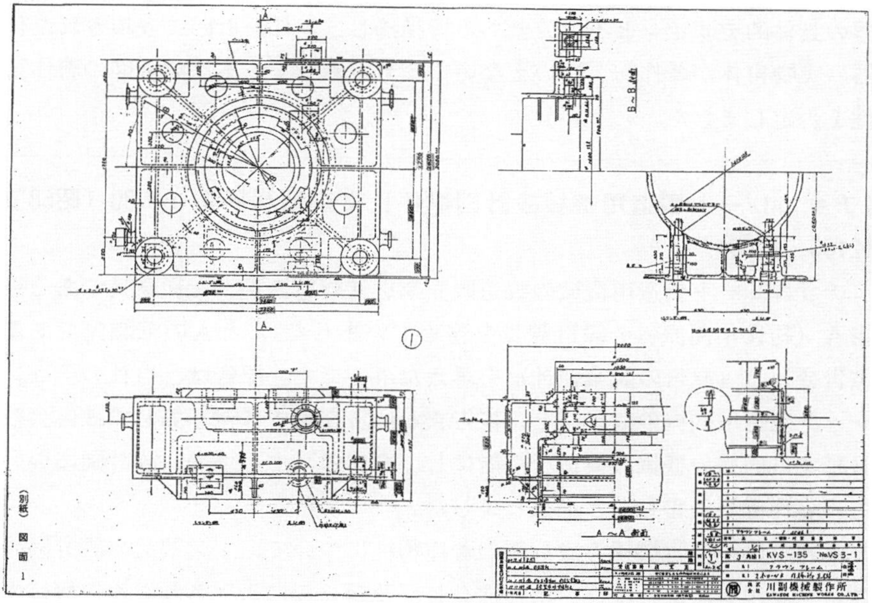

出典：裁判所ウェブサイト
（https://www.courts.go.jp/app/files/hanrei_jp/756/014756_option1.pdf）

【スモーキングスタンド事件】東京地判平9・4・25（平5ワ22205）

原告が、自ら設計したスモーキングスタンド等の類似品を被告が販売していると主張し、その設計図についての著作権が被告によって侵害されているとして類似品の製造販売差止め等を求めて被告を訴えた事件です。

スモーキングスタンド等の設計図について、裁判所は、工業製品の設計図は、そのための基本的訓練を受けた者であれば、だれでも理解できる共通のルールに従って表現されているのが通常であり、その表現方法そのものに独創性を見出す余地はないとし、本件設計図から読みとることのできる什器の具体的デザインは、表現の対象である思想又はアイデアであり、その具体的デザインを設計図として通常の方法で表そうとすると、本件設計図上に現に表現されている図形等と大同小異のものにならざるを得ず、本件設計図上に現に表現されている図形等は、表現の対象の思想である什器の具体的デザインと不可分である旨指摘し、本件設計図に表現された什器の実物自体が著作物とはいえないことも考慮して、本件設計図の著作物性を否定しました。

【チョコレート製造用機械設計図事件】東京地判平9・6・30（昭58ワ12196、12434）

チョコレート製造用機械の製造販売業を営む原告が、元従業員である被告Ａ（約10年間原告の設計課長を務めていました。）とＡの転職先である被告会社Ｂ（原告の競業他社）を訴えた事件です。原告は、自社のチョコレート製造用機械の設計図を、被告Ａが原告在職中に複写等して被告会社Ｂによる同様の機械の製造を可能にし、原告のノウハウや、設計図についての著作権を侵害したと主張しました。

裁判所は、原告機械の設計図の著作物性について、工業製品の設計図の性質（表現方法に独創性、創作性なし）及びそこに表現された原告機械の実物自体が工場生産される産業用機械であり著作物ではない、というスモーキングスタンド事件と同様の理由で認めませんでした。

8　著作物性に関する裁判例：美術の著作物（実用品）

著作権法上「美術の著作物」には「美術工芸品が含まれる」と規定されているだけで、「美術」や「美術の著作物」がどのようなものかは定義されておらず、いわゆる応用美術（実用目的の美的創作物）を美術の著作物として認めてよいかどうかが問題となるケースが少なからずあります。裁判例では、応用美術の著作物性の否定例・肯定例いずれもありますが、その判断基準については定まっていません。従来は、高度の芸術性・美術性や美的創作性を有するか否かを問題とする裁判例が多く見られましたが、最近は、美的鑑賞の対象部分が「実用目的に必要な構成と分離」できるか否かを問題とする裁判例も少なくありません。

なお、応用美術について、高い創作性を求めず、実用品につき実用的な機能についての部分とそれ以外の部分の区別も困難だとして、作成者の個性の発揮の有無を検討すべきとする裁判例（後掲**TRIPP TRAPP事件**）も登場しましたが、その後、同立場に立つ裁判例はあまり見受けられません。

【木目化粧紙事件】東京地判平2・7・20（昭60ワ1527）、東京高判平3・12・17（平2ネ2733）

木目化粧紙（木目のデザインを紙やフィルム等の上に印刷し、家具や建材等の表面に貼付加工するシート）の原画（**図表5－8**参照）を製作した原告が、同原画をもとに作成された原告製品を被告が写真撮影し、製版印刷したものを被告の木目化粧紙として販売しているとして、当該化粧紙の製造販売の差止め等を求めた事件です。

同原画の著作物性につき、第一審は、本件原画は産業用に量産される実用品の模様であって、産業用に利用されるものとして製作され、現にそのように利用されているというのであるから文芸、学術、美術又は音楽の範囲に属しないとしてその著作物性を否定しました。

控訴審は、実用品の模様として製作されたものであっても、著名画家により製作されたもののように、「高度の芸術性（すなわち、思想又は感情の高度に創作的な表現）を有し、純粋美術としての性質をも肯認するのが社会通念に沿うもの」であれば美術の著作物に該当し得るとしながら、「本件原画に見られる天然木部分のパターンの組合わせに、通常の工業上の図案（デザイン）とは質的に異なった高度の芸術性を感得し、純粋美術としての性質を肯認する者は極めて稀であろうと考えざるを得ず、これをもって社会通念上純粋美術と同視し得るものと認めることはできない」として著作物性を否定しました。

図表５－８　木目化粧紙の原画

出典：裁判所ウェブサイト
（https://www.courts.go.jp/app/files/hanrei_jp/678/014678_option1.pdf）

【博多人形「赤とんぼ」事件】長崎地佐世保支決昭48・2・7（昭47ヨ53）

博多人形「赤とんぼ」（**図表５－９**参照）の共同創作者が、同人形についての著作権に基づき、同人形の複製品を製造販売している業者に対して差止め等を求めて裁判所に仮処分の申立てをした事件です。

本件博多人形の著作物性が争点となり、裁判所は、本件博多人形は童謡「赤とんぼ」から受けるイメージを造形物として表現したものであり、その姿体、美術工芸的価値としての美術性も備わっていると認定しました。そして、美術的作品が、量産されて産業上利用されることを目的として製作され、現に量産されたということのみを理由としてその著作物性を否定すべきいわれはなく、また、意匠登録の可能性があっても著作権法の保護の対象から除外すべき理由もないとして、本件博多人形を「美術工芸品」としてその著作物性を認めました。

図表５－９　博多人形「赤とんぼ」

（正面図）

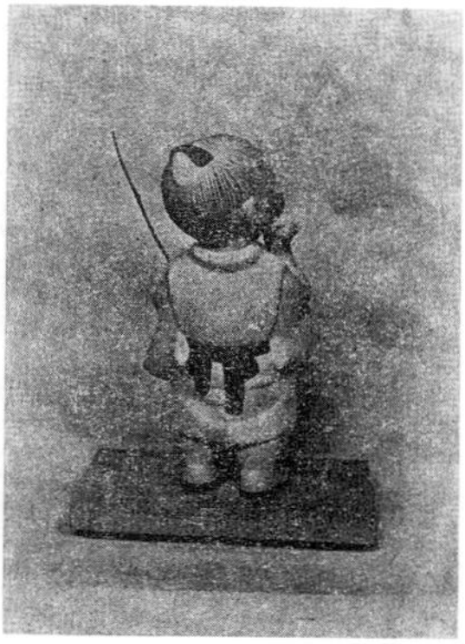

（背面図）

出典：裁判所ウェブサイト
（https://www.courts.go.jp/app/files/hanrei_jp/501/014501_option1.pdf）

【レターセット事件】東京地判平15・７・11（平14ワ12640）

文具の販売等を目的とする事業者間の紛争で、**図表５－10**を含む様々な絵柄のレターセット等を販売する原告が、被告のレターセット等製品の販売により、原告の絵柄についての著作権が侵害されたと主張し、損害賠償を求めた事件です。

当初より便箋等への商品化目的で作成される原告の絵柄（作品）の著作物性につき、裁判所は、ポスター、絵はがき、カレンダー等の商品分野の需要者は、専らこれらの商品に付された絵柄等を美術的な感情を満足させるために鑑賞することを目的として商品を購入し、使用するという点を考慮し、当該作品が独立して美的鑑賞の対象となり得る程度の美的創作性を備えている場合には、著作物として保護の対象となり得るとし、原告の絵柄の具体的な表現内容を検討した結果、その著作物性を認めました。しかし、被告のレターセット等の絵柄は原告のものと類似しないとして著作権侵害は認めませんでした。

図表５－10　レターセットに付された絵柄

出典：裁判所ウェブサイト
（https://www.courts.go.jp/app/files/hanrei_jp/976/010976_option1.pdf）

【プードル型小物入れ事件】東京地判平20・7・4（平19ワ19275）

プードルのぬいぐるみを組み合わせた小物入れ（**図表５－11**参照）について著作権を有するとする外国メーカー及び同社から利用許諾を受けた国内販社が、類似製品を販売する国内企業に対して損害賠償を求めた事件で、小物入れの著作物性が争点の１つとなりました。

裁判所は、実用に供され、あるいは産業上利用されることが予定されているものは、それが純粋美術や美術工芸品と同視することができるような美術性を備えている場合に限り著作権法で保護されるとしたうえで、原告商品は、小物入れにプードルのぬいぐるみを組み合わせた実用品であり、ペットとしてのかわいらしさや癒し等の点はプードルのぬいぐるみ自体から当然に生じる感情なので、原告商品において表現されているプードルの顔の表情や手足の格好等の点に純粋美術や美術工芸品と同視することができるような美術性を認めることは困難だとして著作物性を否定しました。

図表５－11　プードルのぬいぐるみを組み合わせた小物入れ

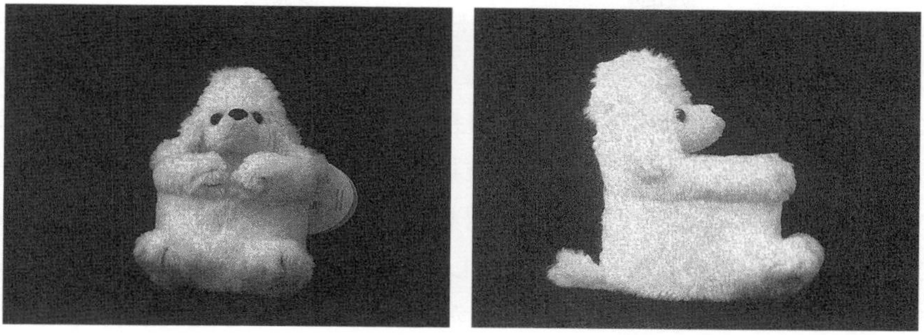

出典：裁判所サイト（https://www.courts.go.jp/app/files/hanrei_jp/608/036608_hanrei.pdf）

【装飾街路灯事件】大阪地判平12・6・6（平11ワ2377）、大阪高判平13・1・23（平12ネ2393）、最決平14・6・13（平13オ722、平13受713）（上告棄却、上告不受理）

照明器具の販売、電気工事事業等を営む原告が、自社が著作権を有する装飾街路灯のデザイン（**図表５－12**参照）を、商店街等における装飾街路灯の設置工事を実施した大阪市に無断で利用されたとして、著作権侵害等による損害賠償を求めた事件です。

図表５－12　原告街路灯デザイン

出典：裁判所ウェブサイト
（https://www.courts.go.jp/app/files/hanrei_jp/138/013138_option1.pdf）

原告街路灯デザインの著作物性について、第一審は、実用品に関する創作的表現であっても、実用品の産業上の利用を離れて、独立に美的鑑賞の対象となり得るものは美術の著作物として保護されるが、実用目的のために美の表現において実質的制約を受けたものであってはならないとし、原告街路灯デザインは、実際にその製造を行う企業がそろえている灯具やアームの規格品のデザインを適宜選択して組み合わせて作成されたもので、上記制約を受けたものだと認定しました。さらに、街路灯においてレトロなデザインは、１つの確立した産業デザインの類型といえ、産業上の利用とは独立に美的鑑賞の対象となり得るには他の同種の街路灯のデザインとは、その美的表象の点で、隔絶しているといえる程度に質的に異なる必要があるが、原告街路灯デザインはそのようなものとはいえないとし、著作物性を否定しました。控訴審も上記の著作物性についての判断を維持しました。

【激安ファストファッション事件】東京地判平25・7・19（平24ワ16694）、知財高判平26・8・28（平25ネ10068）

ファストファッションのファッションショー映像を報道番組で使用した被告（NHK 及び映像提供に関わった会社）を、そのショーの企画制作コンサルティングや運営を行った原告らが著作権等の侵害に基づく損害賠償を求めて訴えた事件です。原告側は、①モデルの化粧や髪型、②衣服・アクセサリーの選択及び相互のコーディネート、③ポーズや衣服を脱ぐ動作の振り付け、④化粧・衣服・アクセサリー・ポーズ・動作のコーディネート、⑤モデルの出演順序及び背景映像が著作物であると主張しました。

第一審は、①～③はありふれたもので創作性がなく、それらの組み合わせである④についても作者の個性は表われていないとして著作物性を否定しました。⑤についても、出演順序の創作性を否定し、仮に創作性が認められるとしても報道番組では出演順序や背景映像の創作性が感得できる態様では放送されていないなどとして、著作権等の侵害を否定しました。

控訴審も著作権等侵害を否定しました。まず、実用目的の応用美術であっても、実用目的に必要な構成と分離して、美的鑑賞の対象となる美的特性を備えている部分を把握できるものについては、（純粋）美術の著作物と客観的に同一なものとみて当該部分を美術の著作物として保護すべき旨述べました。この点、本件ショーの上記②衣服等は実用を想定しておりそれ全体が美的鑑賞を目的としていないし、①化粧等も②衣服等とのコーディネートを想定する実用目的のもので、①②いずれも実用目的に必要な構成と分離して美的鑑賞の対象となる美的特性を備えた部分を把握できないとして、①②の著作物性を否定しました（その他、③及び①～③の組み合わせである④については作者の個性が現れていないとし、⑤のうち出演順序につき第一審と同様に判断し、背景映像についてはそもそも原告らの著作権の有無が不明である点を指摘し、著作権侵害等を否定して第一審の結論を維持しました。）。

【TRIPP TRAPP 事件】東京地判平26・4・17（平25ワ8040）、知財高判平27・4・14（平26ネ10063）

幼児用椅子（**図表5－13**参照）を製造販売・輸出する外国企業等が、当該幼児用椅子の類似品を製造販売した国内企業に対し、著作権侵害等を理由に類似品の製造販売差止め等を求めた事件です。

本件幼児用椅子の著作物性が争われ、第一審は、著作物といえるには実用的な機能を離れて見た場合に、それが美的鑑賞の対象となり得るような美的創作性を備えていることを要するが、本件幼児用椅子についてはこのような美的創作性を備えていないとし、著作物性を否定しました。

ところが控訴審は、「応用美術に一律に適用すべきものとして、高い創作性の有無の判断基準を設定することは相当とはいえず、個別具体的に、作成者の個性が発揮されているか否かを検討すべき」などと述べ、本件幼児用椅子の形態的特徴について作成者の個性が発揮されていると認定して著作物性を認めました。

図表５－13　幼児用椅子「TRIPP TRAPP」

出典：裁判所ウェブサイト
（https://www.courts.go.jp/app/files/hanrei_jp/044/085044_hanrei.pdf）

第6章 著作者

1　著作者の定義

(1)　根拠条文

著作者は「著作物を創作する者をいう。」と定義されています（著作権法２条１項２号）。

著作者は、著作者人格権及び著作権を有するため（著作権法17条）、これらの権利の行使が問題となっている場合、そもそも著作者が誰であるかについての判断が必要になります。

(2)　著作者の認定（誰が著作者なのか）

著作物の著作者となるのは、現実に当該著作物の創作活動に携わった者で、著作物の作成に当たり単にアイデアや素材を提供した者、補助的な役割を果たしたにすぎない者など、その関与の程度、態様からして当該著作物につき自己の思想又は感情を創作的に表現したと評価できない者は著作者に当たらないと解されています（インタビュー回答者が著作者か否かが問題となった、**SMAPインタビュー記事事件**）。

(3)　著作者の推定

著作権法は、著作物について誰が著作者であるかを推定する規定を置いています（著作権法14条）。具体的には、次の者が著作者と推定されます。

ア　著作物の原作品にその氏名等が著作者名として通常の方法により表示されている者（例：絵画にその画家のサインがある場合）
イ　著作物の公衆への提供（書籍のオフライン出版など有形的な利用）の際に、その氏名等が著作者名として通常の方法により表示されている者（例：書籍の奥付に著者の表示がある場合）
ウ　著作物の公衆への提示（楽曲の演奏など無形的な利用）の際に、その氏名等が著作者名として通常の方法により表示されている者（例：演奏会で配布されるプログラムに楽曲の作曲者名の表示があるとか、アナウンスで作曲者名が紹介される場合）

「氏名等」には実名（氏名や会社名などの名称）のほか、周知の変名（ペンネームなど実名の代わりに使われるもの）が含まれます。

変名が表示される場合、その変名が「周知」でなければ著作者の推定がされません。「周知」といえるには、変名で表されている実在の者を社会的に認識し得る必要があります。もっとも、変名又は無名で公表された著作物の著作者は、別途、「実名の登録」（著作権法75条１項）をしていれば、著作者と推定されます（同条３項）。

著作物に、いわゆるマルシーマーク©が付されていることが少なくありませんが、©表示は万国著作権条約に基づき、著作権の発生に一定の方式をとることを求める国においても簡易な方法（©の表示等）で著作権の発生を認めるための条件の１つにすぎず、「著作者名」ではなく「著作権者名」を表示したものであるため、氏名等を「著作者名として通常の方法により表示」したものではないことに注意が必要です。

⑷　裁 判 例

複数の者が著作物の完成に関与した場合において、どの者が著作者なのかが争われるケースのほか（地図の企画や注文をした出版社が著作者とはいえないとした**高速道路パノラマ地図事件**、地図の制作に当たり細かな指摘・指示をした者を著作者と認めなかった**古地図事件**)、共同著作者の範囲が問題となるケースがあります（**SMAPインタビュー記事事件**、文学作品の英訳に関わったアメリカ人が共同著作者か否かが争われた**英訳平家物語事件**)。

また、それまでは著作物の著作者として表に出ていなかった者が、著作者として公表されている者等を相手に、自らを真実の著作者と主張して訴えを提起したケースもあります（童謡「チューリップ」等の作詞者が誰であるかが問題となった**チューリップ事件**)。

【SMAPインタビュー記事事件】東京地判平10・10・29（平7ワ19455)、東京高判平11・5・26（平10ネ5223)

アイドルグループ「SMAP」のメンバーに対するインタビュー記事等（本件記事）についての著作権侵害が問題となった事件です。本件記事を掲載した雑誌の出版社４社とSMAPのメンバーらが原告となり、本件記事をもとにした書籍を出版した被告を訴えました。

原告側は、出版社だけでなく、インタビューに答えたSMAPのメンバーも本件記事の共同著作者に当たると主張しましたが、第一審は、その主張は認めませんでした。その理由として、「あらかじめ用意された質問に口述者が回答した内容が執筆者側の企画、方針等に応じて取捨選択され、執筆者により更に表現上の加除訂正等が加えられて文書が作成され、その過程において口述者が手を加えていない場合には、口述者は、文書表現の作成に創作的に関与したということはできず、単に文書作成のための素材を提供したにとどまる」と指摘しました。控訴審もその判断を維持しました。

【高速道路パノラマ地図事件】東京地判昭39・12・26（昭39ワ1089)

原告出版社は、画家Ａに依頼して「大東京の主要道路はこうなる」という題号の地図（原告地図）を製図して雑誌に掲載しました。その後被告出版社が、Ａに依頼して同地図と類似する「高速道路はこうなる」という題号の地図を作図してもらいそれを雑誌に掲載したため、原告が著作権侵害を理由に被告に謝罪広告の掲載を求めた事件です。

原告は、自らが原告地図の著作者であると主張しましたが、裁判所はＡが著作者であると認定しました。事実関係として、原告は、高速道路を中心にパノラマ式の東京の地図を製作して雑誌に掲載する企画を立て、調査・写真撮影などにより資料を収集し、Ａに地図の製作を依頼し、描くべき主要道路、建物及び施設等を指定し、森や河川は着色するよう注文し、写真や地図を資料として提供し、Ａを現地に案内しましたが、裁判所は、それだけでは原告が著作者とはいえないと判断しました。むしろ、Ａが原告の意図を図形、図柄により具体的に表現するに当たって、その画家としての芸術的な感覚と技術を駆使して、自らの創意と手法とにより地図の原画を製作したと認定しました。

【古地図事件】東京地判平26・12・18（平22ワ38369）

原告はマルチメディアコンテンツの開発等を行う会社で、古地図と現代の東京の地図を重ねて表示できるパソコン用地図ソフト「江戸明治東京重ね地図」を、アニメーション映像の制作等を行う会社（被告会社）及び地図の下図の制作等を手掛ける個人（被告Ａ）の協力を得て発行しました。その後、原告と被告らとの間で、「江戸明治東京重ね地図」に収録した江戸図や明治図の著作権の帰属について争いが生じ、原告がこれら地図の著作権者であることの確認等を求める本件訴訟に発展しました。

このうち、明治図の著作者の認定に当たり、被告Ａによる制作作業への関与をどう評価するかが問題となりました。明治図は、59面に分割して制作され、うち29面は被告Ａが作成した下図を、残り30面は別会社Ｂが作成した下図を用いて作成されました。明治図を完成するため、Ｂの従業員らがＢ作成の下図をもとに文字情報・地図記号等を記載して彩色を施しましたが、この作業に当たり被告Ａが一部の彩色、地名、地図の表情付けその他の作画方法、地図記号等について指示していました。また、Ｂが地図データを作成してプリントアウトした地図について被告Ａが建物の形状や配置、道路の形状、地名の訂正等につき細部にわたり指摘を行い、Ｂがこれに応じてコンピュータ上での修正作業を行ってさらにプリントアウトした地図について被告Ａが指摘するという工程を数回繰り返しました。

被告らは、このような作業工程を経た地図部分について被告Ａが著作者だと主張しましたが、裁判所は、実際の表現行為（コンピュータへの入力作業）はＢ側で行っており、同行為が被告Ａの手足として行われたものとはいえないとして被告Ａの主張を認めず、また、本件明治図は、被告Ａ作成の下図の複製・翻案でもないとしました。

【英訳平家物語事件】京都地判昭52・9・5（昭50ワ577）、大阪高判昭55・6・26（昭52ネ1837）

古典の文学作品である「平家物語」を英訳した「英訳平家物語」の英訳に関わった日系アメリカ人である原告が、被告は同作品について単独で出版契約を締結し、かつ同作品があたかも被告のみによって翻訳されたものとして新聞を通じて発表したとし、不法行為（名誉毀損）を理由に被告に損害賠償等を求めた事案です。

原告が「英訳平家物語」の共同著作者に当たるか否かが争われ、第一審は否定し、控訴審は肯定しました。英訳の作成過程としては、まず被告が英訳原稿を作成し、原告がその訳文の文法上の間違いや用語を訂正し、英文としてぎこちない、堅苦しい、退屈平板な部分を自分が適当と考えた英文に変更し、その後、その変更部分を対象として、被告が原典を（自ら読解できない）原告に説明し、当該部分に再検討を加え、最終的に被告が原典と照合して訳文を決定しました。

第一審は、翻訳者とは特定の国語で書かれた原典の意味を理解したうえで、その原典を他の国語で表現できる者をいうが、原告は原典を理解できないために翻訳ができず、その寄与行為は校訂だと評価したのに対し、控訴審は、上記作成過程において原告が果たした役割・成果に着目し、「英訳平家物語」の創作には、原告独自の、被告と対等の立場よりする創意工夫や精神的操作が存在すると評価し、原告が被告と共に共同著作者であるとしました。しかし、被告の故意過失がない等として不法行為の成立を否定し、原告の請求は認めませんでした。

【チューリップ事件】東京地判平元・8・16（昭58ワ12198）、東京高判平5・3・16（平元ネ2886）

童謡「チューリップ」及び「コヒノボリ」の作詞をしたのは自分であると主張する原告が、これらの作詞をしたと主張するＡの相続人らとJASRACに対し、原告がその歌詞について著作者人格権を有することの確認等を求めて訴えた事件です。

裁判所の認定（第一審及び控訴審での共通部分）によると、教育音楽に関する団体Ｂが、原告の父に幼稚園唱歌の歌詞を作るよう依頼し、父からさらに依頼を受けた原告が「チューリップ」及び「コヒノボリ」の作詞をして、これらがＢへ提出されました。Ｂは当初これらの歌詞を無名の著作物として公表しましたが、様々な経緯からＢの理事であったＡがこれらの歌詞を自己の作詞によるものとして主張するようになり、「コヒノボリ」についてはＡを作詞者とする歌碑が建てられ、また、JASRACは「チューリップ」の作詞者をＡとして、その歌詞の利用を第三者に許諾するに至りました。原告は、ＡやJASRACに対し、氏名表示権侵害に基づき損害賠償を求めました。

裁判所は、第一審及び控訴審ともに、原告の父母や夫の経歴（皆、文学又は音楽の専門家）、原告自身の経歴（父の秘書として作詞の訓練を受けた）、原告の家庭環境や本件歌詞の作成経緯についての原告の供述の信憑性を根拠に、Ａではなく原告が作詞者であると認めました。

なお、Ａの相続人らは、本件とは別に、「チューリップ」の作曲者及び作詞者がＡであると主張して、その作曲者として公表されている個人の相続人らを相手に、著作権を有するのはＡの相続人らであることの確認を求める訴えを起こしましたが、裁判所は「チューリップ」の作詞・作曲いずれもＡがしたものと認めることができないと判断しました。

2　職務著作

⑴　根拠条文

著作権法15条１項は、「法人その他使用者……の発意に基づきその法人等の業務に従事する者が職務上作成する著作物……で、その法人等が自己の著作の名義の下に公表するもの」について、その著作者は、その法人等とする旨規定しています。

例えば、イラスト会社の従業員がその会社での業務の一環としてイラストを制作して同会社の制作物として公表したような場合、そのイラストは職務著作となり、その著作者はイラスト会社になります。

ただし、著作物の作成時に契約、勤務規則その他に異なる定めがあればそれに従って著作者が決定されます。また、著作物のうちソフトウェアなどプログラムの著作物は、著作権法15条２項で公表名義の如何を問わず、職務著作となり得ることが規定されています。

法人等（会社など）の内部では、日々多くの著作物が作成されますが、それを利用したい外部の者には権利者はわかりづらいため、法人等の著作名義で公表したものについて一定の条件下で著作者を法人等とし、著作物を利用・流通しやすくして企業活動に支障をきたさないようにするというのが、本条の趣旨です。

⑵　要　　件

著作物が職務著作に該当するためには、その著作物について以下のア～オの要件を満たすことが必要です。なお、プログラムの著作物の場合は、エの要件は不要です。

ア　法人その他使用者（法人等）の発意に基づいて作成されること

著作物作成の意思が直接又は間接に法人等の判断にかかっていればよいとする考え方が主流です。法人等からの具体的な指示や承諾までは不要とする裁判例があります（**宇宙開発事業団プログラム事件**控訴審）。

イ　アの法人等の業務に従事する者によって作成されること

法人等と雇用関係にある者のほか、会社の役員も含まれます。また、派遣労働者も、派遣先と雇用関係にはないものの、多くの場合派遣先の業務従事者に当たると解されています。

雇用関係の存否に争いがある場合、①法人等の指揮監督下において労務を提供するという実態の有無と、②法人等がその者に対して支払う金銭が労務提供の対価であると評価できるか否かを、業務態様、指揮監督の有無、対価の額及び支払方法等の具体的事情を総合的に考慮して業務従事者に当たるか否かを判断します（**RGBアドベンチャー事件**最高裁判決）。つまり①で実態有り、②で評価可能の場合に雇用関係が認められやすいといえます。

ウ　イの者によってその職務上作成されること

法人等の業務内容、著作物作成者が従事する業務の種類・内容、著作物作成行為の行われた時間・場所、著作物作成についての法人等による指揮監督の有無・内容、著作物の種類・内容、著作物の公表態様等の事情を総合勘案して判断する、との基準を示した裁判例はありますが（勤務時間外に執筆した原稿が職務上作成されたものかが争われた**「知的財産権入門」事件**）、働き方が多様化している状況下ではなかなか判断が難しいといえます。

前掲の**宇宙開発事業団プログラム事件**では、職員が海外留学中に開発したプログラムが職務上作成されたものかが問題となりましたが、職務の遂行上作成が予定又は予期されるような著作物であれば、この要件を満たすという考え方が示されました。また、「職務上作成された」ことがアの要件（法人等の発意）が認められるうえでのポイントの1つとなることが示唆されています。

エ　アの法人等の著作名義で公表されるものであること

法人等の著作名義で公表したものだけでなく、公表を予定しているものも含むと考えられています。一方、官庁や企業の内部文書など、公表を予定していないが、公表するとすれば法人等の著作名義で公表されるような性格のものが本要件を満たすかについては争いがありますが、肯定した裁判例があります（**新潟鉄工事件**）。また、著作物の作成をした者と法人等の両方が表示されている場合にも本要件を満たすとした裁判例があります（雑誌の休廃刊に当たっての挨拶文に執筆者名が「編集長」「編集部」「スタッフ」といった記載とともに表示されていたことなどを指摘し、挨拶文につき「法人内部の職務分担として執筆したものと認めるのが相当」とした、**ラストメッセージin最終号事件**。事案の概要については、第５章５⑹「挨拶文」参照）。

オ　作成時の契約・勤務規則その他において別段の定めがないこと

雇用契約や就業規則などで、職務上作成した著作物について取り決めがある場合には、それに従います。

⑶　裁 判 例

【宇宙開発事業団プログラム事件】東京地判平17・12・12（平12ワ27552）、知財高判平18・12・26（平18ネ10003）、最決平20・3・25（平19オ489、平19受558）（上告棄却、上告不受理）

JAXAの職員である原告が、JAXAの前身である宇宙開発事業団の職員であったころに開発に携わった11のプログラム（人工衛星の軌道や姿勢等の解析に関するもの）について、JAXA（被告）に対し、自らが著作者人格権及び著作権を有することの確認を求めた事件です。主として本件プログラムが職務著作か否かが争われました。プログラムの中には、その作成が事業団により形式上は認可されながら人的・物的手当が十分にされず、反対されていたものや、原告の海外留学期間中（初めの約１年は海外委託研修生として外国出張扱い、残りの半年は休職扱い）に作成されたものがありました。

第一審は、職務範囲が明確で、その中での創作行為の対象も限定されていれば創作行為は職務上当然に期待されており作成につき具体的な指示がなくても事業団の「発意」に基づくとし、留学の動機付けや受入先の選定等につき事業団の具体的な指示・支援がなく、後に事業団が海外研修生として認めた経緯があっても、事業団から海外委託研修生として外国出張扱いにされて給与及び滞在費等が支払われ、事業団に提出された研修目的に合致するプログラムを作成したといえることなどから、プログラムが「職務上」作成されたなどと認定しました。

控訴審では、「職務上作成する著作物」の要件について、直接命令されたものに限らず業務従事者の職務上作成することが予定又は予期されるものも含まれるとし、「法人等の発意」の要件について、法人等と雇用関係がある者が法人等の業務計画に従って所定の職務を遂行しており、著作物の作成が職務上予定又は予期される場合には、法人等の具体的な指示あるいは承諾がなくとも満たすとしました。

第一審と控訴審は、やや理由付けは異なるものの、大多数のプログラムについて職務著作であるとし、原告の請求を認めませんでした。

【RGB アドベンチャー事件】東京地判平11・7・12（平９ワ5200）、東京高判平12・11・9（平11ネ4341）、最判平15・4・11（平13受216）、（差戻審）東京高判平16・1・30（平15ネ2088）（差戻上告審）、最決平16・6・29（平16オ759、平16受776）（上告棄却、上告不受理）

中国国籍のデザイナー（原告）が観光ビザで２回、その後就労ビザで１回来日し、来日期間中にアニメーション等企画撮影業者（被告）のためにアニメキャラクターをデザインしたケースで、そのデザイン図画が職務著作となるか否かが争われた事件です。

原告被告間の雇用関係の有無が争点となり、第一審は、被告が原告に賄い付きの住居を提供し、出来高に関わらず毎月12万円を支払い（３回目の来日後は基本給24万円）、就労ビザでの来日後は雇用保険料や所得税を給与から控除し、原告の作業に必要な作業場所、道具をすべて被告が用意していたことなどから当初より雇用関係ありとしましたが、控訴審は、３回目の来日以降のみ雇用関係ありとしました。

最高裁は、雇用関係の有無の判断基準（前記第６章２⑵イ参照）を示して事件を東京高裁に差し戻しました。差戻控訴審は、①就業に必要な作業場所、画材等は被告が調達し、原告が被告の指示に従って図画を作成していたから原告は被告の指揮監督下において労務を提供していた、②被告が原告に支払った金銭額は、研修のための特別待遇というには高額すぎ、図画の出来高とは無関係に毎月一定額が支払われ、給与支払明細書が交付され、原告は異議を述べたことがないうえ、本件訴訟で問題となっている図画以外で原告が被告のために作成した図画についても被控訴人に報酬を請求することはなかったことを理由に、被告による支払は原告が提供した労務の対価であるとして１回目の来日から原告被告間の雇用関係を認めて、デザイン図画が職務著作であるとしました。

【「知的財産権入門」事件】東京地判平16・11・12（平16ワ12686）

弁理士（原告）が特許法律事務所在職中に執筆した原稿について、同事務所の所長（被告）が原告の氏名を表示せずにＡ研究所名義で出版した書籍（知的財産権法の入門書）に掲載するなどしたため、原告が、被告に対し著作者人格権侵害を理由に損害賠償を求めた事件です。

原告は、被告による執筆者募集に応じて原稿を執筆しましたが、被告が当該原稿を職務著作だと主張したのに対し、原告は原稿を「職務上作成」していないと主張しました。裁判所は、原告は特許事務所で特許の出願手続等の事務に従事していた弁理士であり、本件書籍の執筆者としての参加は任意で、原稿作成作業は、被告の指示により実際に勤務時間外に行われ、原稿の記載内容についても、被告から具体的指示がされたものではなく、書籍の冒頭に原告を除く執筆担当者の氏名が表示されているという点を指摘しました。そのうえで、書籍の出版は本件特許事務所の本来的な業務内容に含まれないし、そのための原稿執筆は原告の日常担当業務に直接含まれないことに加え、原稿執筆状況や被告の関与態様、本件書籍の体裁、公表態様等に照らし、原稿は「職務上作成する著作物」に当たらないとしました。

【新潟鉄工事件】東京地判昭60・2・13（昭58刑わ506）、東京高判昭60・12・4（昭60う562）

産業用プラントの設計等を行う会社の従業員ら（職務上コンピューターシステムの開発に関与していました。）が、新会社を設立して同システムを販売するために、同システムに関するコンピューター・プログラム作成過程での作業文書（ワーキング・ペーパー）等を持ち出した点について、業務上横領等が成立するか否かが争われた刑事事件です。

従業員らの弁護人は、作業文書は従業員らが創作した著作物なので複製のために持ち出す権利があると主張しましたが、裁判所は第一審及び控訴審とも一貫して、作業文書を職務著作だと認定し、その主張を認めませんでした。この点、作業文書が会社の機密事項とされていたため、公表の予定はなかったことが「法人の著作名義で公表する著作物」の要件を満たすかが問題となりましたが、第一審は「実際に世の中に法人名義で公表されたもののほか、仮に公表されるとすれば法人の名義で公表される性格のものも含まれる」との解釈を採用し、控訴審も「少なくともコンピユーター・プログラムやその作成過程におけるワーキング・ペーパーに関するかぎり」第一審の解釈が相当だとしました。

3　共同著作物の著作者

(1)　共同著作物とは

共同著作物とは、２人以上の者が共同して創作した著作物で、その各人の寄与を分離して個別的に利用することができないものです（著作権法２条１項12号）。例えば、小学校の卒業制作として同級生全員で描いた１つの壁画作品などは、共同著作物に該当し得るでしょう。

一方、小説と挿絵など、分離して個別に利用できるものは、独立した著作物が結合しているいわゆる結合著作物とされ、分離して個別に利用することができない１個の共同著作物とは異なるものです。

⑵　共同著作物の特殊性（著作者の権利制限）

共同著作物は、そうでない著作物に比べて、以下のとおり権利行使や処分に制限があります。

ア　著作者人格権の行使の制限

共同著作物の著作者人格権は、著作者全員の合意がなければ行使ができません（著作権法64条１項）。つまり、共同著作物について、未公表著作物を公表したり、著作者の氏名表示の変更をしたり、著作物の改変をしたりするには、著作者全員の合意が必要になります。もっとも、共同著作物の各著作者は、信義に反して合意の成立を妨げられないとされ（同条２項）、例えば嫌がらせ目的で公表に応じないといったことは認められません。

イ　著作権の共有とそれに伴う制限

共同著作物の著作権は共有となります（共有著作権、著作権法65条１項）。共有持分は均等と推定されるので（民法250条）、例えば共同著作物の著作者が２人なら著作権の持分は50％ずつと推定されますが、最終的には共同著作者間の寄与度により決まるとされています。とはいえ寄与度の評価が困難なケースもあり、紛争予防の観点から著作物創作前に著作者間で持分割合を合意する場合もあります。

共有著作権の持分の譲渡・質入れには、他の共有者全員の同意が必要です（著作権法65条1項）。また、共有著作権の行使（複製等、著作権の利用や利用許諾）には、共有者全員の合意が必要です（著作権法65条２項）。

もっとも、共有者は「正当な理由」がなければ譲渡・質入れ同意や権利行使の合意は拒めないことになっています（著作権法65条３項）。

ウ　単独での権利行使

著作権・著作者人格権に基づく差止請求については、各著作者・著作権者は単独で行えます（著作権法117条１項）。

著作権侵害に基づく損害賠償請求等の金銭的請求は、自己の持分については、単独で行えますが、著作者人格権侵害に基づく損害賠償請求や名誉回復措置（謝罪広告の請求など）を単独でできるかについては争いがあります。

⑶　裁 判 例

共同著作物（共同著作者）か否かが争われた事件として、**ノンタン事件**（絵本の事例）や**薬理学教科書事件**（教科書の事例）があります。

【ノンタン事件】東京地判平10・３・30（平２ワ4247、平３ワ14827）、東京高判平11・11・17（平10ネ2127）

「ノンタン」という子猫を主人公とした絵本シリーズについて、原告とその元配偶者である被告（本件裁判手続中に亡くなり、その相続人が被告としての地位を承継）が共同著作者として表示され、同絵本の制作裏話や２人のエピソードを書いた「二人でノンタン」という書籍も発行されていたところ、原告のみが同絵本シリーズの著作者であることを前提に、その著作権を有することの確認等を求めた事件です。

第一審は、本件絵本の創作過程を認定したうえで、その創作的表現の核心部分は、扱うテーマやストーリーを構想し、これを具体的に表現する絵柄やその配置、配色の決定及び文字記述部分にあって、これらを創作した者が著作者たり得るとしました。

そして、単に決められた色を塗ったり輪郭線の仕上げをしたりするにとどまる場合は、単なる補助的作業であって著作物の創作行為とは評価できないとし、被告が豊富な経験を生かして絵の具の配合し、原告よりも上回る技術を駆使して仕上げの輪郭線を引いていたとしても、それは補助的作業にすぎないとして、著作者は原告だと認定しました。控訴審も第一審の判断を維持しました。

【薬理学教科書事件】東京地判平２・６・13（昭57ワ11321）

薬学系大学での薬理学講義の教科書用等として複数人により執筆された３冊の書籍について、それぞれ改訂版が出版されましたが、改訂版の執筆担当者でありその出版を主導した大学教授（被告）は、旧版の執筆担当者の１人である助教授（原告）を改訂版の執筆担当から外しました。原告は、旧版における自己の執筆部分が、新版の出版によって無断で複製されたとして、上記大学教授と出版社を被告として著作権侵害に基づき損害賠償及び改訂版の出版差止めの請求をしました。

被告側は、原告の執筆部分について、旧版の執筆担当者全員の共同著作物であると主張しました。というのも、本件書籍については、教科書としての使用目的から、各執筆者の原稿を他の執筆者に回覧し、誤字脱字の訂正、内容の誤り、表現の適切さ等をチェックする旨の申し合わせがあり、実際に回覧の過程において、内容の誤りの指摘や表現が不適切である旨の指摘がなされた原稿もあったからです。

裁判所は、回覧後の原稿が必ず元の執筆者に戻して確認・修正を経て校正前の確定原稿とされたことや、原告執筆部分については、他の者が創作に関与したと認められるほど加筆訂正がなされた形跡はなく、また、そのような程度にまで加筆訂正がなされることが申し合わされた事実もないとして、原告の単独著作物であると認定しました。

4　映画の著作物の著作者

(1)　根拠条文

著作権法16条は、映画の著作物について、著作者になるのは「制作、監督、演出、撮影、美術等を担当してその映画の著作物の全体的形成に創作的に寄与した者」である旨規定しています。

映画の著作物（典型的には、劇場用映画が挙げられます。）は多くの人が関わって制作されるため、多数の共同著作者が生じてしまい、映画の利用に支障をきたすことになりかねません。このような映画の著作物の特殊性に鑑みて、その一部分の創作に関わった者ではなく、「全体的形成に創作的に寄与」した者が著作者であると規定されました。

「全体的形成に創作的に寄与」するとは、映画に対して一貫したイメージを持って映画制作の全体に参加していることをいいます。

⑵ 注意点

まず、「映画の著作物において翻案され、又は複製された小説、脚本、音楽その他の著作物の著作者」は、映画の著作物の著作者ではないとされています（著作権法16条)。つまり、映画の原作（小説、漫画、アニメ等）や脚本、映画音楽等の著作者は、「映画の著作物の著作者」からは除かれ、それぞれその原作・脚本・音楽等の著作者として別途保護されます。このような著作者は、映画業界で「クラシカル・オーサー」と呼ばれています（これに対し、映画の著作物の著作者は、「モダン・オーサー」と呼ばれています。)。

例えば原作の著作者（クラシカル・オーサー）は、二次的著作物（映画）の利用について、映画の著作者（モダン・オーサー）と同じ種類の権利（例：複製権）を有しますので（著作権法28条)、映画の著作者ではなくともクラシカル・オーサーは映画の利用について強い影響力があるといえます。

また、映画の著作物が職務著作（著作権法15条）に該当する場合は、職務著作の規定に従って映画の著作者が決まります（著作権法16条ただし書)。

⑶ 裁判例

「宇宙戦艦ヤマト」のアニメ作品群（テレビアニメや劇場用映画）やテレビアニメ作品「超時空要塞マクロス」の著作者が誰かが争われた事件として、それぞれ**宇宙戦艦ヤマト事件、超時空要塞マクロス事件**があります。

【宇宙戦艦ヤマト事件】東京地判平14・3・25（平11ワ20820、平12ワ14077）

「宇宙戦艦ヤマト」のアニメ作品群について、その「監督」「総設定」等として表示されている原告が、同作品群のプロデューサーである被告に対し、著作者が原告であることを前提として全国紙に謝罪文の掲載等を求め、反対に被告が原告に対し、自分こそが著作者であると主張して著作者人格権を有することの確認を求めた事件です。

対象作品につき、裁判所は、被告が企画書の作成から映画の完成に至るまでの全製作過程に関与し、具体的かつ詳細な指示をして最終決定をしたことを理由に被告が著作者であると認定しました。

これに対し、対象作品中、原告が美術及び設定デザインの一部に関与したものが存在するものの、それはドラマ、映像及び音楽から構成される本件アニメ作品の全体からみれば、部分的な行為にすぎないとして、原告を映画の著作物としての作品の著作者と認めませんでした。

【超時空要塞マクロス事件】東京地判平15・1・20（平13ワ6447）、東京高判平15・9・25（平15ネ1107）、最決平16・2・13（平15オ1939、平15受2056）（上告棄却、上告不受理）

アニメーション映画制作会社である原告は、自社の業務に従事するプロデューサー等がテレビアニメ作品「超時空要塞マクロス」の全体的形成に創作的に寄与したなどと主張して、職務著作の規定に基づき原告が著作者であり、原告が著作権及び著作者人格権を有することの確認を求めて本件テレビアニメ作品の企画会社等を訴えた事件です。

第一審は、「総監督」が本件テレビアニメの現場での制作作業全般に関わり、その出来映えについて最終的な責任を負い、実際にも、動画の作成等に関する最終的な決定、撮影後のフィルムチェックや編集等に関する最終的な決定を行っていたと認定し、本件テレビアニメの「全体的形成に創作的に寄与した者」に当たると判断しました。

これに対し、原告が「全体的形成に創作的に寄与した者」だと主張するプロデューサー及び現場プロデューサーは、主として、スポンサー、テレビ局、広告代理店との交渉等を担当しており、創作面での具体的な関与はなく、スタッフに対して指示を与えたこともなかったとして、「全体的形成に創作的に寄与した者」に当たらないとしました。なお、控訴審では創作者の認定の点については争われていません。

第7章

著作権者

1　根拠条文

著作権法上「著作権者」は定義されていませんが、著作権を有する者を指します。著作者は著作物の創作と同時に著作権を取得するものの（著作権法17条）、著作権は譲渡できるため（著作権法61条１項）、著作者が著作権者とは限りません。著作権を相続した者も著作権者となります。

2　映画の著作物の著作権者

映画の著作物の著作権については、「その著作者が映画製作者に対し当該映画の著作物の製作に参加することを約束しているとき」に著作権を「映画製作者」に帰属させるという例外規定があります（著作権法29条１項。映画の著作物が職務著作である場合や放送局等が放送等のために製作する場合にはまた別のルールが適用されます。）。

映画の著作物については、従来から契約により映画製作者が著作権を行使していたという実態があり、また、映画製作者が巨額の製作費を投入し企業活動として製作し公表するという特殊な性格を有し、多数の関与者が存在する中で映画の円滑な市場流通を確保するために、例外規定が設けられています。

例外規定の適用可否の判断のポイントは、以下のとおりです。

(1)　「映画の著作物」該当性

映画の著作物には、劇場用映画のほか、コンピューターゲームなど、映画の効果に類似する視覚的又は視聴覚的効果を生じさせる方法で表現され、かつ、物に固定されている著作物も含まれます（著作権法２条３項）。

例えば、テレビCMの原版が「映画の著作物」であるとされた裁判例があります（**テレビCM原版事件**）。

⑵　「映画製作者」該当性

「映画製作者」は、「映画の著作物の製作に発意と責任を有する者」（著作権法２条１項10号）と定義されていますが、より具体的には、映画の著作物を製作する意思を有し、同著作物の製作に関する法律上の権利・義務が帰属する主体であって、そのことの反映として同著作物の製作に関する経済的な収入・支出の主体ともなる者と解されています（前掲**テレビCM原版事件**のほか、アニメ作品の「映画製作者」となるのは誰かが争われた**超時空要塞マクロス事件**控訴審参照）。

⑶　参加約束の存在

映画の著作物の著作者（著作権法16条）が、映画製作者に対して製作に参加することを約束した場合にのみ、映画の著作物の著作権は映画製作者に帰属します。参加の約束は必ずしも契約である必要はないと考えられています。

超時空要塞マクロス事件第一審では、裁判所は、「総監督」が本件テレビアニメの全体的形成に創作的に寄与した著作者であるところ、総監督はアニメ映画制作会社が放送局との制作契約に基づいて本件テレビアニメを制作することを知ったうえで、総監督として本件テレビアニメの制作に参加しており、制作作業に対する報酬もアニメ映画制作会社から受け取っていたことをもって、同会社に対する参加の約束があったと認定しました。

3　裁 判 例

【テレビCM原版事件】東京地判平23・12・14（平21ワ4753・39494）、知

財高判平24・10・25（平24ネ10008）

大手電器量販店の新店舗告知のテレビCM原版（新店舗名部分が空白の原版）の制作をしたと主張する原告（広告代理店）が、同CM原版に新店舗名を挿入したCM原版のプリント（コピー）を原告に無断で作成したとして、競業他社である被告等に対し、複製権侵害に基づき損害賠償等を求めました。

本件テレビCM原版の著作権が原告にあるのか否かが争点となり、原告は、CM原版は映画の著作物ではない、仮にそうだとしても職務著作なので原告が著作者である、著作者でないとしても映画の製作者に当たると主張しました。第一審は、本件テレビCM原版を映画の著作物だとし、またその著作者は、（原告の業務従事者とはいえない）クリエイティブ・ディレクター（広告主Ｋから本件CM制作依頼を受けた大手広告代理店Ｄからさらに依頼を受けた人物で、本件テレビCM原版の全制作過程に関与し、CMのコンセプト・出演タレントの決定、CM全体の予算策定、撮影・編集作業の指示を行った者）であって、本件テレビCM原版は職務著作ではないとしました。さらに、本件テレビCM原版への原告の関与は撮影・編集作業にとどまり製作過程の部分的な関与にすぎないとして原告は映画の製作者に当たらないとしました。

控訴審もその判断は支持しましたが、一歩進んで、本件テレビCM原版の映画の製作者は、広告主である大手電器量販店であると認定しました。その理由として、本件テレビCM原版が15秒及び30秒の短時間の広告映像で、広告主は広告代理店に約3000万円の制作費を支払うほか別途多額の出演料等も支払い、期待した広告効果を得られるか否かについてのリスクを専ら負担しており、テレビCM原版という著作物の円滑な利用を確保する必要性が高いことを挙げました。

【超時空要塞マクロス事件】東京地判平15・1・20（平13ワ6447）、東京高判平15・9・25（平15ネ1107）、最決平16・2・13（平15オ1939、平15受2056）（上告棄却、上告不受理）

アニメ映画制作会社が原告となって、テレビアニメ作品「超時空要塞マクロス」の著作権及び著作者人格権が自社にあることの確認を、同作品の企画会社及び広告代理業者との関係で求めた事件です。原告は、自らが作品の著作者である、仮にそうでないとしても映画製作者として作品の著作権を有すると主張しました。第一審は原告が著作者であることは否定し（第６章４(3)「裁判例」参照）、次に原告が映画製作者に当たるか否かを検討しました。

この点、原告が放送局とテレビアニメ制作契約を締結して本件テレビアニメ作品を納めましたが、本件テレビアニメは被告企画会社によるテレビアニメ企画に基づいて制作されており、かつ本件テレビアニメの放映料は、被告企画会社の企画に賛同した被告広告代理業者がスポンサーから広告料を募って放送局に支払っていました。そこで、被告広告代理業者は、自社が払った放映料が、放送局から原告に支払われた制作料の原資であり、自社が映画製作者であると主張しました。

第一審は、原告が放送局と制作契約を締結することにより本件テレビアニメの制作意思を有するに至っており、かつ（放送局からの制作料支払に先行して）自ら制作費用を負担して自己の計算により本件テレビアニメの制作を行い、発注者である放送局に対して進行管理及び完成の責任を負っていたから映画製作者となると判断しました。

また、本件テレビアニメ作品の著作者である総監督による参加約束についても、総監督は原告が放送局との制作契約に基づいて本件テレビアニメを制作することを知ったうえで、総監督として本件テレビアニメの制作に参加しており、制作作業に対する報酬も原告から受け取っていたことを理由に、原告に対する参加約束があったと認定しました。

以上により、第一審は原告が著作権法29条１項により本件テレビアニメ作品の著作権を有すると判断し、控訴審もその判断を支持しました。

第8章

著作権の制限

1　著作権の制限の概要

⑴　著作権の制限規定

著作物の公正な利用を図るため、法は著作権を制限しています。制限規定は多く、全部を正確に理解する必要性が高いとはいえません。本書では、権利制限規定の概要を紹介後、業務内容に関わらず知っておくと有用と思われる権利制限規定についてより詳しく解説します。

⑵　権利制限規定の内容

著作権法では、著作権の制限に関する規定として30条から50条までが定められていますが、その内容は、おおまかに**図表８－１**のとおりです。なお、令和３年著作権法改正により図書館関係の権利制限規定（31条３項～）が見直され、図書館を通じた情報へのアクセスの充実が図られたほか、権利者の許諾なく「放送」を可能とする権利制限規定をインターネッ

図表８－１　権利制限規定の概要

大分類	小分類	条文	説明（想定例など）
私的使用、写り込み、ライセンス検討過程での利用	私的使用のための複製	30条	個人で楽しむためのテレビ番組録画、待ち受け画面にするため他者撮影の写真をコピーするなど
	付随対象著作物の利用	30条の２	写真・放送・生配信への写り込み、録音・録画・放送、生配信時にたまたまBGMが録音されたなど軽微な利用（例：街頭写真へのポスター写り込み）
	検討の過程における利用	30条の３	著作権者から許諾を得て著作物を利用すること等を検討する過程での複製・翻案等（例：広告の企画会議用に採用候補として有名キャラクターを印刷した資料を用意）

技術開発等	著作物に表現された思想又は感情の享受を目的としない利用	30条の４	録音・録画の技術開発・実用化試験や情報解析のための利用等（例：録画機器開発中に性能確認のためテレビ番組を録画）
図書館での利用	図書館等における複製等	31条１項	公立図書館等が主体となって調査研究用や保存用に所蔵資料の複製をすること等
	国立国会図書館の所蔵資料の電子化及びインターネット送信、送信先公立図書館等での複製	31条２項・３項	国立国会図書館が所蔵資料を電子化するための複製や電子化された絶版等資料の公立図書館等への送信、同公立図書館等での当該資料の複製
	国立国会図書館法によるインターネット資料及びオンライン資料の収集のための複製	43条１項・２項	「国立国会図書館法」に規定するインターネット資料及びオンライン資料を国立国会図書館が収集するための複製や、これら資料を国立国会図書館に提供するための複製
引用等	引用	32条１項	他人の論文など公表された著作物を報道、批評、研究等を目的として引用すること
	転載	32条２項	国・地方公共団体の広報資料等を新聞等に転載すること
	時事問題に関する論説の転載等	39条	新聞の社説など新聞・雑誌に掲載の政治・経済・社会の時事問題についての論説を他の新聞に転載すること等
	政治上の演説等の利用	40条１項	政治家の街頭演説や公開の裁判手続での当事者の弁論や証人の陳述の利用等
教育	教科用図書等への掲載	33条	検定教科書への掲載等
	教科用図書代替教材への掲載	33条の２	デジタル教科書への掲載等
	教科用拡大図書等の作成のための複製等	33条の３	文字・図形の拡大や音声化など、障害のある児童生徒が検定教科書等を使用できるようにするための複製等
	学校教育番組の放送等	34条	NHK 教育テレビなどの学校向けの放送番組で放送すること等
	学校その他の教育機関における複製等	35条	教師や生徒が教材を作成するための複製等
	試験問題としての複製等	36条	入学試験等に使用するための複製等
福祉	視覚障害者等のための複製等	37条	点字に訳して複製したり、点字データにして送信したり、音声化したりすること等
	聴覚障害者等のための複製等	37条の２	音声の文字化等

報道等	時事の事件の報道のための利用	39条	絵画盗難事件の報道で盗まれた絵画を写すようなケース等
	公開の演説又は陳述の報道のための利用	40条2項	国・地方公共団体の機関等における公開の演説や陳述を報道のため新聞・雑誌に掲載、放送等をすること
	行政機関情報公開法等による開示のための利用	42条の2	行政機関・地方公共団体等が情報公開として法や条例に基づき著作物を開示するための利用
	公文書管理法等による保存等のための利用	42条の3	公文書管理法で規定されている文書の保存や利用のための複製等
立法・行政・司法	裁判手続等における複製	42条	裁判手続で主張・証拠提出したり、立法・行政目的のため内部資料としたり、特許等審査、薬事に関する審査・調査や報告をしたりするための利用
非営利目的	営利を目的としない上演等	38条	非営利・参加無料・ノーギャラでの演劇発表、音楽の演奏、映画の上映、絵本読み聞かせや、非営利・無料の書籍貸出など
放送事業者等での利用	放送事業者等による一時的固定	44条	放送局が放送のために一時的に録音・録画する場合など
美術品等の利用	美術の著作物等の原作品の所有者による展示	45条	絵画など美術の著作物や写真の著作物のオリジナルを、その所有者が展示すること
	公開の美術の著作物等の利用	46条	恒常的に屋外に設置されている美術の著作物（例：彫刻、壁画）や建築の著作物の利用（ただし、販売目的の複製等一定の行為は不可）
	美術の著作物等の展示に伴う複製等	47条	展覧会で美術品・写真のオリジナルを展示する際に、その解説のためパンフレットやスライドに展示作品を掲載したり、情報端末に送信したりするような場合
	美術の著作物等の譲渡等の申出に伴う複製等	47条の2	美術品や写真を販売・レンタルするためにその商品紹介として画像を提供するような場合
コンピューターでの利用	プログラムの著作物の複製物の所有者による複製等	47条の3	パッケージソフトが記録された媒体（CDなど）の所有者がバックアップをとる
	電子計算機における著作物の利用に付随する利用等	47条の4	情報処理を円滑・効率的に行う為のキャッシュや、パソコン内蔵の記憶媒体の保守・修理のためにその記憶媒体に記録された著作物を別の記憶媒体に複製することなど
	電子計算機による情報処理及びその結果の提供に付随する軽微利用等	47条の5	書籍情報検索サービスや論文剽窃・盗用チェックサービスなどの準備や提供に伴う著作物の利用

トによる同時配信等にも適用できるように権利制限規定が拡充されました(本書執筆時点未施行)。

(3) 注 意 点

ア　出所の明示（著作権法48条）

権利制限規定により著作権者の許諾なく著作物を利用できる場合でも、一定のケース（例：引用など）ではその著作物の出所を明示する義務があります。出所の明示がなくても通常、著作権侵害になるわけではないものの、出所明示違反罪（著作権法122条）が成立する可能性があります。

イ　目的外利用（著作権法49条）

権利制限規定により作成された著作物の複製物等を、その規定で定めた目的とは別の目的で利用する場合は、著作権者の許諾が必要です。

ウ　著作者人格権への影響（著作権法50条）

著作権が制限されていても著作者人格権は影響を受けないものとされているので、別途著作者人格権の侵害成否について検討が必要です。

2　私的使用のための複製

(1) 根拠条文

著作権法30条１項は、「個人的に又は家庭内その他これに準ずる限られた範囲内において」使用すること（いわゆる私的使用）を目的とするときは、その使用者による著作物の複製が可能である旨規定しています。

このような権利制限が規定されているのは、家庭のような閉鎖的な私的領域内で行われる零細な複製は、著作権者の経済的な利益を害するおそれがないと考えられるためという理由のほか、個人の私的領域における活動の自由を保障するためという理由も指摘されています。

⑵ 要　件

ア　私的使用目的

自分自身で使用したり、自分の家族や、自分自身の所属する、相互に個人的な結びつきのある小規模なグループ内で使用させたりする目的は私的使用目的といえます。しかし、企業等の内部で業務上使用する目的は、私的使用目的とはいえません（競業他社作成の舞台装置の設計図を自社用資料とするために複製した行為が問題となった、**舞台装置設計図事件**）。

イ　私的使用をする者による複製

私的使用をする者が自ら複製することが必要です。もっとも、私的使用をする者と同一視できるような補助者に、いわば手足として具体的な複製行為を行わせることは許されると考えられています。

この点、第三者から注文を受けて書籍をスキャナーで読み取り、電子ファイル化するサービスを提供する、いわゆる自炊代行業者による「スキャナーで読み取り電子ファイル化する」という行為が、私的使用をする者による複製に当たるかが問題となった事件において、裁判所は、私的使用をする者による複製には当たらないとしました（**自炊代行事件**）。

⑶ 例　外

次のケースは、たとえ上記要件を満たしたとしても、私的使用のための複製とは認められません。

ア　自動複製機器を用いた複製（著作権法30条１項１号）

誰でも使える状態で設置してあるダビング機などによる複製です。ただし、コンビニ等に設置されているようなコピー機で専ら文書・図画の複製のためのものは、特別規定（著作権法附則５条の２）で、当分の間は、「自動複製機器」には含まない（＝コンビニのコピー機などを使用しても私的使用のための複製に当たる）こととされています。

イ　技術的保護手段の回避による複製（著作権法30条１項２号）

ソフトウェアや映像などの著作物に対する技術的保護手段（著作権法２

条１項20号で定義されています。いわゆるコピーコントロールやアクセスコントロール）を回避することによって可能となった複製や、回避によって複製結果に障害がなくなった複製を、そうと知って行う複製です。DVD のコピーガードを外してコピーするような場合が該当します。

ウ　違法にアップロードされた著作物の録音・録画（著作権法30条１項３号）

著作物（典型的には音楽や映画）を、違法にアップロードされたと知りながらダウンロードしてデジタル方式で録音・録画することです。

エ　違法にアップロードされた著作物の複製（録音・録画以外の行為）（著作権法30条１項４号）

著作物（典型的には漫画、論文、写真など）を、違法にアップロードされたと知りながらダウンロードする等、デジタル方式で複製（スクリーンショットを含みますが、従来から著作権法30条１項３号で規制対象とされてきた「録音・録画」は含みません。）することです。このような複製については、令和２（2020）年著作権法改正で、インターネット上の海賊版漫画等への対策の１つとして、新たに私的使用のための複製から除外する（＝著作権侵害となる）こととなりました。もっとも、国民によるインターネット活用の萎縮効果を防止するため、次のように違法とならないケースが規定されています。

- 二次創作・パロディのダウンロード（注：漫画の英訳など、原作を翻訳したもののダウンロードは違法。また、二次創作者に無断でアップロードされたもののダウンロードも違法。）
- 軽微な複製（数十ページの漫画のうちの１コマの複製など）
- 著作権者の利益を不当に害しないような特別事情がある場合（国民の正当な情報収集を萎縮させるのを防ぐためのいわば安全弁としての例外。違法にアップロードされた詐欺集団の詐欺マニュアルを防犯目的でダウンロードするような場合。）

⑷ 裁判例

【舞台装置設計図事件】東京地判昭52・7・22（昭48ワ2198）

舞台装置の製造販売業者である原告が、韓国政府から国立劇場用に舞台装置の製作意向を打診されて舞台装置の設計図を提出したものの、競争入札の結果その製作業務を韓国政府から請け負ったのは別会社Ａであり、Ａは、被告にその製作業務を請け負わせました。被告の従業員は、舞台装置の据付個所に関する自社の参考資料として使用するために、韓国政府から当該設計図を借り受け、そのコピーを複製しました。原告は複製権侵害を主張して被告に対し損害賠償を求めました。

被告は、自社用資料としての複製は私的使用目的の複製だと主張しましたが、裁判所は、企業その他の団体において内部的に業務上利用するために著作物を複製する行為は、その目的が個人的な使用にあるとはいえず、かつ家庭内に準ずる限られた範囲内における使用に当たるとはいえないとして、被告の主張を認めませんでした。

【自炊代行事件】東京地判平25・9・30（平24ワ33525）、知財高判平26・10・22（平25ネ10089）、最決平28・3・16（平27受167）（上告不受理）

小説家、漫画家、漫画原作者が複製権侵害を理由に自炊代行業者に差止めや損害賠償を求めた事件で、著作権法30条１項（私的使用目的の複製）の適用が争点の１つとなりました。自炊代行業者は、自社サービスにおける複製の主体は自炊代行業者ではなく利用者である（サービス利用者が、電子ファイル化する書籍を選択して送付するなど自炊代行業者に具体的な指示を出している）と主張しました。

第一審は、複製の主体は自炊代行業者であるとし、当該業者には私的使用目的がないために著作権法30条１項の適用はないと判断しました。

控訴審では、自炊代行業者が、著作権法30条１項の趣旨（私的領域内の私人の自由な行為の保障、複製を認めても著作権者に与える影響が軽微）からして自炊代行業者による複製も、同条項にいう「その使用する者」がした複製に当たると解すべきとの主張を追加しました。控訴審は、第一審の結論は維持しつつ、著作権法30条１項は「個人的又は家庭内のような閉鎖的な私的領域における零細な複製のみを許容し、私的複製の過程に外部の者が介入することを排除し、私的複製の量を抑制するとの趣旨・目的を実現しようとした」ものだとし、独立した複製代行業者が著作物である書籍の電子ファイル化という複製をするのは私的複製の過程に外部の者が介入することに当たり、複製の量が増大し、私的複製の量を抑制するとの著作権法30条１項の趣旨・目的が損なわれ、著作権者が実質的な不利益を被るおそれがある、として自炊代行業者による複製は「その使用する者」がした複製に当たらないと判断しました。

3　引　　用

(1)　根拠条文

著作権法32条１項は、「公表された著作物は、引用して利用することができる。」と規定しています。著作権者の許諾なくして引用による利用（複製に限らず、公衆送信、翻案なども含みます。）を認めているのは、社会的に著作物の引用が広く行われているという実態があり、また、引用できることが新たな著作物の創作のために重要だからです。

(2)　要　　件

本規定によれば、引用は「公正な慣行に合致するものであり、かつ、報道、批評、研究その他の引用の目的上正当な範囲内で行なわれるもの」である必要がありますが、その要件は必ずしも明らかではなく、裁判例における判断の整理・解釈についても様々な見解があります。

引用の要件の考え方としては、以下のア、イのとおり大きく分けて２つのものがあります。

ア　「明瞭区別性」と「主従関係」という２要件を重視する考え方

引用に関しては、最高裁判所の判断が示されたものとして**パロディ・モンタージュ写真事件**があります（ただし旧著作権法の適用がされた事件です。）。同事件では、原告（写真家）の撮影したカラー写真を、被告（グラフィックデザイナー）がパロディのためにその一部分を切り取って他の写真と合わせてモノクロ化した合成写真を作成して雑誌に掲載したことが、元の写真についての著作権侵害等に当たるかどうかが問題となりました。

被告による原告写真の利用が「節録引用」（旧著作権法30条１項第２）に当たるか否かが争われ、その判断の過程で最高裁は、引用の要件として「引用を含む著作物の表現形式上、引用して利用する側の著作物と、引用されて利用される側の著作物とを明瞭に区別して認識することができ」ること（①明瞭区別性）及び「両著作物の間に前者が主、後者が従の関係がある」こと（②主従関係）を挙げました。

この最高裁判決の後、現行著作権法32条１項の「引用」が問題となった多くの裁判例で、①明瞭区別性と②主従関係に着目して引用該当性を判断しています。例えば、月刊誌に掲載されていたがん闘病記の、がん治療クリニックのホームページへの転載が問題となった**がん闘病記転載事件**（否定例）や、月刊誌に掲載された売上高やシェアに関する図表が第三者の書籍に掲載されたことが引用に当たるかが問題となった**月刊ネット販売事件**（肯定例。図表の著作物性を否定したうえで予備的な判断として引用の成立を肯定。）などがあります。

イ　条文の文言に従って諸事情を総合考慮する考え方

パロディ・モンタージュ写真事件の最高裁判決で示された①明瞭区別性と②主従関係という２要件は、一見するとわかりやすい基準といえます。しかし、その後の裁判例で、事案に応じた適切な結論を導くに当たり、主従関係の判断において、引用する著作物と引用される著作物の質や分量にとどまらない、様々な事情を考慮するものが登場しました。例えば、美術全集に掲載された美術史の論文中に登場する絵画を、補足図版として同全集にカラーやモノクロで掲載したことが引用に当たるかが争われた**藤田嗣**

治事件が挙げられます。

また、２要件の出所であるパロディ・モンタージュ写真事件は、旧著作権法の適用事案であり、その判例は現行著作権法32条１項の先例としての価値は限定的であるとか、２要件が同条項の規定のどの部分から導き出されるのかが不明であるといった批判がありました。

そこで、２要件にこだわらず、著作権法32条１項の文言に着目し、他人の著作物の引用が公正な慣行に合致していて引用の目的上正当な範囲内であるといえるか否かを、様々な事情を総合考慮して判断する考え方が有力となってきました。例えば、**絵画鑑定証書事件**控訴審（絵画の鑑定証書の裏面に同絵画の縮小版カラーコピーを添付する行為につき引用の成否が争点となりました。）では、考慮対象について「他人の著作物を利用する側の利用の目的のほか、その方法や態様、利用される著作物の種類や性質、当該著作物の著作権者に及ぼす影響の有無・程度など」としています。

もっとも、諸事情を総合考慮して判断する方法は、事案ごとの柔軟な判断が可能な半面、結論の予測が困難になるという欠点があります。

ウ　上記２つの考え方をどのように理解したらよいか

この点についても複数の考え方があります。まず、最高裁の示した２要件の検討と、諸事情の総合考慮は両立するという見解があります。すなわち、明瞭区別性が認められることは、公正な慣行に合致していることの１要素であり、主従関係が認められることは、引用の目的上正当な範囲内であるといえるための１要素であると捉えるわけです。裁判例でも、著作権法32条１項の要件を、「引用」が「公正な慣行に合致」していてかつ「引用の目的上正当な範囲内」であるという３つに分け、「引用」の条件として明瞭区別性を挙げているものがあります（演劇台本の翻訳の、書籍への引用可否が争われた、**絶対音感事件**控訴審）。

また、引用のタイプによって考え方を変えるべきという見解もあります。具体的には、報道・批評・研究目的の引用という、著作権法32条１項が例示する典型的なケースでは、最高裁の示した２要件を満たすことは可能であることから、同要件を満たすような利用をすべきであるとします。

一方、それ以外のケース、例えばパロディなど、他人の著作物の表現を取り込んで自己の表現とするようなケースでは、最高裁の示した２要件のうち、少なくとも明瞭区別性を満たすことは難しいため、諸事情を総合考慮して適法な引用か否かを判断する考え方を採用することになります。もっとも、過去にパロディを適法な引用と認めた例は見当たらず、パロディ以外についても結論の予測可能性が高いとはいえない状況にあるため、厳密にいえば我が国では、パロディ目的等での引用の自由度は、極めて小さいということになります。

エ　引用する側が「著作物」である必要性について

この点は、条文上明らかではありませんが、上記第８章３(2)イの**絵画鑑定証書事件**控訴審で、「引用として適法とされるためには、利用者が自己の著作物中で他人の著作物を利用した場合であることは要件でない」とし、著作物性のない鑑定証書での引用を認めています。

オ　要約して引用することの可否

他人の著作物を原型のまま、その全体や一部を引用するだけでなく、要約して引用することができるか否かについては、争いがあります。

著作権法47条の６第１項３号は、著作権法32条で引用する場合には「翻訳」して利用することができると規定するのみで、要約は「翻訳」ではない（翻案に当たる）ため、要約引用はできないという見解があります。

もっとも、社会的な実態や必要性を理由に、要約引用を認めるべきとする見解もあり、この見解に沿う裁判例が存在します（評論のために38行の原著作物を３行に要約して表現しているケースで、「引用」には、その大意をとらえ簡潔に示すこと（要約）が含まれるとした、**雑誌「諸君！」事件**控訴審、「『血液型と性格』の社会史」と題する書籍の内容を要約し、「小さな悪魔の背中の窪み－血液型・病気・恋愛の真実」と題する書籍に掲載したことにつき、他人の著作物をその趣旨に忠実に要約して引用することも許容されるとした、**血液型と性格事件**）。ただし、各裁判例の評価も様々であり、要約引用が著作権法32条１項に基づき認められるか否かの予測は難しいところです。

⑶　出所の明示

引用した著作物の出所は、合理的方法・程度での明示が必要となり（著作権法48条１項）、原則として著作者名も表示します（同条２項）。

なお、出所を明示せずとも著作権侵害にはなりませんが、著作権法上の義務違反に該当し、50万円以下の罰金刑が科されることがあります（著作権法122条）。この点、法に従った出所の明示がなければ、引用が公正な慣行に合致していないから適法な引用にならない（著作権侵害となる）とする考え方もあります（前掲**絶対音感事件**控訴審参照）。

しかし、この考え方に対しては、著作権侵害の罪が著作権法119条１項で規定されており（法定刑は10年以下の懲役若しくは1000万円以下の罰金）、それとは別に、より法定刑の軽い出所明示義務違反の罪が著作権法122条で規定されていることと整合しないとの批判があります。

⑷　裁 判 例

【パロディ・モンタージュ写真事件】東京地判昭47・11・20（昭46ワ8643）、東京高判昭51・5・19（昭47ネ2816）、最判昭55・3・28（昭51オ923）

ある写真家（原告）の創作によるカラーの山岳風景写真（雪の斜面をシュプールを描いて滑降して来た６名のスキーヤーを俯瞰するような位置で撮影した写真。以下「本件写真」）について、グラフィック・デザイナー（被告）がその一部を切除し、シュプールの起点に当たる雪の斜面上縁に巨大なスノータイヤの写真を合成して白黒のモンタージュ写真を作成し、写真家の氏名を表示せずに写真集や雑誌に掲載したことにつき、著作権及び著作者人格権侵害が問われた事件です（**図表８－２**参照）。

被告は、本件写真の利用が旧著作権法の「節録引用」に当たり適法だと主張しました。第一審は、被告の主張を認めず著作権侵害を肯定し、反対に控訴審は被告の主張を認めましたが、最高裁は節録引用に当たらないとして控訴審判決を破棄し、本件を控訴審に差し戻しました（差戻審は本書

図表８－２　パロディ・モンタージュ写真

原告写真（本件写真）　　　　　　被告作品

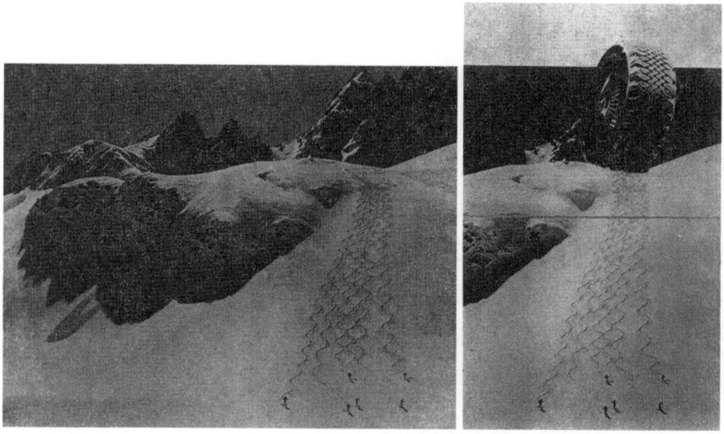

出典：裁判所ウェブサイト
（https://www.courts.go.jp/app/files/hanrei_jp/507/014507_option1.pdf）

では割愛）。

最高裁は、節録引用の要件として①明瞭区別性と②主従関係を挙げ、また「引用される側の著作物の著作者人格権を侵害するような態様」でないことが必要だとしました。そして、同一性保持権に関し、「自己の著作物を創作するにあたり、他人の著作物を素材として利用することは勿論許されないことではないが、右他人の許諾なくして利用をすることが許されるのは、他人の著作物における表現形式上の本質的な特徴をそれ自体として直接感得させないような態様においてこれを利用する場合に限られる」と指摘しました。そのうえで、本件写真と被告のモンタージュ写真を対照し、「本件写真の本質的な特徴は、本件写真部分が本件モンタージュ写真のなかに一体的に取り込み利用されている状態においてもそれ自体を直接感得しうるものであることが明らかである」として、被告による本件写真の利用は、本件写真について原告の有する同一性保持権を侵害する改変であると認定しました。結局、問題のパロディ写真について、原告の同一性保持権を侵害するような態様での利用であり、主従関係も否定される（原告の写真が「従たるもの」とはいえない）として、節録引用を認めませんでした。

【がん闘病記転載事件】東京地判平22・5・28（平21ワ12854）

自己のがん治療体験をもとにした記事を執筆して月刊誌に連載していた原告が、同記事の一部を、自己に対して抗がん剤治療等を約４年にわたり実施した医師（被告）が自ら運営するクリニックのホームページ上に無断で転載（一部は改変の上、転載）したことについて、複製権、公衆送信権侵害等に基づき損害賠償を求めた事件です。

被告は、原告から本件記事のホームページへの転載の許諾を得ていた旨及び転載が引用として適法である旨主張しました。

裁判所は、原告による許諾の存在を認めず、引用の成立も否定しました。引用の要件としては前掲パロディ・モンタージュ写真事件に従い、明瞭区別性と主従関係を挙げ、著作権法32条１項は新しい著作物を創作する際の規定であると解釈し、著作物を利用する側に著作物性、創作性が認められない場合は「引用」に該当しないと述べました。本件ホームページにおける転載記事への導入文は、いずれも著作物性が認められないとし、仮に著作物であるとしても、原告記事を除く部分と原告記事との間に主従関係があるとはいえないとしました。

【月刊ネット販売事件】東京地判平22・1・27（平20ワ32148）

原告はネット販売についての雑誌等の刊行を業とする会社であり、被告（出版社）が販売する書籍に原告が著作権を有する図表が無断掲載されたなどと主張して、複製権侵害等を理由に損害賠償を求めた事件です。被告は、図表の著作物性を争ったほか、仮に著作物であるとしても引用が成立する旨主張しました。

裁判所は、図表には編集著作物としての創作性が無いとして著作物性を否定しましたが、念のため引用の成否についても判断しました。引用の成否の判断基準としては、前掲パロディ・モンタージュ写真事件に従い、明瞭区別性及び主従関係の有無を挙げました。本件へのあてはめでは、被告書籍の表現形式上、原告が著作物であるとする図表と被告書籍の著者による執筆部分は明確に区別して認識できるとし、これら図表は、被告書籍の著者による執筆部分における説明を、各読者に視覚的にわかりやすく伝えるための補足資料として利用されたものであるとして、執筆部分が主、図表が従という関係にあると認定し、引用の成立を認めました。

【藤田嗣治事件】東京地判昭59・8・31（昭55ワ7916）、東京高判昭60・10・17（昭59ネ2293）

故レオナール・フジタ（日本名：藤田嗣治）の妻が原告として、フジタの絵画12点を、被告出版社が「原色現代日本の美術 第７巻 近代洋画の展開」と題する書籍（350㎜×260㎜、全214頁）に無断で掲載したとして、同被告に対し、複製権侵害を理由に本件書籍の頒布差止め・印刷用原版等の廃棄及び損害賠償を求めた事件です。

被告出版社は、本件絵画の複製物は本件書籍に収録された美術史家の論文「近代洋画の展開」中に補足図版（１頁に１点～数点の割合でカラー図版34点、モノクローム図版94点を掲載）として使用されたものであり引用（著作権法32条１項）に該当すると主張しました。

第一審は、引用の要件として「公正な慣行に合致し」かつ「引用の目的上正当な範囲内で行なわれた」ものといえることのほか、引用を含む著作物の表現形式上、引用して利用する側の著作物と引用されて利用される側の著作物との明瞭区別性と、前者と後者との間に主従関係が必要であるとしました。そのうえで、明瞭区別性は認めたものの、本件では美術史家の論文が主で、フジタの絵画が従とはいえないとして、引用の成立を否定しました。理由として、美術史家の論文が、それのみで十分に理解し得る内容であることを指摘しました。

控訴審も、引用する側が著作物であることを前提とし、引用の要件を第一審と同様に示しつつ、主従関係については、引用する側とされる側の関係を、引用の目的、両著作物のそれぞれの性質、内容及び分量並びに引用されている著作物の採録の方法、態様などの事実関係に基づき、かつ、当該著作物が想定する読者の一般的観念に照らして、引用されている著作物が、引用する側に対して付従的な性質を有しているにすぎないといえるかどうかを判断すべきとしました。

そのうえで、事実関係を細かく挙げて、本件絵画の複製が美術史家の論文との関係で従たるものといえないとして引用の成立を否定しました。具体的理由としては、本件絵画の複製は印刷適性の高い上質紙に印刷され、図版の大きさが、約1/8～2/3頁、12点中３点は表題の下に、他の９点は各該当ページの約1/3を占める論文の上部に割り付けられていて、いずれも美術性に優れ、読者の鑑賞の対象となり得るもので、しかも論文の当該絵画に関する記述と同頁に掲載のものは２点のみという程度の結びつきからして、本件絵画の複製物は論文の理解を補足するという付従的性質のものであるにとどまらず、それ自体鑑賞性を有する図版として独立性を有するということを認定しました。

【絵画鑑定証書事件】東京地判平22・5・19（平20ワ31609）、知財高判平22・10・13（平22ネ10052）、最決平24・3・13（平23受79）（上告不受理）

原告は、故人である画家Ａの相続人でその著作権を相続しており、画家Ａの作品の鑑定業務を行っていました。一方、美術品の鑑定等を業とする被告会社が画家Ａの絵画２点についてそれぞれ鑑定証書を発行する際、鑑定証書の裏に各絵画の縮小カラーコピー（原物の面積の約23.8％又は約13.9％への縮小で、大きさはいずれも縦約15～16㎝、横約12㎝）を付してラミネート加工をしたので、原告は、被告会社に対し、絵画についての複製権侵害を理由に損害賠償を求めました。

被告会社は、第一審で、縮小カラーコピーが絵画の創作性を複製しておらず複製権侵害に当たらないとか、権利の濫用・フェアユースを根拠に原告の請求が認められない旨を主張しましたが、原告の請求が認容されたため控訴し、控訴審では、引用の成立を主張しました。

控訴審は、本件カラーコピーが複製に当たるとしつつ、引用の成立を認めました。その理由として、一般論として、引用成立には、引用して利用する方法や態様が公正な慣行に合致したものであり、かつ、引用の目的との関係で正当な範囲内（社会通念に照らして合理的な範囲内）のものであることが必要であるとし、利用の目的、方法・態様、利用される著作物の種類・性質やその著作権者に及ぼす影響の有無・程度などを総合考慮して判断すべきであるとしました。

そして、本件へのあてはめとしてまず、著作物の鑑定目的が著作権法32条１項の引用目的たり得るかを検討し、これを肯定しました。本件で鑑定証書にコピーを添付した目的が、鑑定対象たる絵画の特定及び当該鑑定証書の偽造防止であり、添付の必要性・有用性が認められること及び鑑定業務の適正化が著作権者等の権利保護につながるというのがその理由でした。次に、絵画のコピーが鑑定証書の裏面に添付されているという引用の方法・態様について、コピーのみが鑑定証書から分離利用されることは考え難く、かつ鑑定証書が絵画と所在をともにすることが想定されるため、社会通念上合理的な範囲内であるとしました。さらに、被告会社による本件利用により著作権者である原告が本件各絵画の複製権を利用して経済的利益を得る機会が失われるなどということも考え難いということも指摘しました。また、引用の要件として、利用する側が著作物であることは必要でない旨明言し、鑑定証書それ自体が著作物でないとしても引用は成立すると判断しました。

【絶対音感事件】東京地判平13・6・13（平12ワ20058）、東京高判平14・4・11（平13ネ3677・5920）

米国の作曲家レナード・バーンスタインの著作である演劇台本（英語）を原告が平成９（1997）年ころ日本語に翻訳したところ、その翻訳台本の一部を、ノンフィクション作家である被告Ａが、平成10（1998）年ころに執筆した書籍「絶対音感」（本文の頁数は319頁）の240頁～242頁にかけてカギ括弧で括る形式で掲載し、同書籍は被告Ｂ（出版社）により出版されました。掲載に当たり、原告の許諾はなく、翻訳者として原告の氏名の表示もありませんでした。原告は、複製権及び著作者人格権侵害を理由に被告らに損害賠償を求めました。

被告らは、翻訳台本の一部の掲載が引用として適法であると主張しましたが、第一審は、著作権法32条1項に記載の「公正な慣行に合致」及び「引用の目的上正当な範囲内」という要件をいずれも満たさないとして被告らの主張を認めませんでした。

控訴審もその結論を維持しましたが、理由付けが違いました。まず、著作権法32条1項の要件として①引用に当たること、②公正な慣行に合致するものであること、③報道、批評、研究その他の引用の目的上正当な範囲内で行われるものであること、が必要であることを明言しました。そして、①に該当するために引用して利用する側と利用される側の明瞭区別性が必要であるとし、本件では明瞭区別性を認めました。また、③の要件については、引用部分の被告書籍のテーマとの密接関連性を肯定し、引用範囲、分量も、本件書籍全体と比較して殊更に多いとはいえないことを理由に満たすとしました。しかし、②の「公正な慣行に合致する」といえるには、出所の明示が必要で、そのためには出典の記載（著作者名も）が必要であると指摘し、本件では原告の著作による翻訳台本が引用元であることを示すに足りる記述がなく、出所の明示がないとして、②の要件は満たさないとしました。

【雑誌「諸君！」事件】東京地判平4・2・25（昭59ワ3358）、東京高判平5・12・1（平4ネ765）、最判平10・7・17（平6オ1082）

大手新聞社が発行した書籍の執筆者（原告）が、その書籍における原告の執筆姿勢を批判する内容の記述を含む評論を月刊雑誌「諸君！」に寄稿した執筆者、当該雑誌に掲載した出版社やその編集長らに対し、名誉毀損及び同一性保持権侵害を理由に損害賠償及び謝罪広告・反論文の掲載を求めた事件です。本件では、被告執筆者が、原告の書籍中、第三者の談話（ベトナムの僧尼が焼死したある事件が、堕落・退廃した僧侶の無理心中事件であるなどとするもの）の紹介等を内容とした38行に及ぶ部分を、評論では３行に要約してあたかも原告自身の認識、判断であるかのように記載をしたことが、名誉毀損や同一性保持権侵害を構成するかが問題となりました。

裁判所は、最高裁まで一貫して本件要約の違法性を否定しています。中でも控訴審は、著作権法32条１項に言及し、「一般的に『引用』という中には、原形のままその全体を引用すること（全部引用)、その一部のみを引用すること（一部引用)、その大意を把え簡潔に示すこと（要約）が含まれる」とし、評論についての萎縮効果発生回避のため、「評論の前提となる引用が、その一部において原著作物と相違している場合であっても、全体的に考察してみて主要部分において原著作物の趣旨から逸脱していないと認められるときには、当該引用は、公正な慣行に合致し、かつ、正当な範囲内にあるというべき」と述べています。

【血液型と性格事件】東京地判平10・10・30（平７ワ6920)

原告は「「血液型と性格」の社会史」と題する書籍（原告書籍）の執筆者であり、被告個人が執筆した「小さな悪魔の背中の窪み―血液型・病気・恋愛の真実―」と題する書籍（被告書籍）の第一刷においては「『「血液型と性格」の社会史』、（原告）著、（出版社名)、などを参考にしました」との記載に続いて、第２刷においては「『[血液型と性格］の社会史』（原告著、出版社名）という本を手掛りに、その内容を要約する形で説明してみよう。」との記載に続いて、原告書籍の一部が複製ないし翻案されていると主張して、複製権・翻案権侵害、同一性保持権侵害等に基づき、被告書籍の出版等差止め、損害賠償及び謝罪広告を求めて被告個人及び被告書籍の出版社を訴えました。

被告側は、複製・翻案自体を争いつつ、被告書籍では原告書籍の一部を要約して引用しており、それは著作権法32条１項により認められ、かつこのような引用による原告著作物の改変は、著作権法20条２項４号の「やむを得ない改変」として許される旨主張しました。

裁判所は、被告側による原告書籍の翻案があったと認定しました。そのうえで、引用の要件として前掲パロディ・モンタージュ写真事件と同様に、引用する側とされる側の明瞭区別性及び主従関係が必要としつつ、これらの要件を満たすような形で、他人の言語の著作物を新たな言語の著作物に引用して利用するような場合には、他人の著作物をその趣旨に忠実に要約して引用することも著作権法32条１項により許容されると述べました。また、このような引用による改変は、著作権法20条２項４号の「やむを得ない改変」に当たるとしました。

そして、被告書籍中の原告書籍の要約引用部分は、他の部分と明瞭に区別され、かつ被告書籍での仮説を立てる前提としての歴史的事情を述べる部分であって被告書籍全体に対し内容的に従たる関係にあり、量的にも200頁以上ある被告書籍のうちの11頁程度の分量で従たる関係にあると認定して引用の成立を肯定し、著作権法20条２項４号の「やむを得ない改変」に当たるとして原告の請求を認めませんでした。

4　転　　載

(1)　根拠条文

国等が一般への周知目的で作成し、その著作の名義の下に公表する広報資料、調査統計資料、報告書その他これらに類する著作物は、転載禁止の表示がなければ説明の材料として刊行物に転載できます（著作権法32条２項)。なお、令和３年著作権法改正により、このような著作物が著作権法31条１項１号で「国等の周知目的資料」と定義されることに伴い、改正法の完全施行後は上記32条２項の文言が変更になりますが、下記要件に変更はありません。

⑵ 要　件

ア　国・地方公共団体の機関、独立行政法人、地方独立行政法人がその著作名義で公表するものであること

省庁や都道府県等の名義（担当部署名入りでもよい）で発表される必要があります。例えば文化庁○○課、東京都○○局、独立行政法人国民生活センター名義などです。省庁がウェブサイトに掲載している委託調査・委託業務報告書などで、委託先の著作名義で公表されているものは本要件を満たさず、別途利用許諾の有無の確認が必要です。

イ　アが一般への周知目的で作成されたものであること

広く国民・住民に知らせる目的で作成されたものである必要があり、誤って公表された国等の内部資料は含まれません。

ウ　刊行物に転載すること

転載先は、新聞や雑誌などの刊行物でなければなりません（紙媒体だけでなくDVDなど電子媒体も含まれます。）。ウェブサイトへの転載は、刊行物への転載とはいえないため、許諾の有無の確認が必要です。

エ　説明の材料としての転載であること

引用の場合のような転載先と転載元の主従関係は求められないものの、例えば対象著作物をそのまま単独で出版することはできません。

オ　転載禁止の表示がないこと

転載を全面的に禁止している場合以外に、一定の条件下での転載を認めているケースが考えられますが、その場合は、条件に従っていない場合は転載が禁止されていることになりますので、注意が必要です。

⑶ 出所の明示

転載した著作物の出所は、合理的方法・程度での明示が必要であり（著作権法48条１項）、著作者名の表示も原則として必要です（同条２項）。

なお、出所を明示せずとも著作権侵害にはなりませんが、出所明示義務違反に該当し、法定刑は50万円以下の罰金です（著作権法122条）。

5　写り込み

(1)　根拠条文

著作権法30条の２は、著作物の、いわゆる写り込みに関する規定です。

例えば、室内の状況を写真撮影したら壁にかかっている絵画が写ってしまったり、動画を撮影中に偶然鳴った携帯電話の着信メロディーが録音されてしまったりしたような場合に、絵画やメロディーについて、例外的に複製等を認める（複製権等侵害にならない）ものです。

本条は、以前は「写真撮影、録音、録画」という限定的な場面で、メインの被写体ではない著作物の映像や音が記録されてしまったケースが適用対象でしたが、令和２（2020）年の著作権法改正で、スクリーンショットや放送、生配信など複製・伝達行為全般での写り込みが対象となりました。

また、例えば防犯カメラの映像など著作物とはいえないものに写り込むようなケースも、本条でカバーされることになりました。

(2)　要　　件

理解しやすいように、条文上の文言を簡略化して説明します。

ア　複製又は伝達行為（複製を伴わないもの）に伴い、いわゆる「写り込み」対象の著作物（「付随対象著作物」）を利用すること

①写真撮影、録音、録画、スクリーンショットなど、複製行為に伴って付随対象著作物を利用するケースだけでなく、②放送や生配信など、伝達行為（付随対象著作物を複製することにならないもの）に伴って付随対象著作物を利用するケースも含みます。

イ　写り込んだ著作物が「付随対象著作物」に当たること

写り込んだ著作物が、（メインの被写体を含む）作品全体の中で「軽微な構成部分」だと評価される必要があります。

軽微かどうかは、①写り込んだ著作物の、全体に占める割合（例えば、写真への写り込みの場合、どれだけの部分を「写り込み」で占めているか）や、②写り込んだ著作物がいかなる精度で表れているか（例えば、写真への写り込みの場合、写り込んだ著作物が鮮明に写っているか、ピンボケしているか）といった要素に基づき判断します。なお、①②の要素は例示で、他の要素も考慮される可能性があります。

ウ　「正当な範囲内」での付随対象著作物の利用であること

無許諾での利用を認めると権利者の利益を不当に害することが明らかな行為や、権利者から許諾を得て利用することが可能かつ合理的と考えられる行為を除外するための要件です。

正当な範囲内か否かを判断するに当たっては、①付随対象著作物の利用によって利益を得る目的の有無、②写り込んでいる影像や音を、その他の部分から分離することの困難性の程度、③付随対象著作物が全体の中で果たす役割その他の要素を考慮します。

6　非営利上演等

⑴　根拠条文

著作権法38条１項は、「公表された著作物は、営利を目的とせず、かつ、聴衆又は観衆から料金……を受けない場合には、公に上演し、演奏し、上映し、又は口述することができる。」と規定し、著作物の無形的な利用行為につき、一定の条件下で著作権者の許諾を不要としています。

学校の学芸会での上演や文化祭での学生によるコンサートなどが本条の適用を受けられる例として挙げられます。

ただし、公衆送信は本条の対象外であり、例えば先述のコンサートをウェブで配信するには著作権者の許諾が必要です。

⑵ 要　　件

ア　非営利

著作物の上演等が直接又は間接に営利を目指しているものでないことが必要です。例えば、無料の演奏会であっても、主催企業の商品やサービスの宣伝のために開かれるのであれば営利目的となります。また、飲食店や美容室で顧客をリラックスさせたり、従業員の作業効率をあげたりするために店内でBGMを流すような場合も、通常は各店舗での利益を上げるためであって営利目的と解釈されるでしょう。

イ　無　　料

著作権法38条1項では、料金とは、著作物の提供又は提示につき受ける対価をいうと規定しており、名目を問わないとされています。例えば、演奏会の会場の使用料相当額といった実費分のみを会費として徴収した場合でも、料金を受けたことになり、本要件を満たしません。また、例えばサービス事業者の有料会員のみが追加料金なしで観客となれる演奏会なども、同様に、本要件を満たしません（もっとも、このような演奏会はそもそも非営利目的といえない場合が多いと思われます。）。なお、令和3年著作権法改正により、改正法の一部施行後は、「料金」の定義は著作権法31条7項に規定され、同法38条1項から削除されますが、本要件に変更はありません。

ウ　無報酬

上演、演奏、上映又は口述について実演家又は口述者に対し報酬が支払われる場合は、原則に戻って著作権者の許諾が必要となります（著作権法38条1項ただし書）。実演家には俳優、舞踊家、演奏家、歌手などのほか、指揮者や演出家も含まれ（著作権法2条1項4号）、その一部に対して報酬が支払われれば本要件を満たさないことになります。報酬ではなく、交通費等の実費の支払がなされる分には、それが相当額の範囲内であれば、本要件（無報酬）を満たすと考えられます。

⑶ 裁判例

【ダンス教室著作権侵害事件】名古屋地判平15・2・7（平14ワ2148）、名古屋高判平16・3・4（平15ネ233）、最決平16・9・28（平16受1000）（上告不受理）

原告JASRACが、社交ダンス教授所（社交ダンス教室）を経営する被告数名に対し、原告が著作権を管理する楽曲の演奏（CD等の再生）の差止めや著作権使用料相当損害金の請求等を求めた事件です。

被告らは、社交ダンス教室でのCD等の再生は著作権法38条１項により著作権者の許諾なく行えると主張しました。すなわち、演奏は、非営利目的（社交ダンスは芸術ないしスポーツで、その教育という公益目的に従事するダンス教室が受講生から得た受講料はダンス教師の技術の向上・施設の運営費用に振り向けられ営利目的がない）及び無料（受講料はダンス指導の対価で音楽著作物の演奏に対する対価ではない）だと主張しましたが、第一審は、社交ダンス教室で音楽著作物を演奏することにより受講生の獲得、受講料収入の増加につながり、それにより経営者の所得が増加すること、及び社交ダンスの教授に際し音楽著作物の演奏が必要不可欠（演奏なしでの受講生獲得は困難）であることを理由に、被告らの主張を退けました。控訴審も、この点について第一審の判断を維持し、被告らに原告に対する支払を命じました。

【ハートフルチャリティーコンサート事件】東京地判平15・1・28（平13ワ21902）

音楽興行等を目的として設立された会社である被告会社及びその取締役である被告Ａは、「Ｃハートフルチャリティーコンサート」等と称する歌謡ショー等のコンサート（以下「演奏会」）を企画・制作し、これを全国各地の公共会館等の演奏会場で主催して開催しました。

演奏会は、被告会社の設立前は被告Ａが、設立後は被告会社が主催していました。演奏会で使用されていた楽曲には原告JASRACが著作権の管理をしていたものがあり、その使用料が支払われなかったため、原告は被告Ａ及び被告会社に対し、将来の演奏会の開催等の禁止を求めるとともに、演奏会での楽曲の著作権使用料に相当する損害金等の支払を求めて訴えを提起しました。

被告側は、①演奏会は２部構成で、第１部はアマチュアによる演奏等が行われ無料で鑑賞でき、15分程度の休憩をはさんで第２部はプロによる楽曲の歌唱が行われ入場券（3500円）なしには鑑賞できなかったことから２つの部は実質的には別個の演奏会と評価されるべきだと主張し、そのうえで、②第１部については、著作権法38条１項が適用されるので著作権者の許諾は不要だと主張しました。また、ある時期から入場料を取らず寄付金を募り、その後プロへの出演料も払わなくなったので最終的には第２部についても著作権法38条１項が適用されると主張しました。

裁判所は、演奏会は、そのパンフレットや入場券の記載等から、第２部のプロの出演を中心とする１つの演奏会であると認定しました。そのうえで、ある時期までは演奏会について入場料を徴収し、入場無料とした後も寄付金を集めており、これは著作物の提供について受ける対価であること、被告会社が主催する演奏会は同社の事業として行われていたこと、プロに対し、ある時期までは出演料が支払われていたことを理由に、演奏会について著作権法38条１項の適用を否定しました。結局、裁判所は、演奏会の開催等の禁止及び被告らの原告に対する支払を命じました（なお、原告は、被告会社設立後の演奏会につき、その代表取締役Ｂも被告として、同人に対して、原告からの警告書を受領しながら被告会社の著作権侵害行為を継続させたとして、取締役の第三者に対する責任を定める有限会社法30条の３第１項に基づき支払を請求しており、裁判所はこれも認めています。）。

7　公開の美術

(1)　根拠条文

著作権法46条は、屋外に恒常的に設置されている美術の著作物又は建築の著作物は、一部の例外を除いて著作権者の許諾を得ることなく利用することができる旨規定しています。

このような著作物の利用については、設置者の意思及び社会的慣行（公開の美術が写真や写生等で他人により日常的に利用されている）から、著作権者の許諾は不要とされています。

(2)　要　　件

ア　美術の著作物の場合

(ア)　原作品であること

美術の著作物の複製物は、著作権法46条に基づく利用ができません。原作品については、「展示権」（著作権法25条）があり、著作権者は、そもそも屋外の場所への恒常的設置をするか否かを決める権利があるのに対し（著作権法45条）、複製物については「展示権」が認められておらず、（複製自体についてはコントロールできるもののそれをクリアすれば）誰でも好きな場所に複製物を展示できてしまうので、著作権法46条の文言上、適用対象は「原作品」のみとされています。もっとも、原作品か否かの判断が難しいケースもあり、要注意です。

(イ)　街路、公園その他一般公衆に開放されている屋外の場所又は建造物の外壁その他一般公衆の見やすい屋外の場所に設置されていること

いずれも「屋外の場所」でなければなりません（例えばショーウィンドウ内は通常、屋内の場所なので該当しません。）。

「一般公衆に開放されている」場所と「一般公衆の見やすい」場所の２類型があります。上野恩賜公園の西郷隆盛銅像などは、前者の例といえま

す。後者の例としては建物や道路沿いの擁壁などに描かれた壁画、建物屋上の広告看板などが挙げられます。

(ウ) 恒常的に設置されていること

常時継続して公衆の観覧に供するような状態におくことをいうとされます。この点につき、土地上の台座に固定するとか、建造物の外壁にはめ込んで固定する等が必要であり、時季によって作品の掛け替えができるような場合は該当しないとの見解があります。

ただ、公道を走るバスの車体の絵柄が公開の美術か否かが争われた**「はたらくじどうしゃ」事件**では、「恒常的に設置する」とは、社会通念上、ある程度の長期にわたり継続して、不特定多数の者の観覧に供する状態に置くことを指すとし、より柔軟に「恒常的に設置」の要件を解釈し、バスの車体の絵柄も公開の美術であることを認めました。

イ　建築の著作物の場合

特に追加の要件はありません。例えば、一般公衆に開放されていない、個人の邸内に設置されている五重の塔なども、建築の著作物に当たるものは本条に基づき利用が可能です。

(3) 例外（許されない利用）

仮に上記要件を満たす場合でも、以下の４つのケースは著作権者の許諾が必要となります。

ア　彫刻を増製し、又はその増製物の譲渡により公衆に提供する場合

著作権者に無断で彫刻（原作品）のレプリカを作成したり、レプリカを有償・無償問わず公衆に配布したりすることはできません。彫刻の写真を撮影するのは「増製」に当たりませんが、目的に応じて以下のウ、エで禁じられています。

イ　建築の著作物を建築により複製し、又はその複製物の譲渡により公衆に提供する場合

著作権者に無断で、建築の著作物を見て同じ又は類似の建築物を建築することや、それを有償・無償問わず公衆に譲渡することが禁じられています。建築の著作物の写真撮影や写生等は問題ありませんが、目的によっては以下のウ、エで禁じられるおそれがあります。

ウ　屋外の場所に恒常的に設置するために複製する場合

正確には「街路、公園その他一般公衆に開放されている屋外の場所又は建造物の外壁その他一般公衆の見やすい屋外の場所」に恒常的に設置する目的での複製が禁じられています。

エ　専ら美術の著作物の複製物の販売を目的として複製し、又はその複製物を販売する場合

例えば絵葉書・カレンダー・画集などに掲載して販売するために、著作権者に無断で屋外設置の美術品の写真撮影や写生等をしたり、それらを販売したりすることは禁じられています。もっとも、宣伝用のために無料で配布するカレンダー用の複製などは、「販売目的」がなく許されます。

「専ら」美術の著作物の複製物の販売を目的とするかどうかの判断は難しい場合があります。この点、**「はたらくじどうしゃ」事件**（後掲）では、バスの車体の写真が、幼児向けに、町を走る各種自動車を解説する目的で作られた書籍の表紙及び本文内に使われていたことが「専ら」の要件を満たすかどうか問題となりました。裁判所は、表紙及び本文内での写真使用はいずれも「専ら美術の著作物の複製物の販売を目的として複製」したとはいえないとしましたが、その結論には異論も出ています。

(4)　裁 判 例

【「はたらくじどうしゃ」事件】東京地判平13・7・25（平13ワ56）

原告は、横浜市営バスの車体の左右両側面部、上面部及び後面部に絵画（原告作品）を描いた画家で、原告に無断で、原告作品が車体に描かれたバスの写真を掲載した書籍（**図表8－3**参照。なお、被告書籍はカラー。原告作品は、原告公式ウェブサイト内のウェブページ（http://www.rocco-zoo.com/pages/ex_1994_030.htm）にて閲覧可能）を出版、販売した被告出版社に対し、著作権侵害及び著作者人格権（氏名表示権）侵害を理由として損害賠償を求めました。

図表８－３　原告作品が車体に描かれたバスの写真を掲載した書籍

出典：裁判所ウェブサイト
（https://www.courts.go.jp/app/files/hanrei_jp/373/012373_option1.pdf）

被告は、原告作品が著作権法46条により自由な利用が認められている、「一般公衆に開放されている屋外の場所」又は「一般公衆の見やすい屋外の場所」に「恒常的に設置」されている美術の著作物だと主張したのに対し、原告は、それを争うと共に、原告作品の被告の書籍への掲載とその販売は、著作権法46条４号の「専ら美術の著作物の複製物の販売を目的として複製し、又はその複製物を販売する場合」に当たるから原告の許諾なく行うことはできない旨主張しました。

裁判所は、①公道を走行するバスの車体に描かれている原告作品は、「一般公衆に開放されている屋外の場所」又は「一般公衆の見やすい屋外の場所」に設置されたといえる、②特定のイベントのためごく短期間のみ運行されるのではなく、他の一般の市営バスとまったく同様に、継続的に運行されているバス車体に作品を描くのは「恒常的に設置」することに当たる、としました。

原告は、バスは夜間、車庫内に駐車され、その間は不特定多数の者が見ることができず「恒常的」な設置とはいえない、また、バスは移動するので「設置」されたといえないと指摘しましたが、裁判所は、美術の著作物一般につき保安上等の理由から、夜間、一般人の入場や観覧を禁止することは通常あり得るので、それをもって「恒常的」でないとするのは合理性がないし、「設置」の意義について、不動産に固着されたものや一定の場所に固定されたもののような典型的な例に限定して解する合理性はない、として原告の主張を認めませんでした。

さらに、裁判所は、著作権法46条４号に該当するか否かについては、著作物を利用した書籍等の体裁及び内容、著作物の利用態様、利用目的などを客観的に考慮して判断すべきとしました。

まず、被告書籍の体裁及び内容について、幼児向けに、写真を用いて町を走る各種自動車を解説する目的で作られた書籍で、合計24種類の自動車の外観及び役割などが説明されており、写真を幼児が見ることを通じて、観察力を養うといった幼児教育的観点から監修されていると解されると指摘しました。

次に、原告作品の利用態様について、被告書籍の表紙に原告作品が車体に描かれたバスの写真が縦約８㎝、横約14㎝の大きさで掲載され、本文中には縦約３㎝、横約７㎝の大きさで１か所掲載されていたと認定しました。

以上を前提として、裁判所は、原告作品の被告書籍への掲載方法は被告書籍の目的に照らして格別不自然な態様とはいえず、被告書籍を見る者は、本文で紹介されている各種自動車の一例として、原告作品が描かれたバスが掲載されているとの印象を受けると考えられるとし、被告書籍への原告作品の掲載、同書籍の販売について、「専ら」美術の著作物の複製物の販売を目的として複製し、又はその複製物を販売する行為には該当しないと結論付けました。

第9章 権利の保護期間

1　著作権の保護期間

(1)　保護期間の原則（創作時から死後70年経過まで）

著作権は、著作物の創作の時から著作者の死後70年を経過するまでの間存続します（著作権法51条１項、２項）。

(2)　保護期間の例外（創作時から公表後70年経過まで）

①無名又は変名の著作物、②法人その他の団体名義の著作物、③映画の著作物については、著作権はその著作物の創作の時から公表後70年を経過するまでの間存続します（著作権法51条１項、52条～54条）。

起算点としての「公表」には、公表権侵害となるような公表は含みません。つまり、第三者が無断で著作物を公衆に提示したときから70年経過しても、著作権の保護期間は終了しません。

(3)　著作物の類型ごとの細かいルール

ア　共同著作物

共同著作物の著作権は、最後に死亡した著作者の死後70年を経過するまで存続します（著作権法51条２項かっこ書）。

イ　無名又は変名の著作物

変名（著作権法14条で「雅号、筆名、略称その他実名に代えて用いられるもの」と定義されています。）であっても、それが周知の場合（著作者が実在する人物のうちの誰であるかが一般人に明らかな場合）には、原則どおり著作者の死後70年経過まで著作権が存続します（著作権法52条２項１号）。

また、公表されてから70年を経過する前であっても、著作者の死後70年を経過していることが判明した場合には、死後70年経過時点で著作権は消滅したものとされます（著作権法52条１項ただし書）。著作者の死後に著作物が無名で公表されたものの、しばらくしてその著作者が実在したどの人物なのかが判明したような場合を想定しています。

同様に、公表後70年を経過する前に実名の登録や実名・周知の変名を表示して著作物を公表したときは、原則に戻り、著作者の死後70年を経過するまで著作権が存続します（著作権法52条２項３号）。

ウ　団体名義の著作物

団体の著作名義で公表された著作物は、その公表後70年経過でもって著作権が消滅します（著作権法53条１項）。法人が著作物の創作を個人事業主に委託していたような場合等、実際には法人等団体が著作者でないときも同様です。もっとも、著作者個人が著作物の公表後70年を経過する前に実名・周知の変名を表示して著作物を公表したときは、原則に戻り、著作者の死後70年経過まで著作権が存続します（著作権法53条２項）。

なお、団体名義の著作物がその創作後70年以内に公表されなかった場合は、創作後70年経過をもって著作権は消滅します（著作権法53条１項かっこ書）。

エ　映画の著作物

映画の著作物がその創作後70年以内に公表されなかった場合は、創作後70年経過をもって著作権は消滅します（著作権法54条１項かっこ書）。

映画の著作物が二次的著作物（例えば、原作である小説を映画化したもの）に当たる場合でも、映画の著作物の著作権保護期間が満了すれば、その映画の著作物を利用する際に原著作物（先の例での小説）の著作権の使用許諾は不要とされています（著作権法54条２項）。

オ　連載ものなど、一部分ずつを逐次公表して完成する著作物

例えばテレビの連続ドラマなどで、ストーリーの一部分が順次発表され

て最終回に完結するものは、著作権の保護期間の計算上、最終部分（最終回）の公表時に「公表」されたものとします（著作権法56条１項）。

ただし、回と回の間が３年空いてしまった場合は、最後に公表された回の公表時に、その回以前の分が「公表」されたものとして計算します（著作権法56条２項）。例えば全10話の連続ドラマで第９話の公表時から３年を経過しても第10話が公表されなかったら、第１話から第９話までは第９話公表時に公表されたものとして著作権の保護期間を計算します。

なお、シリーズものでも１話完結型の場合は、各回の公表時をもって「公表」とされます。もっとも、ストーリーの一部分が順次発表されるものとの区別が難しいケースもあります。

カ　外国人を著作者とする著作物

著作権法は、日本国民（日本法に基づいて設立された法人・団体や日本国内に主たる事務所を有する法人・団体を含みます。）を著作者とする著作物だけでなく、最初に日本国内で発行された著作物や条約により日本が保護義務を負う著作物についても保護を与えています（著作権法６条）。

このうち、外国人を著作者とする著作物については、著作権保護期間について特別なルールがありますので注意が必要です（詳しくは、第９章２「外国人を著作者とする著作物の著作権保護期間」を参照）。

キ　旧著作権法時代に公表又は創作された著作物

現在の著作権法（現行著作権法）は、昭和46（1971）年の１月１日に施行されたもので、その前に公表又は創作された著作物は、明治32（1899）年制定の旧著作権法により保護されていました。

旧著作権法では、例えば著作者の生前に公表された著作物について「発行又は興行したる著作物の著作権は著作者の生存間及其の死後三十年間継続す」などと規定しており（同法３条）、現在と著作権保護期間が異なります（なお、旧著作権法の著作権保護期間も、同法52条で暫定的に延長されており、例えば生前公表著作物については死後30年ではなく死後38年とされています。）。

そこで、旧著作権法時代に公表又は創作された著作物の保護期間を正しく把握するには、新旧両方の著作権法を調べる必要があります。

旧著作権法に基づく著作権保護期間が、現行著作権法に基づく保護期間より長ければ、長いほうが適用されます。

ク　現行著作権法下における保護期間の延長

現行著作権法も著作権保護期間に関連して平成８（1996）年（写真の著作物の保護期間が公表後50年から死後50年へ）、平成15（2003）年（映画の著作物が公表後50年から70年へ）、平成28（2016）年（映画の著作物以外も死後／公表後「50年」が「70年」に）の改正がありましたので、これらの改正でどのように保護期間が延長されたかを調べる必要があります（旧著作権法時代の映画の著作物の保護期間が争われた**チャップリン事件**参照)。その際、現行著作権法の「附則」（法律の実質的な定めである「本則」の後に置かれている経過的な措置等を定めたもの）を見ますが、附則の解釈も争いとなるケースがあり注意が必要です（附則の解釈につき文化庁と裁判所の考えが違った**シェーン事件**参照)。

(4)　保護期間の計算方法（暦年主義）

著作権の保護期間を計算するに当たっては、通常、著作者死亡・著作物公表・創作の「年」がわかれば足ります。例えば、2020年中に死亡・公表・創作したのであれば、その翌年（2021年）の１月１日から起算して70年を経過するまで（2090年12月31日まで）が保護期間となります（計算としては「死亡・公表・創作年＋70年」の12月31日までとしたほうがわかりやすいかもしれません。)。

ただし、外国人を著作者とする著作物の場合は、いわゆる戦時加算の問題があり、日単位での計算が必要となる場合があります。

(5)　裁 判 例

【チャップリン事件】東京地判平19・8・29（平18ワ15552)、知財高判平20・2・28（平19ネ10073)、最判平21・10・8（平20受889)

チャールズ・チャップリン（1977年没）が監督等を務めた９つの映画作

品（最も早いもので1919年公開、遅いもので1952年公開）の著作権を保有・管理する外国法人が原告となって、これら映画作品のDVD商品を原告に無断で複製・頒布していた複数の業者に対し、著作権侵害に基づきDVD商品の複製・頒布の差止め等を求めた事件です。

争点となったのは映画の著作物である本件９作品の著作権の保護期間（及びその確定のため誰を著作者とするか）で、被告らは、本件９作品の著作権は保護期間の満了により消滅していると主張しました。

本件９作品は、現行著作権法（1971年１月１日施行）前に公開されたものであったため、旧著作権法の適用が問題となりました。旧著作権法では、（劇場用映画など）「独創性のある」映画の著作権は、一般的な著作物と同様の保護期間（例えば生前に公表された著作物は著作者の死後38年、団体名義の著作物は公表後33年）を与えられていました（同法22条の３、３条、６条、52条）。

原告は、旧著作権法の下でも現行著作権法と同様、映画の著作者はその全体的形成に創作的に寄与した者で、監督として実名が表示されているチャップリンが本件９作品の著作者であると主張し、被告らは、本件９作品には映画製作者である団体（映画会社等）の著作権表示があり同団体の著作物といえるなどとして、公表後33年で著作権保護期間が満了すると主張しました。

第一審は、原告の主張どおりチャップリンが著作者であるとし、①旧著作権法によれば、本件９作品の著作権存続期間はチャップリンの死後38年となる平成27（2015）年12月31日までとなる一方、②昭和46（1971）年１月１日施行の現行著作権法によれば映画の著作物は公表後50年までが保護期間となるので、現行著作権法附則７条により本件９作品の著作権の存続期間は旧著作権法に基づいて計算した平成27（2015）年12月31日までとされ、③さらに平成16（2004）年１月１日施行の改正著作権法で、公表後70年まで保護期間が延長されたが、同改正法の附則２条及び３条に従って本件９作品のうち公開が遅かった２作品については、同改正による保護期間のほうが長いため公表後70年となる平成29（2017）年又は平成34（2022）

年12月31日まで保護期間が延長される（他の7作品については旧著作権法による死後38年のほうが長いため平成27（2015）年12月31日で著作権存続期間満了）、と認定して、同訴訟の時点で著作権の存続期間は満了していないと判断して被告らにDVD商品の複製・頒布の差止め等を命じました。控訴審及び最高裁もこの判断を維持しました。

【シェーン事件】東京地判平18・10・6（平18ワ2908）、知財高判平19・3・29（平18ネ10078）、最判平19・12・18（平19受1105）

1953年にアメリカ合衆国にて最初に公表された映画「シェーン」の廉価版DVDを製造販売する業者に対して、同映画の著作権者が当該廉価版DVDの販売等の差止め・廃棄等を求めた事件です。

映画の著作物の著作権保護期間は、平成15（2003）年の著作権法改正（平成16（2004）年1月1日に施行）によって「公表後50年」から「公表後70年」に延長されたものの、「シェーン」については、2003年12月31日に著作権保護期間が満了しており、廉価版DVDの製造販売業者への請求が法的根拠を欠くのではないかが争われました。

著作権者側は、平成15年の著作権法改正について定めた「映画の著作物の保護期間の延長措置等を定めた著作権法の一部を改正する法律」の附則2条に、「改正後の著作権法……第54条第1項の規定は、この法律の施行の際現に改正前の著作権法による著作権が存する映画の著作物について適用し、この法律の施行の際現に改正前の著作権法による著作権が消滅している映画の著作物については、なお従前の例による」という規定があり、「法律の施行の際……著作権が存する映画の著作物」には改正前著作権法に基づき2003年12月31日に著作権保護期間が満了する「シェーン」のような映画の著作物も含まれるから、「シェーン」の著作権は2023年12月31日まで保護期間が延長されると主張しました。他の立法例から見て「……の際」という文言が一定の時間的広がりをもつと解釈できることが根拠の1つでした。

第一審、控訴審とも著作権者側の主張を認めず、最高裁も「……の際」

という文言の一般用法によれば「この法律の施行の際」とは、当該法律の施行日を指すものと解するほかないとして、著作権者側の主張を認めませんでした。つまり、2004年1月1日時点で改正前著作権法による著作権が存する映画の著作物に当たらない「シェーン」は、著作権法改正による保護期間延長の対象とはならないとしました。

本件は、著作権法の所管官庁である文化庁が著作権者側と同様の解釈を採用していたこともあり、多くの議論を呼びました。

2　外国人を著作者とする著作物の著作権保護期間

(1)　外国人を著作者とする著作物の保護

外国人を著作者とする著作物も、それが最初に日本国内で発行されたものであれば日本の著作権法で保護されます（著作権法6条2号。なお、最初に日本国外で発行されても、30日以内に日本国内でも発行されれば、保護対象です。)。このほか、条約により日本国が保護の義務を負う著作物についても、日本の著作権法で保護されます（著作権法6条3号)。

(2)　保護期間の特例

ア　相互主義

外国人を著作者とする著作物については、日本が締結している以下①〜③の条約の規定に従って著作物の「本国」とされる国での著作権の保護期間が、日本の著作権法に基づく保護期間より短い場合は、その短い方が保護期間となります（著作権法58条)。そこで、このような著作物については「本国」の法制を調べる必要があります。

① ベルヌ条約（文学的及び美術的著作物の保護に関するベルヌ条約）

② WIPO著作権条約（著作権に関する世界知的所有権機関条約）
③ TRIPS協定（世界貿易機関を設立するマラケシュ協定の附属書一C 知的所有権の貿易関連の側面に関する協定）

例えば、令和3（2021）年3月3日にA国（ベルヌ条約加盟国）で最初に実名で発行された論文（著作者は存命）があるとします。ベルヌ条約5条(4)(a)では、「いずれかの同盟国において最初に発行された著作物については、その同盟国」がその著作物の「本国」とされていますので、先の例で論文の本国はA国となります。A国の法律で著作権保護期間が著作者の死後50年とされているならば、日本の著作権法に基づく保護期間である著作者の死後70年より短いため、日本では、論文はその著作者の死後50年まで保護されることになります。

もっとも、外国の法律に基づく著作権の保護期間の計算は、日本の場合同様、容易ではないことが予想されますので、当該外国の法律の専門家の意見を照会するなどして、慎重に対応することが必要です。

イ　戦時加算

太平洋戦争期間中、日本では連合国及び連合国民の著作権は行使できず、実質的にその保護がされていなかったという前提に基づき、日本には、「日本国との平和条約」（通称サンフランシスコ平和条約。以下「平和条約」といいます。）により連合国の著作権保護期間に戦争期間を加算する義務が課されています（同条約15条(c)）。

これを受けて、「連合国及び連合国民の著作権の特例に関する法律」（以下「戦時加算特例法」といいます。）が制定され、

① 昭和16（1941）年12月7日に連合国及び連合国民が有していた著作権
② 昭和16（1941）年12月8日から日本国と当該連合国との間に平和条約が効力を生ずる日の前日までの期間において、連合国又は連

合国民が取得した著作権

については、戦争期間中に著作権の保護を受けられなかった期間分、保護期間を加算しなければならないこととされています（同法４条）。

具体的には、

①については、昭和16（1941）年12月８日～平和条約発効日前日までの期間分を加算
②については、連合国又は連合国民がその著作権を取得した日～平和条約発効日前日までの期間分を加算

することになります（第11章４(3)「戦時加算」参照）。

ところで、平和条約発効日は国によって違うため、加算日数も国によって異なります。例えば①の著作権についてアメリカ、英国、フランス、カナダ、オーストラリアは3794日加算します。

平和条約発効日は、アメリカ合衆国国務省のウェブサイトで確認することが確実です（https://www.state.gov/treaty-of-peace-with-japan-sanfrancisco）。JASRACのウェブサイトに国ごとの加算日数を含めわかりやすく表示されています（https://www.jasrac.or.jp/senji_kasan/about.html）。

戦時加算が問題となった裁判例としては、ドイツの作曲家の著作物の著作権保護期間が満了する時期が争われた**リヒャルト・シュトラウス楽曲事件**があります。同事件のポイントの１つとして、ドイツが平和条約にいう「連合国」でないために同国の作曲家が保有する著作権について戦時加算が適用されないことが挙げられます。

ウ　翻訳権10年留保制度

外国人を著作者とする著作物に限った話ではありませんが、旧著作権法では、著作物の発行のときより10年以内にその翻訳物を発行しないときは、その著作物の「翻訳権」は消滅することとされており（同法７条１項）、現行著作権法の施行前（昭和46（1971）年１月１日より前）に発行

された著作物については、引き続きこのルールが適用されます（現行著作権法附則８条）。なお、旧著作権法７条１項にいう「翻訳権」は、著作物を単に翻訳するだけでなく、翻訳したうえで出版することを許諾する権利であると解されています。また、外国人を著作者とする著作物については、日本語に翻訳して出版することは本制度により認められるものの、他の言語に翻訳して出版することは必ずしも認められないと考えられるため、注意が必要です。

⑶ 裁判例

【リヒャルト・シュトラウス楽曲事件】東京地判平18・3・22（平17ワ2782）

原告JASRACは、ドイツの作曲家リヒャルト・シュトラウス（1864年生、1949年没）を著作者とする音楽著作物を、被告（楽譜演奏料収入の回収及びその管理等を目的とする株式会社）との著作権信託契約に基づいて管理していました。原告は、被告に対し、同著作物について利用者から徴収した使用料を分配していましたが、「同著作物の著作権の保護期間は、平成11（1999）年12月31日をもって満了した」と主張し（当時の保護期間は著作者の死後50年でした。）、平成12（2000）年１月１日以降の使用料として被告に分配済みの約1200万円について、不当利得だとして返還を求めました。

これに対し、被告は、同著作物の著作権は、戦時加算により平成22（2010）年５月21日まで存続していると主張しました。同著作物の著作権は昭和16（1941）年12月７日当時、英国法人Ｆ社が有していたというのが理由でした（なお、Ｆ社は1943年に英国法人Ｂ社に権利を譲渡し、Ｂ社は本件訴訟当時、被告と契約関係にありました。）。

裁判所は、被告の主張を認めず、戦時加算を否定しました。その理由として、①1912年にリヒャルト・シュトラウスはＡ社（ドイツ法人）との間で、自己の著作物の著作権の管理を委託する内容の契約を締結し、Ａ社の権利は1938年設立のＦ社（英国法人）に承継されているが、②1912年の契約文言によれば、本訴訟で問題となっている旧著作権法に基づく上演権、演奏権及び録音権は、リヒャルト・シュトラウスや同人から権利を委譲されたドイツ作曲家組合に帰属していたと解され、③そうすると昭和16（1941）年12月７日の時点でリヒャルト・シュトラウスなど連合国民でない者による日本での権利行使の可能性があったから、Ｆ社（連合国民）が同時点で上演権等を有していたと評価できず、戦時加算特例法４条１項は適用されないと説明しました。

3　著作者人格権の保護期間

⑴　根拠条文

著作者人格権は、著作者の一身に専属し、譲渡することができないこととされています（著作権法59条）。そこで、著作者である自然人・法人が死亡・解散した場合には、著作者人格権も消滅しますので、著作者人格権の保護期間は、著作者が存している間ということになります。

⑵　注 意 点

ある著作物の著作者である自然人・法人が死亡・解散して、その著作者人格権が消滅した後も、当該著作者の人格的利益を保護するため、「著作者が存しているとしたならばその著作者人格権の侵害となるべき行為」はしてはならないこととされています（著作権法60条本文）。

典型的には、故人の日記や私信を公表するような行為（生存中に本人の承諾なく行えば、通常、公表権侵害となります。）が考えられます。**三島由紀夫事件**は、私信の無断公表があったケースです。

故人の未公表の著作物を自己の著作によるものと偽って公表したり、改変したりするような行為も、生存中なら氏名表示権や同一性保持権侵害になるでしょうから、通常は著作権法60条で禁止されます。

もっとも、行為の性質及び程度、社会的事情の変動その他によりその行為が著作者の意を害しないと認められる場合は、例外的に許されます（著作権法60条ただし書）。例えば、日記を、その著作者が亡くなって長い年月を経た後に公表するようなときには、この例外に該当することがあり得るといえます（なお、出版など公表に伴い複製等をする場合には、著作権保護期間内なら著作権者の許諾が必要になります。）。

(3) 裁 判 例

【三島由紀夫事件】東京地判平11・10・18（平10ワ8761）、東京高判平12・5・23（平11ネ5631）

三島由紀夫が生前、A宛に書いた未公表の手紙及び葉書合計15通を、Aが執筆した自伝的な小説に掲載し、それが出版社により出版されたため、三島由紀夫の遺族が、A、出版社及び同社の第一出版局長を被告として、小説の出版等の差止めや廃棄、損害賠償等を求める訴訟を提起した事件です。

遺族は、小説への手紙等の掲載・出版は、これら手紙等について遺族が有する複製権を侵害し、また、三島由紀夫が生存していたとしたら同人の公表権侵害に該当すると主張しました。本事件の主な争点は、手紙等の著作物性でしたが、裁判所は第一審及び控訴審ともに著作物性を認めたうえ、被告らの行為が複製権侵害及び三島由紀夫が生存していたとしたらその公表権侵害となるべき行為に該当するため著作権法60条の規定に違反すると判断しました。

4　著作隣接権の保護期間

(1) 現在の著作権法（現行著作権法）の規定

著作隣接権の保護期間は、次のとおりです（著作権法101条）。

実演	：実演を行った時～70年経過時まで
レコード	：音を最初に固定した時～レコード発行時から70年経過時まで（固定時から起算して70年経過時までに発行されなかったときは、固定時から70年経過時まで）
放送	：放送時～50年経過時まで
有線放送	：有線放送時～50年経過時まで

なお、レコード以外の保護期間は、いずれも著作権の場合と同様に保護開始日の属する年の翌年から起算します。例えば、2020年中の演奏（実演）であれば、それが同年１月に行われたものでも、同年12月に行われたものでも、2090年12月31日までが保護期間となります。

レコードの保護期間は、レコード発行（著作権法４条の２によれば、公衆の要求を満たすことができる相当程度の部数の複製物が権利者又はその許諾を得た者により作成、頒布されること）の日の属する年の翌年から起算します。例えば、録音（固定）が2020年中にされ、そのレコード発行が2021年中にされたら、2091年12月31日までが保護期間となります。

ただし、録音（固定）の後70年の間レコードが発行されなかった場合は、70年の起算点が固定時になります。例えば録音が2020年中にされたのに2090年12月31日経過までにレコードの発行がされなければ、2090年12月31日までが保護期間となります。

⑵　旧著作権法時代の実演・レコードの保護期間について

旧著作権法では、「演奏歌唱」（同法１条）や「録音物」（同法22条の７）は、著作権で保護されており、その保護期間は、著作者の死後30年（死後公表、無名・変名、団体名義の著作物は発行・興行時から30年）です（同法９条により翌年から起算）。

現行著作権法が施行された昭和46（1971）年１月１日に旧著作権法下での保護期間が満了していない「演奏歌唱」や「録音物」（現行著作権法で

はそれぞれ「実演」や「レコード」として保護）は、次のルールに従って著作隣接権の保護期間が決まります（現行著作権法附則15条２項）。

> ① 旧著作権法下での保護期間満了日と、現行著作権法の規定による保護期間満了日を比べて、より後の方の日を選択します。
>
> ② ①で現行著作権法下での保護期間満了日を選択した場合はそれが満了日になりますが、旧著作権法下での保護期間満了日を選択した場合、その満了日と2040年12月31日を比べて、より早い方の日でもって保護期間が満了します（「2040年12月31日」は、現行著作権法施行日から起算して70年を経過する日）。

例１：歌手Ａ（1999年没）の1949年に行った歌唱

① 旧著作権法では2030年12月31日まで、現行著作権法では2020年12月31日までが保護期間なので、2030年12月31日を選択します。

② 2030年12月31日は2040年12月31日より前なので、2030年12月31日で保護期間が満了することになります。

例２：演奏家Ｂ（1974年没）の1949年に行った演奏

① 旧著作権法では2005年12月31日まで、現行著作権法では2020年12月31日までが保護期間なので、現行著作権法の規定による2020年12月31日までが保護期間と決まります。

例３：歌手Ｃ（2014年没）の1949年に行った歌唱

① 旧著作権法では2045年12月31日まで、現行著作権法では2020年12月31日までが保護期間なので、2045年12月31日を選択します。

② 2045年12月31日は2040年12月31日より後なので、2040年12月31日で保護期間が満了することになります。

第10章 著作権の譲渡及び消滅

1　著作権の譲渡

⑴　根拠条文

著作権は、その全部又は一部の譲渡が可能です（著作権法61条１項）。

⑵　著作権の一部譲渡とその限界

著作権の一部の譲渡に該当するケースとしては、典型的には次のような場合が考えられます。

ア　利用形態別の一部（支分権ごとの譲渡）

例えば、著作権のうち貸与権だけを譲渡するような場合です。より細かく、録画する権利（複製権の一部）だけの譲渡も可能です。

イ　時期的一部（期限付きの譲渡）

例えば、令和３（2021）年３月３日から３年間だけ著作権を譲渡する、というような場合です。この場合、期限が過ぎたら元の著作権者（譲渡人）に著作権が自動的に帰属することになります。

ウ　地理的一部（国ごとに認められる著作権）の譲渡

例えば、特定の楽曲について、アメリカ合衆国での著作権（同国で認められる著作権）を譲渡する、というような場合です。

そもそも著作物の保護の範囲は、基本的にその保護が求められる国の法律によって決まり（ベルヌ条約５条２項）、例えば日本人が作曲した楽曲でも、そのアメリカ合衆国での利用行為について著作権を行使するには、アメリカ合衆国の著作権法に従う必要があります。このような、アメリカ合衆国で認められる著作権のみ譲渡するということが考えられます。

もっとも、どこまで著作権を細分化して譲渡対象として設定できるか（例えば「DVDへの録画権」とか「千葉県における演奏権」）については争いがあります。権利を細かくすることで、細分化された権利が相互に抵触するような場面も生じ得るうるためです。この点、漫画「ポパイ」中のポパイの図柄の複製権の時効取得が主張された**ポパイベルト事件**では、著作権の細分化の社会的必要性と、それを認めた場合の社会的不利益（権利関係の不明確化、複雑化等）を総合して判断すべきとしています。

(3) いわゆる「特掲」の問題

著作権譲渡契約において、著作権法27条（翻訳権、翻案権等）又は28条（二次的著作物の利用に関する原著作者の権利）に規定する権利が譲渡の目的として特掲されていないときは、譲渡した者に留保されたものと推定されます（著作権法61条２項）。

これは、経済的に弱い立場の著作権者の保護を目的とした規定で、例えば企業による懸賞募集の際の「応募作品の著作権はすべて当社に帰属します」という記載だけで、応募した著作権者の著作権が一切の留保なく企業側に移転してしまうことがないようにしたものです。

ただし、あくまで「推定」なので、契約当事者間で争いがあって法廷闘争に発展した場合、契約の目的、当事者の地位、著作権譲渡の対価等の事情を下に、推定が覆されて、翻案権等も含めた譲渡があったと判断されることもあります（公募の結果採用されたキャラクターのイラストの著作権譲渡の範囲が問題となった**ひこにゃん事件**）。

(4) 裁 判 例

【ポパイベルト事件】東京地判平６・10・17（平２ワ13098）

漫画ポパイの著作権者である米国企業を含む原告らが、同漫画の主人公ポパイの図柄を付したベルト等を販売している日本企業（被告）に対して、同漫画の著作権等に基づき同ベルト等の販売の差止請求及び損害賠償請求をした事件です。

被告は、自社が漫画ポパイの著作権を侵害していないとの主張の一環として、自社で販売するベルト等に使用しているポパイの図柄については、20年複製使用を続けているので自社がその複製権を時効取得したことを挙げました。

これに対し、裁判所は、著作権の一部移転の許容範囲についてはその社会的必要性と社会的不利益を総合して判断すべきとしたうえで、社会的必要性が乏しく、かつ権利関係の複雑化、不明確化の社会的不利益が著しい「一個のストーリーの最初から終わりまでの漫画の著作物の中の特定の絵画についてのみの一部の複製権の譲渡、移転は許されない」と判断して、被告の主張を認めませんでした。

【ひこにゃん事件】大阪地決平22・12・24（平22ヨ20020）、大阪高決平23・3・31（平23ラ56）

猫をモチーフとした彦根市の公式キャラクター「ひこにゃん」のイラストの使用をめぐる争いの中で、同イラストの著作権が誰にあるかが問題となった事件です。「ひこにゃん」のイラスト（3つのポーズからなるもの）は彦根城築城400年を記念する行事のキャラクター公募の結果採用されたものですが、公募の際の仕様書には「採用された……キャラクターに関する、所有（著作権）等一切の権利は、国宝・彦根城築城四〇〇年祭実行委員会に帰属するものとする。」といった記載がありました。採用された「ひこにゃん」のイラストの著作権は、四〇〇年祭実行委員会を経由して彦根市が保有するに至りましたが、彦根市による「ひこにゃん」のイラストの利用をめぐり、同イラストの制作者側と意見の対立が生じました。彦根市の対応に不満を抱いた制作者側は、彦根市とは別に「ひこにゃん」のイラストに類似する絵柄のキャラクターの書籍を出版したり、他の企業による商品化を許諾したりするようになりました。そこで、彦根市が制作者側による「ひこにゃん」類似のキャラクター絵柄の使用をやめさせようと、制作者側を相手方として裁判所に差止仮処分の申立てをしました。

原審（大阪地裁）は、彦根市（債権者）の主張（著作権を根拠としていませんでした。）を認めず申立てを却下しましたが、彦根市が不服を申し立て、「ひこにゃん」のイラストの著作権（翻案権を含む。）を差止請求の根拠として主張しました。抗告審（大阪高裁）は、「ひこにゃん」のイラストの著作権が彦根市に譲渡されたとしつつも、キャラクター公募の際の仕様書などから著作権法62条２項の「特掲」がされたとはいえず、翻案権は譲渡人（制作者側）に留保されたものと推定されるとしました。とはいえ、仕様書に「キャラクターは、着ぐるみ等を作成する場合もあるので、立体的な使用も考慮すること。」「採用された……キャラクターは、四〇〇年祭委員会および同委員会が許可した団体等のインターネットホームページや出版物、PR用ツール等に対して自由に使用する。」と記載されていること等の諸事情に鑑み、「ひこにゃん」のイラストの翻案権のうちそのイラストから立体物を作成する権利は彦根市に譲渡されたものと解される旨判断し、彦根市の申立てを一部認めました。

2　著作権の消滅

(1)　相続人不存在による著作権の消滅

ア　根拠条文

著作権は、自然人である著作権者が死亡した場合又は法人である著作権者が解散した場合において、民法などの所定の法律に基づき国庫に帰属すべきこととなるときは、消滅します（著作権法62条１項）。著作物につきその著作権を国庫に帰属させるよりは、皆が自由に利用できるようにしたほうが文化の発展に寄与するというのがその趣旨です。

イ　国庫に帰属すべきこととなるときの例

例えば、自然人である著作権者が死亡し、相続人がいない（法定相続人が全員相続放棄した場合も含みます。）とき、利害関係人等の請求によって相続財産管理人が家庭裁判所により選任されます（民法952条１項）。そうすると、著作権は「相続財産」として管理されますが、通常は、相続財産管理人は現預金以外の相続財産を、家庭裁判所の許可を得て売却その他処分して換価し、亡くなった著作権者の債権者（相続債権者）や受遺者（遺贈を受けた者）に弁済（支払）します（民法957条2項、929条、931条)。著作権が、この時点で第三者に譲渡されれば国庫に帰属することもありませんので消滅しません。

相続債権者・受遺者がいない場合は、著作権者の相続人が本当に存在しないかを確認するための期間を経た後、特別縁故者（亡くなった著作権者と生計が同一であるとか、その療養看護に努めていた者など）の申立てにより、家庭裁判所の判断でその特別縁故者に著作権（譲渡されずに残っていれば）が財産として分与されます（民法958条の3）。

特別縁故者による財産分与の申立てがないとか、分与がされないような場合、残った相続財産（残余財産）は国庫に帰属するべきこととなります(民法959条)。したがって、この段階でまだ著作権が相続財産として残っていた場合には、著作権は著作権法62条1項により消滅しますが、市場価値のあるような著作権であれば、換価されずに残るということも稀でしょうから、同条項の適用はあまりなさそうです。

(2) 著作権の放棄

著作権法上の規定はないものの、著作権は財産権の一種であるため、放棄可能と考えられています。もっとも、著作権に質権が設定されている場合などには、その著作権の放棄は許されないものと解されます。

第 2 部

著作権案件への対応

第11章 著作権侵害か否かの考え方（フロー）

第１部で説明した著作権法の基本的知識を踏まえて、以下では実際に著作権案件に接した場合に、どのような順序で、どのように侵害か否かを検討していけばよいのかを説明します。

まずは各権利の中でも、実務上最も問題となることが多い著作権について見ていきます。

著作権の侵害／非侵害を検討する順序をフローに示すと**図表11－１**のよ

図表11－１　著作権の侵害／非侵害を検討する順序

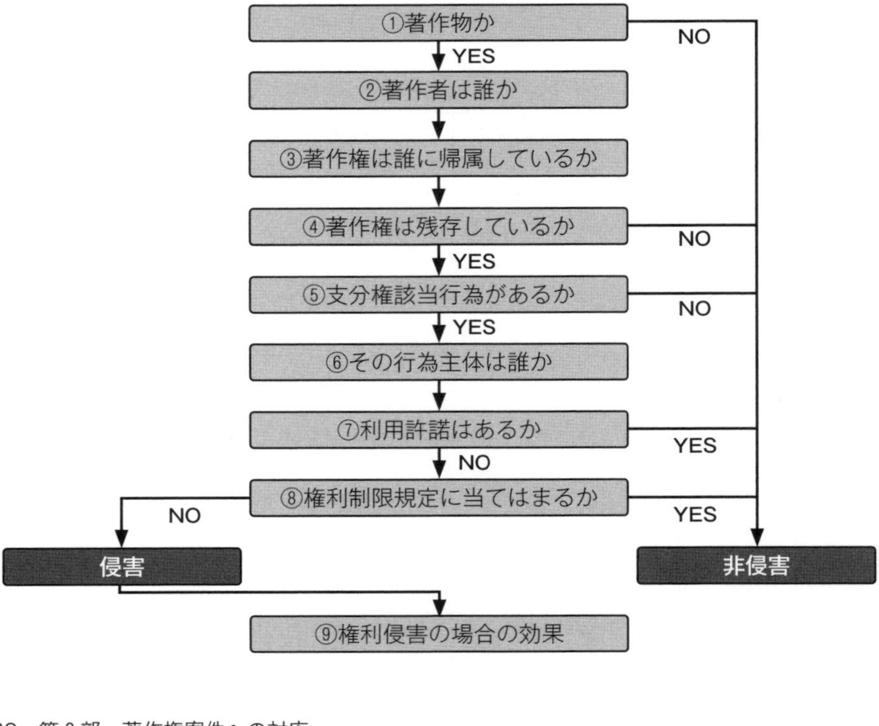

うになります。

1　著作物か

⑴　著作物と著作物ではないもの

著作権は「著作物」を利用することに関する権利です。著作物ではないものに対して著作権は及ばず、それを利用しても著作権侵害は成立しません（**図表11－1**①の「NO」)。したがって、著作権侵害の有無を検討するうえでは、まずは利用されているものが著作物であるか否かを検討することになります。

著作権は創作的な表現を保護するものですので、「思想、感情若しくはアイデア、事実若しくは事件」といった、表現ではないものや、表現であっても「創作性のない」ものは著作物ではありません（第２章２⑷で説明した江差追分事件最高裁判決を参照)。

⑵　濾過テスト

著作権侵害か否かを検討する際には、問題となる著作権者の作品と被疑侵害者の作品の共通部分を濾《こ》し取ったうえで、濾し取られた共通部分が創作的な表現といえるかという判断手法が取られています。

江差追分事件最高裁判決で示されたこのような判断手法は「濾過テスト」などと呼ばれ、同判決から約20年経過した現在でも、実務上用いられています（**図表11－２**参照)。濾過テストの結果、濾し取られた共通部分が創作的な表現ではない場合（アイデアや事実などである場合や、表現であってもありふれたものである場合）には、著作権侵害にはなりません。

実務上は、濾過テストに当たり、２つの表現のどこがどのように共通しているのかを、わかりやすく説明するという点が腕の見せ所です。後述するように、著作権侵害事案では、権利者の著作物と被疑侵害者の著作物とを比較するための「対比表」という書面を作成することがありますが、その際に２つの表現の共通点をうまく濾し取れるかどうかで、類否の印象は大きく変わり得ます。

(3) 全体観察

江差追分事件最高裁判決は、上記のような濾過テストを行ったうえで、最後に全体的な観察を行い、被疑侵害表現から権利者著作物の本質的特徴部分を感得することができるか否かを検討することとしています。濾過テストの結果、共通部分が創作的な表現である場合には、被疑侵害者著作物から権利者著作物の表現上の本質的特徴部分を感得できるのが一般的であると思われます。しかし例外的な場合として、共通部分以外の要素の量や性質などによっては、被疑侵害著作物全体の中で共通部分が埋没してしまい、その結果被疑侵害著作物からは権利者著作物の表現の本質的特徴部分を感得できなくなることがある、というような説明がされています（ただし、このように埋没してしまっているケースを、表現の本質的特徴の同一性が維持されていないと評価するのか、客観的には同一性は維持されているがもはや元の表現の本質的特徴が感得できなくなっていると評価するのかについては、両説あり得るところです。）。

例えば、多数の写真を並べて１つの大きなコラージュ作品を制作するような場合、ミクロに見ればコラージュ作品のドットの１つ１つとして写真が使用されているといえます。しかし１つのコラージュ作品としてマクロに見れば、この作品に接した者は、コラージュ作品として受け取るのであって、元の写真１枚１枚の表現上の本質的な特徴まで直接感得していないといえます。

アンダーカバー猫写真コラージュ事件（東京地判平26・５・27（平25ワ13369））は、数百枚に及ぶ猫の写真を多数並べたコラージュ作品においては、１つ１つの写真は作品全体のごく一部であるにとどまり、コラージュ作品に接する者が、写真の表現上の本質的な特徴（被写体の選択、シャッターチャンス、アングルなどに現れた創作性）を直接感得することができないと判断しています。

図表11－2　濾過テスト

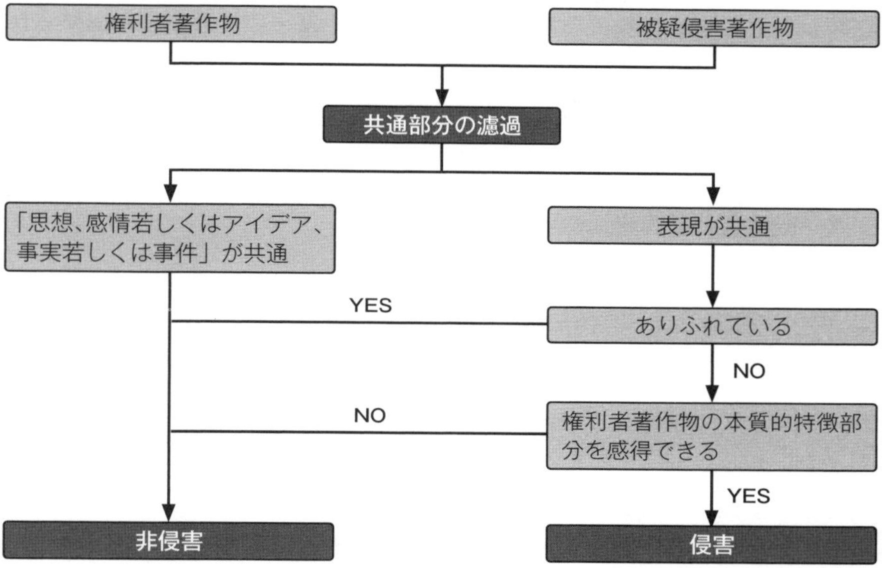

2　著作者は誰か

(1)　著作者とは

著作権侵害か否かを検討するに当たって、次に問題となるのが、著作者が誰かという点です。

著作者とは、その名のとおり「著作物を創作する者」です（著作権法２条１項２号）。多くのケースでは、創作に当たって実際に手や口を動かして表現を産み出した人が著作者になります。著作権法において、職務著作の場合と映画の著作物の場合に関して特則が置かれていることや、著作者の推定規定が置かれていることは、第６章「著作者」で説明したとおりです。

著作権は原始的には著作者に帰属しますので、著作者が誰かという点は、第11章３「著作権は誰に帰属しているか」で検討する著作権の帰属を判断するうえでの前提になります。また、著作権の保護期間を検討するに当たっても、実務上著作者の死後70年が基準となることが多いので、第11章４「著作権は残存しているか」で著作権の保護期間が満了しているか否かを判断するうえでも、著作者が誰かを検討する必要があります。

⑵　発注者と著作者

著作権実務に携わっていて、著作者に関連してしばしば注意が必要になるのが、著作物の制作を受発注しているケースです。

例えば、私の事務所のウェブサイトに掲載するために、フリーランスのカメラマンに依頼をして事務所内の風景などを撮影してもらうケースを考えます。

そうして撮影してもらった写真を、事務所のウェブサイトに掲載していたところ、第三者に無断で転載されてしまったので、警告書を送りたいと考えました。しかしこのケースでは、著作者はカメラマンであって、私ではありません。写真の著作権はカメラマンに原始的に帰属し、発注の際の契約などで私がカメラマンから著作権を譲り受けていない限り、私はこれらの写真の著作権を保有していません。このケースのような場合、カメラマンの協力を求めて警告等を行うか、私自身の名義で警告等を行うのであれば、独占的利用権者による差止め等の可否という論点をクリアしなければいけません。

私が、事務所のウェブサイトに掲載するために依頼をして、お金も支払っていますし、被写体になっているのも私や私の事務所なので、ついつい私が著作者であって、著作権を保有しているようなつもりになってしまいますが、注意が必要です。

同様のケースは写真以外でも、記事などの文章を執筆してもらうような場合などにも生じ得ます。コンテンツの受発注が伴う場合には、著作者や著作権の帰属について、注意する必要があります。

⑶　肖像写真など

上記の私の事務所の写真の例でもそうですが、肖像写真などについても、ついつい被写体の人物が著作者であるように勘違いしがちです。

しかし通常、構図、ライティングやシャッターチャンスの選択など、写真の著作物としての創作的表現に寄与する部分を決定しているのは被写体の人物ではなく、カメラマンですので、その肖像写真の著作者はカメラマンであることに注意が必要です。

被写体の人物の死後70年が経過しているからといって安心してはいけません。

3　著作権は誰に帰属しているか

⑴　著作者に原始帰属

著作権は著作者に原始的に帰属するのが原則です。ただし、著作権法において、映画の著作物の場合に関して特則が置かれていることは、第７章２「映画の著作物の著作権者」で説明したとおりです。

⑵　著作権の譲渡

著作権は著作者に原始的に帰属しますが、その後譲渡などにより著作者以外の者に著作権が帰属していることもあります。

著作権については、特許権のような公示制度（特許法98条１項１号）がありません。ウェブサイトなどに「©」、「COPYRIGHT」、「ALL RIGHTS RESERVED」などと表示されていることがありますが、日本の法律上これらの表示によって著作権の所在を確定することはできません。なお著作権法14条は、「著作者」の推定規定を設けていますが、この規定によって「著作権者」を推定することはできません。

⑶　著作権の譲渡と特掲事項

第10章1⑶「いわゆる「特掲」の問題」で説明したとおり、著作権を譲渡する契約において、著作権法27条、28条の権利が譲渡の目的として特掲されていないと、これらの権利は、譲渡した者に留保されたものと推定されます。

著作権譲渡を受ける場合に、作品を改変して利用できるか否かは非常に重要な問題ですので、契約に当たってはこれらの権利が含まれるのか否かについて確認することが重要です。

他の法律ではあまり見慣れない特殊な制度ですので、注意しましょう。

4　著作権は残存しているか

⑴　著作権の保護期間の闇

著作権の保護期間に関する各規定については、第９章１「著作権の保護期間」で説明したとおりですが、著作権の保護期間は、著作権法の中で最も複雑難解な問題の１つと言っても過言ではありません。

いわゆる TPP11協定の発効に伴う著作権法の改正（平成30（2018）年12月30日施行）によって、著作権の保護期間が50年から70年に伸長されたことは記憶に新しいですが、これまでにも著作権の保護期間は何度も改正が行われてきました。そのため、時代ごとに著作権の保護期間に関して適用される条文が異なり、専門家でも著作権の保護期間を問われると身構えてしまうほどです。

また著作権の保護期間は、誰を著作者と捉えるのか、いつ公表されたのかなどによっても異なってきますし、戦時加算や翻訳権の10年留保といった例外的な制度もあります。そのため、保護期間が問題となるケースでは、注意深く事実関係の聞き取りを行う必要があり、実務上も注意が必要です。

⑵　著作者の死後70年

第９章１「著作権の保護期間」で説明したとおり、著作権の保護期間について、著作者の死後70年を経過するまでを原則とし、そのほか、公表から70年を経過するまでが保護期間となる場合もあります。

これらの70年という期間は著作者の死亡や著作物の公表をした日から計算するわけではなく、著作権法57条に従ってこれらの日が属する年の翌年から起算することには注意が必要です。

このような特殊な計算方法によって、多くの作品の著作権保護期間が毎年12月31日の経過時にまとめて満了するという面白い現象が生じます。

⑶　戦時加算

戦時加算についても第９章２⑵イ「戦時加算」で説明したとおりですが、実際に加算される期間は、ケースによって様々です。戦争期間（例えばアメリカ、イギリス、フランス等との関係では、1941年12月８日から1952年４月28日までの3794日）の前に創作され、戦争期間を通して著作権を有していた作品（**図表11－３**のパターン１）については、当該戦争期間のすべてが加算されることになりますし、戦争期間の途中で創作されたような作品（**図表11－３**のパターン２）は、創作日から戦争期間の終期までの日数分の期間が加算されることになります。

図表11－３のパターン１のような場合には、戦時加算により最大10年以上も著作権の保護期間が延びることがあり得ます。同じ著作者の作品であっても、創作された時期によって、戦時加算の日数が異なり得ます（その結果、後に創作された作品の著作権のほうが先に保護期間が満了することもあり得ます。）。この戦時加算の問題は、著作物を利用する側にとっては、なかなか厄介な問題であり、実務上注意が必要です。

なお戦時加算によって保護期間が延長される場合には、本来の著作権保護期間満了のとき（ある年の12月31日の経過時）から１日単位で加算がされることになりますので、戦時加算がされない著作物と異なり、12月31日

図表11－３　戦時加算の例

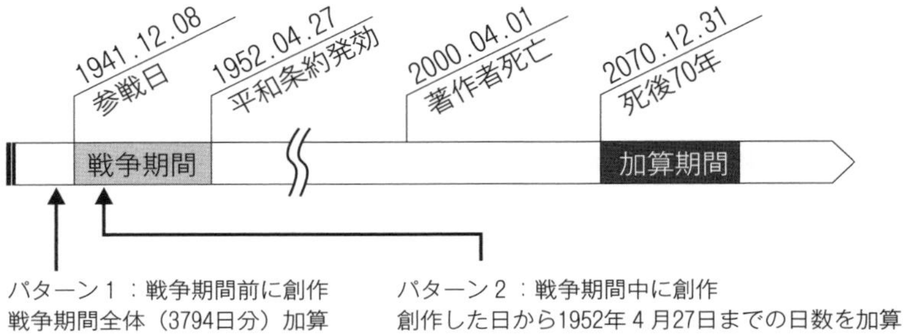

ではなく１年の途中で保護期間が満了することになります。

⑷　「乗り換え」問題

実務上注意が必要なのが、法改正で保護期間が延長された場合に、その延長の恩恵を得ることができない（「乗り換え」に失敗した）作品があるという問題です。例えば、写真の著作物の著作権の保護期間については度重なる改正が行われてきましたが、昭和31（1956）年12月31日までに発行された写真の著作物（当時の著作権保護期間は発行後10年でした。）については、昭和42（1967）年法改正による延長の効果を享受できずに、昭和41（1966）年12月31日の経過をもって保護期間が満了します。

同様に映画の著作物については団体名義の映画の著作物に関するいわゆる「1953年問題」が有名です。

1953年に公表された団体名義の映画の著作物（『ローマの休日』など名作揃いです。）は、平成15（2003）年改正前の著作権法（当時の保護期間は公表後50年です。）に従えば2003年12月31日の経過をもって保護期間が満了します。第９章１⑸「裁判例」で説明したシェーン事件最高裁判決は、1953年公表の団体名義の映画の著作物について、平成15（2003）年法改正（平成16（2004）年１月１日施行）の保護期間延長の効果を享受できず、2003年12月31日の経過をもって保護期間が満了すると判断しました。

なお、TPP11協定の発効に伴う著作権法の改正の施行日が平成30（2018）年の「12月30日」とされているのは、このような問題を受けて、平成30年12月31日の経過をもって保護期間が満了する著作物も改正法の保護期間延長の効果を享受することができるようにしたものです。

5　支分権該当行為があるか

⑴　支分権該当行為

第２章１「著作権（著作財産権）の概要」で説明したとおり、著作権法は複製などの行為類型ごとに支分権を規定しており、著作権侵害となるのは、このような支分権に該当するような態様で著作物を利用する場合です。

例えば美術作品を壊してしまうような行為は、作品に対する極めて重大かつ取り返しのつかない侵害ではありますが、著作権法上は「破壊権」という支分権は規定されていませんので、作品を壊してしまった場合でも（刑法261条の器物損壊罪や民法709条の一般不法行為に問われるかもしれませんが）、著作権侵害にはなりません。

また著作権の制限規定の中には、特定の支分権を制限するものもあります（例えば著作権法30条は複製権を制限する規定です。）。したがって、第11章８「権利制限規定に当てはまるか」で後述する著作権の制限規定の適用の有無を検討するうえでも、どの支分権の問題になるのかという点を検討する必要があります。

⑵　みなし規定

支分権に該当する行為があるか否かを検討するうえで、見落としがちなのが著作権法49条です。

制限規定の適用によっていったんは適法な利用行為とされても、その後制限規定の趣旨や目的を逸脱した行為を行った場合に、そのような目的外行為をもって複製等の支分権該当行為を行ったものとみなすと規定されています。一見すると支分権該当行為を行っていないにも関わらず、支分権該当行為とみなされてしまいますので、注意が必要です。

例えば、著作権法30条１項が規定する私的使用目的での複製は、「個人的に又は家庭内その他これに準ずる限られた範囲内において使用すること……を目的とする」複製行為を認めるものです。そこで生じた複製物を私的使用の目的を超えて頒布したり、公衆に提示したりするような場合には、著作権法21条の複製を行ったものとみなされます（著作権法49条１項１号）。

(3) デジタル的な著作物の利用と支分権

各支分権のうち、実務でよく問題となるものについては、第２章２「著作権：複製権」～第２章６「著作権：二次的著作物の利用に関する原著作者の権利」で説明したとおりですが、デジタル的に著作物が利用される場合には、ディスプレイ上の表示などを一見しただけでは、支分権該当行為があるか否か（あるいは誰が支分権該当行為を行っているのか）の判断が難しい場合もあるので、実務上注意が必要です。

例えば自分のウェブサイト上に、ある画像を掲載する方法としては、

> ① 自分のホスティングサーバに画像ファイルを蔵置して、これらを閲覧者の端末に表示させる方法
>
> ② 自分のホスティングサーバには、html ファイルなどだけを蔵置し、画像ファイルは第三者のホスティングサーバから読み込んできて、自分のウェブサイトに表示させる方法

があります（**図表11－４**参照）。②は「インラインリンク」とか「埋め込み表示」などと呼ばれています。

上記①でも②でも、ディスプレイ上での見え方は同じです。しかし①では、ウェブサイト運営者が自ら複製や公衆送信を行っているのに対して、

②では、ウェブサイト運営者自身は、画像ファイルの複製も公衆送信も行っていません。

このように、支分権該当行為があるかという観点では、この２つの方法の法的評価はまったく異なります。インターネット上での著作権侵害が問題となるような事案では、ディスプレイ上でどのように表示されているのかだけではなく、画像ファイルのURLやウェブページのソースなどを見

図表11－4　誰が支分権該当行為を行っているのか

① 運営者が画像ファイルを蔵置する場合

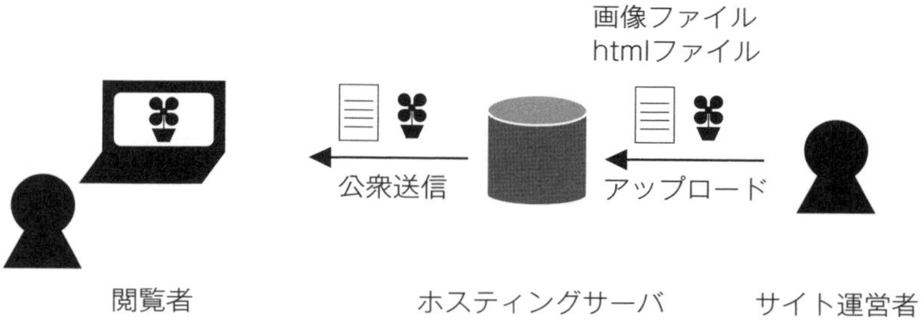

② 第三者が蔵置した画像ファイルを読み込ませる場合

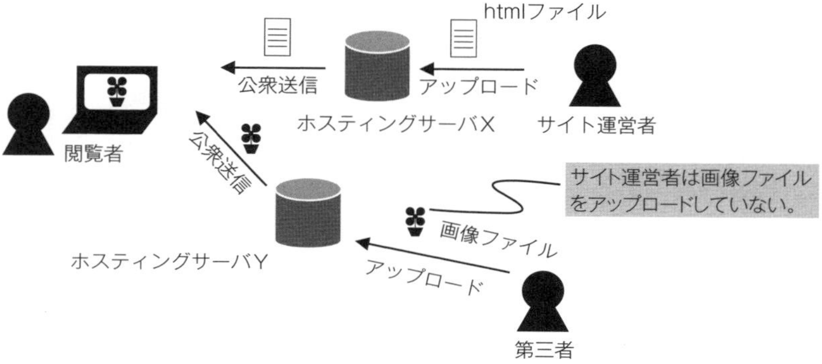

て、画像ファイルがどこから送信されているかなどを確認する必要があります。

6　その行為主体は誰か

⑴　法的評価としての行為主体

支分権該当行為が存在する場合に、誰がその行為を行っているのか、換言すれば、その支分権該当行為の責任を誰が負うのかという点が問題になります。

この問題は、権利者側からすれば、誰に対して法的なアクションをとればよいのかということに関係しますし、被疑侵害者側からすれば、自分が侵害責任を問われるのかどうかということに関係します。

⑵　いわゆる「カラオケ法理」

多くのケースでは、コピー、アップロード、歌唱、楽器演奏といった支分権に該当する物理的な行為を行った者が、法的にも行為主体と評価されることになります。一方これまでの裁判例では、物理的な行為を行った者以外の者が、利用行為の主体と認定されたケースもあります。

リーディングケースとされているのが、クラブキャッツアイ事件最高裁判決（最判昭63・3・15（昭59オ1204））です。この判決で最高裁は、カラオケスナックにおいてホステスや客がカラオケを歌唱する行為について、その行為主体はカラオケスナックの経営者であると判断しました。物理的な歌唱行為の主体はホステスや客ですが、カラオケスナックの経営者がその行為について法的に責任を負うと判断したわけです。このように物理的な行為主体以外の者を利用行為の主体と捉える考え方は、この事案にちなみ「カラオケ法理」などと呼ばれています。

これまでにも、テレビ番組の送信、録画サービスに関するまねきTV事件（最判平23・1・18（平21受653））やロクラクⅡ事件（最判平23・1・

20（平21受788））、書籍のPDF化サービスに関する書籍スキャン代行事件（第８章２⑷参照）などにおいて、利用行為の主体がエンドユーザであるのか、サービス事業者であるのかが問題となりました。

最近では、音楽教室で教師が楽器演奏する場合の行為主体が音楽教室を運営する事業者であると認定されて、ニュースなどでも話題になったことも記憶に新しいところです（知財高判令３・３・18（令２ネ10022）。同事件の第一審判決（東京地判令２・２・28（平29ワ20502））では、教師及び生徒の演奏について行為主体が音楽教室を運営する事業者であると判示されていましたが、控訴審判決は生徒による演奏の主体は生徒であると判示しています（ただし、本書執筆時において同判決は未確定です。)）。

⑶　不作為と行為主体

利用行為の主体に関連する問題として、作為によって著作権侵害状態を作り出した者は責任を負うべきでしょうが、侵害状態を排除できるにも関わらず、これを放置している場合、そのような不作為が著作権侵害となるのでしょうか。裁判例の中には、インターネット掲示板上で著作権侵害が生じていることを掲示板運営者が認識していながら、適切な対応を取らなかったという不作為を著作権侵害行為と評価すべきであると判断したものもあります（罪に濡れたふたり事件（東京高判平17・３・３（平16ネ2067）））。

また著作権侵害事案ではありませんが、インターネットショッピングモール上で商標権侵害物品が販売されていた事案において、ショッピングモールの運営者が、商標権侵害があることを知った時又は知ることができたと認めるに足りる相当の理由があるに至った後、合理的な期間内に侵害内容の削除がなされない場合には、当該ショッピングモール運営者が差止め及び損害賠償の責任を負うと判断した裁判例もあります（Chupa Chups事件（知財高判平24・２・14（平22ネ10076）））。

このように、一定の場合には侵害状態を放置するという不作為によって責任を負うこともありますので注意が必要です。

7　利用許諾はあるか

(1)　著作物の利用許諾

著作権者は、複製権などの各支分権を専有していますので、第三者が無断で複製などの支分権該当行為を行えば、原則として著作権侵害となります。一方、著作権者は他人に対し、著作物の利用を許諾することができ、許諾を得た者はその範囲内において、適法に著作物を利用することができます（著作権法63条）。

(2)　注 意 点

ア　許諾権限の確認

利用許諾の有無を検討する際、きちんと許諾権限を有する者から許諾を受けているのかについては、注意が必要です。著作権者自身から許諾を受ける場合であれば、あまり問題となることはありませんが、著作権者以外の者が許諾窓口となっているような場合には、その者に許諾権限があるのかどうか、どのような範囲の利用について許諾権限があるのかなどについて確認する必要があります。

イ　許諾範囲の明確化

また、利用許諾の範囲についても注意が必要です。利用できる範囲が契約書などで明記されていればわかりやすいのですが、口頭で許諾が行われることもありますし、契約書の記載が明確ではない場合もあります。それによって、どのような利用まで許諾されているのかが不明確になってしまい、その範囲をめぐってトラブルになるケースも多々あります。利用許諾の際には、契約などにおいて利用できる範囲をできるだけ明確に定めておくように心がけることが重要です。

ウ　利用権の当然対抗

令和２（2020）年の著作権法改正で、利用許諾を受けた後に著作権が譲渡された場合でも、許諾を受けた者は著作権の譲受人等に対してその利用権を対抗できるようになりました（著作権法63の２）。本来「売買は賃貸借を破る」という原則からすれば、著作権が譲渡されてしまうと許諾に基づく利用ができなくなってしまうことになりますが、それでは許諾を受けた者の立場が不安定になってしまいますので、法改正により利用権の当然対抗制度が導入されました。

ただし、条文上は利用権を対抗できると規定するのみで、ライセンス料の支払などのライセンス契約上の権利義務関係が承継されるのか否かについては、解釈に委ねられています。この点に関する裁判例の蓄積もありませんので、実務上は、著作権譲渡が行われた場合の取扱いを契約で決めておくなどの対応が必要です。

また、著作権の譲渡の場面では、当該著作権について第三者への利用許諾がなされているか否かについて、これまで以上に慎重に確認をすることが必要になってきます。

8　権利制限規定に当てはまるか

(1)　著作権の制限規定

著作権法は創作的な「表現」を保護する法律です。しかし「表現」に独占を認めるという性質上、その保護があまりに強すぎると、他の人の表現行為を制約してしまうという側面も持っています。表現の自由は憲法で認められた人権の中でも、民主主義の根幹をなす、特に重要な権利と位置付けられています。そこで著作権法は、著作権の保護と表現の自由との調和を図るために、一定の場合に著作権を制限する旨の規定を設けています（著作権法30条～50条。実務上問題となる制限規定の説明については、第８章「著作権の制限」を参照）。

時代の流れや技術の発達とともに、著作物の利用形態は変わりますし、どういった利用が許されるべきかという価値観も変わります。そのため、著作権の制限規定はたびたび（追加的に）改正が行われており、条文も枝番が多くなっています（ただし、平成30（2018）年の法改正で著作権法47条の枝番が少し減りました。）。著作権法が増築を繰り返している家屋のように揶揄される原因の一端は、この権利制限規定にあるのかもしれません。

⑵　制限される支分権

権利制限規定の中には、制限される支分権を限定しているものと、限定していないものが混在しています。

例えば著作権法30条１項は、私的使用目的での「複製」が許される旨規定していますので、複製以外の利用を、この制限規定に基づいて適法とすることはできません（ただし、著作権法47条の６第１項１号で、翻訳などをすることは認められています。）。例えば、インターネット上にアップロードする行為は公衆送信に当たり、これを著作権法30条１項によって適法とすることはできません。

これに対して、著作権法32条１項は「引用して利用することができる。」と規定しており、これはどの支分権であるかを問わず権利を制限し得るものと解されています。

このように、権利制限規定の適用の有無を検討するためには、どの支分権が問題になるのかを考える必要がありますので、第11章５「支分権該当行為があるか」でどの支分権該当行為が問題となるのかという点を検討することは、権利制限規定との関係でも重要になってきます。

⑶　複製物の譲渡、出所明示、目的外利用など

第８章１⑶「注意点」でも触れましたが、著作権法は権利制限に関して、いくつかのルールを定めています。

ア　生じた複製物の譲渡

まず著作権法47条の７は、権利制限規定の適用を受けて作成された複製物について、一定の場合には、譲渡によって公衆に提供することができる

ことを規定しています。ただし、複製権が制限される典型的なケースである私的使用目的での複製（著作権法30条１項）により作成された複製物については、著作権法47条の７によって譲渡可能とはされていませんので注意が必要です。

イ　出所明示義務

次に著作権法48条は、一定の権利制限規定によって著作物を利用する場合に、当該著作物の出所を明示しなければならないと規定しています。第８章３⑶「出所の明示」で説明したとおり、出所を明示しなかったからといって直ちに著作権侵害になってしまうわけではありませんが、裁判例の中には、適法引用の成否の判断に際して、出所明示の有無を「公正な慣行」に合致するか否かの１つのファクターとして挙げるものもあります（例えば、うりずんの雨事件（知財高判平30・８・23（平30ネ10023）））。他人の著作物を利用する以上、その出所を表示するほうが作品に接する者に対しても親切ですので、利用に当たってはきちんと出所明示をしておくことを心がけることが大事です。

ウ　目的外使用

第11章５⑵「みなし規定」でも触れましたが、著作権法49条は、権利制限規定の適用を受けて作成された複製物を目的外使用することが複製権侵害とみなされる旨規定しています。例えば私的使用目的で複製することは適法ですが、その適法に作成された複製物を頒布してしまうと、目的外使用として複製権侵害になります。「頒布」をしているのに「複製」権の侵害になるというのも面白い制度ですが、つい見落としてしまいがちですので注意が必要です。

9　権利侵害の場合の効果

著作権侵害が生じた場合、著作権者は侵害者に対して差止請求（著作権法114条１項）や、在庫廃棄などの停止、予防措置の請求（同２項）、損害賠償（民法709条）などの金銭請求を行うことができます。

損害賠償請求の要件として、侵害行為の存在や故意・過失のほかに、①損害が発生したこと、②損害の額及び③侵害行為と損害との因果関係が必要ですが、著作権法114条はこのうち②と③のみなし・推定規定を設けています。著作権法114条1項は、侵害行為により販売できなかった権利者商品の単位利益×侵害品の譲渡数量（又はダウンロード数量）、同2項は、侵害行為により侵害者が得た利益、同3項はライセンスなどによって権利者が受けるべき金銭相当額が、侵害行為と因果関係のある損害とされています。

権利者はこの中から算定方法を選択して主張を行いますが、1項については、権利者も侵害品と市場で競合するような商品を販売していること（特許権侵害に関する事案ですが、美顔器事件（知財高判令2・2・28（平31ネ10003）））、2項についても、権利者に、侵害者による侵害行為がなかったならば利益が得られたであろうという事情（同じく特許権侵害に関する事案ですが、ゴミ貯蔵機事件（知財高判平25・2・1（平24ネ10015））。典型的には、1項の場合と同様、市場競合品を販売しているような場合が挙げられます。）が存在することが要件とされています。そういった事情がなければ、3項に基づいて損害額を算定することになります。

権利侵害があった場合に、どのような対応を行っていくのかについては、第16章「訴訟外における著作権等侵害事案の対応」の項以降で詳細に説明します。

第12章 著作者人格権侵害か否かの考え方（フロー）

著作権関係の実務に携わっていると、しばしば問題になってくるのが著作者人格権です。著作権法は他の知的財産法と異なり、著作者の人格的な利益（著作者人格権）を保護する規定が設けられているというのが、特徴の１つといえます。

著作者人格権は、譲渡ができない（著作権法59条）、保護期間が限定されていない（同60条）、著作権の制限規定が及ばない（同50条）など、著作権とは異なる性質を持っています。そのため、著作権には十分に注意を払っていたつもりでも、著作者人格権を侵害してしまったということが起こり得ます。

著作物を利用する場合には、著作権のみならず、著作者人格権についても検討を怠ってはいけません。逆に権利者側であれば、著作権の侵害は問えなくても、著作者人格権の侵害を問えないかを検討してみる価値はあります。

著作者人格権侵害か否かを考える場合の基本的なフローは、著作権侵害の場合のもの（**図表11－１**（180頁）参照）がベースにはなりますが、上述のとおり、著作者人格権は譲渡ができず、保護期間も限定されていませんので、「③著作権は誰に帰属しているか」という点や「④著作権は残存しているか」という点については、検討する必要がありません（ただし、実際上権利行使可能な期間は無限ではありません。）。

また著作権法50条によって、著作権に関する制限規定は著作者人格権には及びません。その代わりに、著作者人格権については、公表権、氏名表示権及び同一性保持権のそれぞれの条文（著作権法18条～20条）の中で、個別に適用除外等が規定されていますので、「⑧権利制限規定に当てはまるか」の代わりに「⑧' 適用除外等に当てはまるか」を検討することになります（**図表12－1**参照）。

著作権侵害と共通する箇所の説明は省略して、著作者人格権に特有の箇所について、著作者人格権ごとに説明します。

図表12－1　著作者人格権の侵害／非侵害を検討する順序

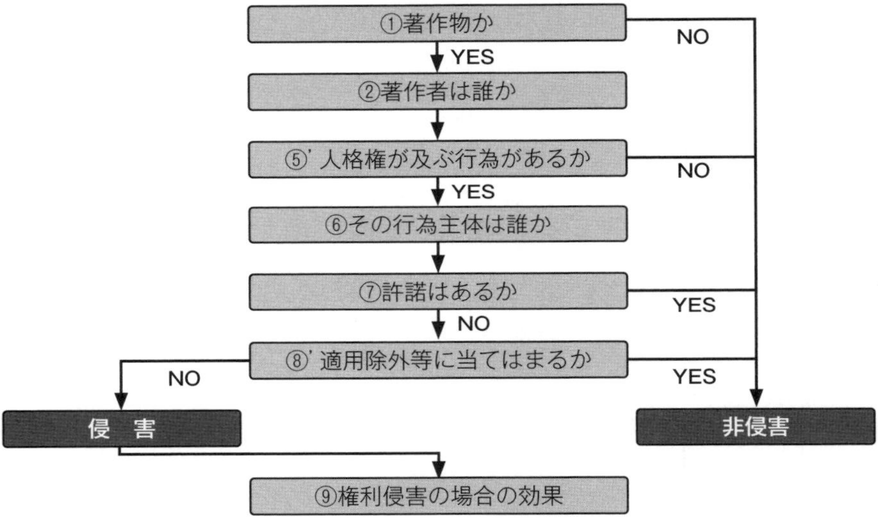

1　公 表 権

⑴　人格権が及ぶ行為があるか

ア　公表権とは

公表権は、未公表の著作物について、これを公表するか否か、また公表する場合にいつどのように公表するかを決定する権利です（著作権法18条１項）。

実務上問題となるケースにおいて、利用される著作物のほとんどは既に公表された著作物ですので、公表権侵害が問題となるケースは多くありません。しかし例外的に、幻の未発表作品が発見されたような場合や、制作過程でボツにしたはずの作品が勝手に世に出てしまったような場合には、公表権侵害が問題となり得ます。

また最近では、弁護士に対する懲戒請求書を当該弁護士が公表する行為について、公表権侵害が認められた事例（東京地判令３・４・14（令２ワ4481ほか））や、未陳述の訴状を被告が公表する行為について公表権侵害が認められた事例（東京地判令３・７・16（令３ワ4491））があります。警告書なども含め当事者間でやりとりされることを想定している文書を勝手に公表する行為（いわゆる「さらす」行為）は、公表権侵害となる可能性がありますので、十分注意してください。

なお、第２章８⑵「内容」で説明したとおり、公表権との関係では著作者の同意なく公表されてしまった場合も「未公表」に含まれること（著作権法18条１項前段かっこ書参照）や、未公表の作品を原作品とする二次的著作物を公表するためには、原著作者の同意も必要となること（著作権法18条１項後段）には注意が必要です。

イ　著作者が存しなくなった以後の取扱い

通常、人格権は一身専属的であり、その者が死亡すると消滅するのですが、著作者人格権については、「その著作物の著作者が存しなくなつた後においても、著作者が存しているとしたならばその著作者人格権の侵害となるべき行為をしてはならない。」（著作権法60条）と規定されていることは、第２章７⑶「特徴」でも説明したとおりです。

この規定からすると、著作者人格権に基づく制約は、著作権の保護期間満了後も永久につきまとう厄介な権利であるようにも見えます。実務上も問題にはなってきますが、そこまで萎縮する必要はありません。

まず著作権法60条ただし書きは、著作者の「意を害する」か否かを基準としており、例えば同一性保持権に関する著作権法20条１項の「意に反する」よりも著作者にとって厳格な要件を課しています。これにより、著作者の死後、時間が長く経過しているような場合には、たとえ死亡時には公表等を同意していなかった（すなわち生前の著作者の意に反してはいた）としても、その後の時の経過も参酌して、もはや著作者の意を害するとまではいえないと評価されることもあり得ます。

加えて、著作権法116条１項は、著作者の死後における人格的利益を行使し得るのは、著作者の孫までと規定しています。あくまでも説明の便宜のための１つのシミュレーションですが、平均寿命を85歳と仮定し、各人の最も若年の子が35歳のときに誕生したと仮定すると、著作者人格権を行使し得る最後の孫が死亡するまでと、著作権の保護期間が満了するまでとは、いずれも著作者が誕生してから155年となり変わらないことになります（**図表12－２**参照）。

なお、著作権法60条違反については、民事上の請求がなし得るだけではなく、刑事罰も設けられており（著作権法120条）、かつ、この罪は非親告罪とされています（著作権法123条１項参照）。したがって、著作者の孫が存しなくなり、民事上の責任追及を受けることがなくなった後でも、なお著作権法60条違反の罪で刑事罰に問われる可能性は残るのですが、実務

図表12－２　著作権と著作者人格権の保護期間の比較

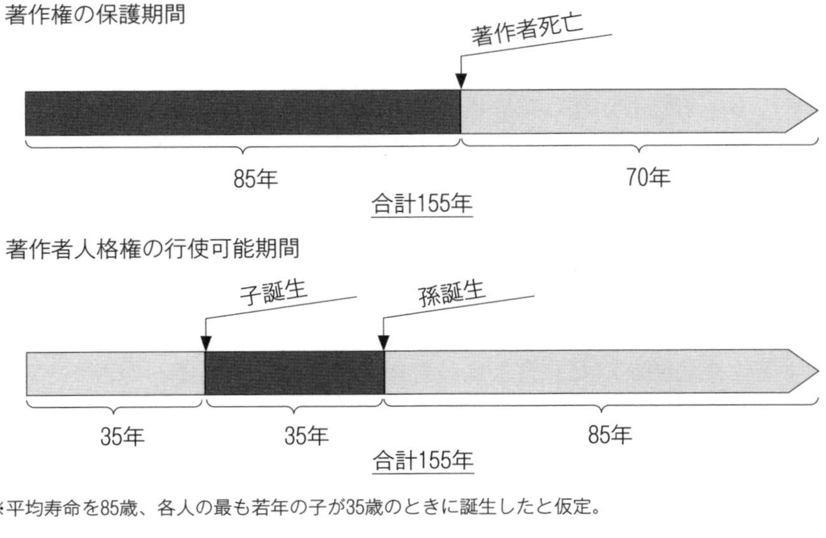

※平均寿命を85歳、各人の最も若年の子が35歳のときに誕生したと仮定。

上、当該刑事罰が問題となることは極めて稀と考えられます。

⑵　同意があるか

著作権の場合と同様、著作者人格権である公表権についても、公表について著作者の同意があれば公表権侵害は成立しません。そして第２章８⑶で説明したとおり、著作権法18条２項には、一定の行為をした場合に、公表についての同意が推定されるという規定が設けられています。ここに規定されているような行為があった場合には、公表について同意があるのが一般的であることから、このような推定規定が設けられているものです。

⑶　適用除外に当てはまるか

実務上はあまり問題になることはありませんが、公表権については情報公開制度との関係で、みなし同意（著作権法18条３項）と適用除外（同条４項）が規定されています。

行政機関等が保有している著作物の中には未公表のものも含まれますが、そのような場合に公表権を盾にして開示を拒むことはできないというものです。

⑷　権利侵害の場合の効果

著作者人格権侵害があった場合には、差止請求や損害賠償請求に加えて、著作権法115条に基づき名誉声望を回復するための措置を請求することができます。

多くのケースでは、謝罪広告や訂正広告の請求が行われますが、実際に判決において認容されるケースは多くはありません。

2　氏名表示権

(1)　人格権が及ぶ行為があるか

ア　氏名表示権とは

氏名表示権は、著作者名を表示し、又は表示しないこととする権利です(著作権法19条1項)。著作者は著作物を世に出すときに著作者名を表示するか否か、表示する場合にどのように表示するかを決定していますので、通常は、著作者が表示しているところに従って、表示をすれば足りるものとされています（著作権法19条2項)。著作者が著作物を無名の著作物として公表することを選択した場合（すなわち著作者名を表示しないこととする権利を積極的に行使した場合）にも、著作権法19条2項に従って無名のまま利用することができると解されています。

なお氏名表示権は、「著作物の公衆への提供若しくは提示」に際して著作者名の表示態様を決定する権利ですので、著作物それ自体の提供や提示を伴わない場合（例えば、「『銀河鉄道の夜』を執筆したのは芥川龍之介です。」などと誤った著作者名を記載するような場合など）には（無知を曝け出すという恥ずかしさはありますが）氏名表示権侵害の問題は生じません。著作物名とその著作者名を一覧表示したリストなどの場合も同様で、そこに記載された著作者名が誤っていたとしても、氏名表示権侵害にはなりません。

イ　著作者名を省略する場合

上記のとおり著作者名については、既に著作者が表示しているところに従って表示をすれば足ります。わざわざ表示を変更することは、通常あまり想定されないので、実務上問題となるのは何らかの事情によって既存の表示を省略してしまうような場合がほとんどです。

この点、著作権法19条3項は、「著作者名の表示は、著作物の利用の目的及び態様に照らし著作者が創作者であることを主張する利益を害するおそれがないと認められるときは、公正な慣行に反しない限り、省略することができる。」と規定しています。この規定によって著作者名の表示を省略することができるのは、「公正な」慣行に反しない場合です。仮にある業界では著作者名を省略するという（悪しき）慣行があったとしても、その慣行が公正なものでなければ、氏名表示権侵害を免れることはできません。

なお著作権法19条３項の規定は、主として著作者名を表示できない演奏などの無形的な利用を想定したものですので、著作者名を表示できるような利用態様の場合にまで、安易にこの規定に頼って著作者名を省略するのは避けるべきです。著作者名はそのまま表示する、という原則を守ることがトラブル防止のためには重要です。

ウ　インラインリンクと氏名表示権

著作権との関係において、インラインリンク（埋め込み表示）が複製権や公衆送信権を侵害しないことは、第11章５⑶「デジタル的な著作物の利用と支分権」で説明したとおりです。

これに対して著作権法19条１項は著作物の「公衆への提供若しくは提示に際し」と規定しており、この「公衆への提供や提示」は必ずしも支分権に該当する行為によって行われる必要はないと解されています（第２章９⑷「裁判例」で紹介したリツイート事件）。

同事件の事案では、リツイートと呼ばれる行為でインラインリンクが行われる際に、画像の上下が欠けて表示されてしまっていたため、当該部分に表示されていた著作者名が表示されていませんでした（**図表12－３**参照）。最高裁判所は、インラインリンクで表示させているだけであって著作権侵害には当たらない（すなわち、支分権に該当する行為なし）と判断する一方で、氏名表示権侵害には当たると判断しました（なお同事件の控訴審判決では、同一性保持権侵害も認められています。）。

同事件の事案は、リツイートの対象となった元の投稿も著作権者に無断で行われたものであり、適法に投稿されたものであった場合にこの判例の射程が及ぶのかについては議論もありますが、著作権侵害が成立しない場

図表12－3　リツイートに伴う著作者名表示の欠落

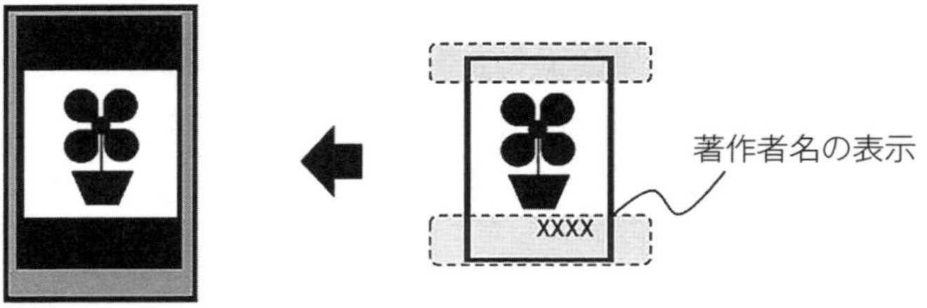

※画面上では、上下が欠けて表示され、著作者名も見切れてしまう。

合でも著作者人格権侵害が生じることがあるということには注意をする必要がありそうです。

⑵　適用除外等に当てはまるか

氏名表示権に関しても、公表権と同様、情報公開制度との関係で適用除外（著作権法19条４項）が規定されていますが、この点も実務上問題になることは、あまりありません。

3　同一性保持権

⑴　人格権が及ぶ行為があるか

ア　同一性保持権とは

同一性保持権は、著作物及びその題号の同一性を保持する権利です（著作権法20条１項）。

同一性保持権侵害となるのは、著作物や題号の同一性を失わせる行為（改変や切除）であって、既に同一性を失った著作物や題号を利用する行為は同一性保持権侵害にはなりません（被告が製作した映画が、原告執筆にかかるノンフィクション小説についての同一性保持権や翻案権等を侵害するものといえるか否かが争われた、あなたもまた虫である事件（知財高判平28・12・26（平27ネ10123)))。ただし、同一性を失った物の頒布目的での輸入などの一定の行為については、著作権法113条１項各号によってみなし侵害とされていますので注意が必要です。

イ　意に反する改変

著作権法20条１項に従うと、どんな改変でも著作者の意に反してしまえば同一性保持権侵害になります。しかし、例えばコピーをする場合に色味が若干変わってしまったり、カラオケで歌唱する場合に音程を若干外してしまったりと、著作物の利用に際して著作物が若干程度改変されてしまうことがあります。むしろ、完全に同一性を保ったまま利用することのほうが困難であるといえるかもしれません。

著作物に対してどういう変化を加えると同一性を失う改変となるのかという点に関して、例えば元の作品に注釈などを書き加えた場合であっても、元の作品と加筆部分とが明確に識別できる場合には、同一性が失われていないと解されています（原告の漫画作品の批評を内容とする被告の書籍において、当該原告漫画作品の一部分を、加筆等をしたうえで掲載したことにつき同一性保持権侵害及び複製権侵害が問われた脱ゴーマニズム宣言事件（東京高判平12・４・25（平11ネ4783)))。また完全に同一とはいえない場合であっても、ごく軽微な変更について、表現の本質的特徴をなす表現部分の改変とは評価できないとして、同一性保持権侵害を否定した裁判例もあります（第２章10⑷「裁判例」で紹介したウェブサイト転職情報事件)。

これらの裁判例に照らせば、本質的な表現部分について、元の表現と改変箇所が区別できないような態様で変更が加えられていると、同一性が失われていると評価されるリスクが高いと考えられます。

例えばイラストなどに説明を書き加えたりする場合には、できる限りイラストに説明文を重ねないようにすべきですし、スペースの関係などから説明文を重ねざるを得ないような場合には、元のイラストと説明文の部分とが明確に区別できるように表示を工夫すると良いでしょう。

⑵　適用除外に当てはまるか

著作権法20条２項は、同一性保持権の適用除外を定めています。そのうち１号〜３号を見ると比較的限定的な例を挙げており、４号にこれらを受けて「著作物の性質並びにその利用の目的及び態様に照らしやむを得ないと認められる改変」という包括的な条項が設けられています。

この「やむを得ない」という事情をどの程度厳格に解釈するかについては、裁判例の基準があまり明確に定まっていません。比較的厳格に解釈した裁判例としては、第２章10⑷「裁判例」で紹介した法政大学懸賞論文事件が挙げられます。

一方比較的緩やかに解釈した裁判例として、スウィートホーム事件（東京高判平10・７・13（平７ネ3529））は、映画をビデオ化するに当たってアスペクト比を変更してトリミングしたこと（ビスタサイズ→スタンダードサイズ）やテレビ放送の際にCMを挿入したことが「やむを得ない改変」に該当すると判示していますし、第８章３⑷「裁判例」でご紹介した血液型と性格事件は、要約引用に際して生じた改変について「やむを得ない改変」に該当する旨判示しています。

著作物の利用に際して厳密な意味で言えば同一性が失われることは頻繁に起こり得ます。これに対して、著作権法20条１項は改変が著作者の意に反すれば同一性保持権侵害となると規定し、しかも同条２項４号の「やむを得ない改変」の判断基準も明確ではないため、実務上は同一性保持権侵害になってしまうのではないかと頭を悩ますケースはよくあります。

この点私自身は、上記血液型と性格事件のように権利制限規定などが適用される場合など、著作権侵害が成立しないような場合には、通常はやむを得ない改変に当たるものとして、同一性保持権侵害にも当たらないと解釈すべきではないかと考えています。

第13章 著作権、著作者人格権以外の権利

著作権法が規定する代表的な権利は著作権と著作者人格権ですので、著作物を利用する側の立場であれば、まずこの２種類の権利に注意を払う必要があります。逆に権利行使をする側の立場であれば、まずはこの２種類の権利の侵害が主張できないかという点から、検討することになるでしょう。

しかし著作権法はこのほかにも、著作権のみなし侵害となる行為や著作隣接権や出版権といった権利についても規定しています。著作物を利用する側でも権利行使を行う側でも、これらの規定を見落としてはいけません。

1 みなし侵害（著作権法113条）

⑴ 国内頒布目的の輸入と知情頒布

著作権法113条は、一定の行為を著作権のみなし侵害行為として規定しています。このうち、実務上特に気をつける必要があるのが、同条１項が規定する国内頒布目的の輸入（１号）と知情頒布等（２号）です。

例えば、第12章３⑴ア「同一性保持権とは」で説明したとおり、同一性保持権は同一性を失わせる行為に及び、その後、同一性を失った著作物を利用する行為には及ばないと解されています。しかし、同一性が失われた物を国内頒布目的で輸入したり、同一性保持権を侵害する行為によって作成された物であることを知って（つまり知情して）頒布等したりする行為は著作権法113条１項により、みなし侵害とされています。また、著作権侵害品を所持する行為に関して、「所持権」という支分権はありませんの

で著作権侵害にはならないのですが、知情して頒布目的で所持する行為は、みなし侵害とされています。

このように、著作権や著作者人格権の侵害には当たらなくても、みなし侵害となる場合がありますので、著作物を利用する側は注意が必要ですし、権利を行使する側もこれらの規定を検討する必要があります。

なお著作権法113条１項２号の「情を知つて」については、システムサイエンス事件（東京地判平７・10・30（平元ワ8292、平２ワ8050））が、判決などの公権的判断で著作権侵害であることが示されたことをもって「情を知つて」に当たると判示していますが、この裁判例に対しては、やや厳格に過ぎるという批判もされているところです。一方、やや古い裁判例にはなりますが、著名な著作物を模した塩ビ人形を製造、販売していた事案において、「原告が、本件映画の著作物の著作権者たる被告の許諾を得ないで製造した本件物件をみずから販売するものであるから、当然に、著作権侵害行為によって作成された物を情を知って頒布する行為に該当」すると判示するものもあります（ライダーマン事件（東京地判昭52・11・14（昭49ワ5415）））。

必ずしも、公権的判断が下されるまでは「情を知つて」に当たらないというわけではなく、著作物の知名度や、著作権侵害がどの程度明らかかなど、事案によって、どの程度の事情をもって「情を知つて」といえるのかは異なるように思われます。

⑵　リーチサイト規制

もう１つ、令和２（2020）年の著作権法改正で、みなし侵害の類型にリーチサイト（Leech Site）規制が新設され、令和２（2020）年10月１日に施行されました（著作権法113条２項～４項）。

違法にアップロードされたものであっても、著作物へのリンクを張る行為自体は、著作物の利用（複製や公衆送信等）を伴うものではなく、原則として著作権侵害にならないと理解されています。ただし、内容や体裁上著作権侵害であることが明らかなコンテンツへのリンクを張るような場合について、公衆送信権侵害の幇助として不法行為が成立する可能性を示唆する裁判例もあります（ロケットニュース24事件（大阪地判平25・６・20（平23ワ15245））。結論において侵害否定）。

令和２（2020）年の著作権法改正において、リーチサイトやリーチアプリの運営行為（リンク等を削除できるのに対応を取らない行為）やそういったサイトやアプリに侵害コンテンツであることを知りながらリンクを提供する行為をみなし侵害とすることになりました。

2　みなし非侵害（著作権法113条の２）

第２章４⑷「譲渡権の特例」で説明したとおり、著作権法113条の２は、譲渡権侵害の特例を定めています（**図表13－１**参照）。

この規定は譲渡権が消尽する（当該物について、譲渡権がなくなってしまう）ことを規定しているのではなく、（譲渡権は引き続き存在するけれども）譲渡権侵害が成立しないと規定しているものです。したがって、ある譲渡行為について著作権法113条の２が適用されるとしても、その譲渡行為によって譲渡権が消尽してしまうわけではなく、その後川下で行われる譲渡について譲渡権侵害が生じる可能性は残りますので、注意が必要です。

また、著作権法113条の２は「譲渡権」の侵害行為ではないものとみな

図表13－１　著作権法113条の２と消尽

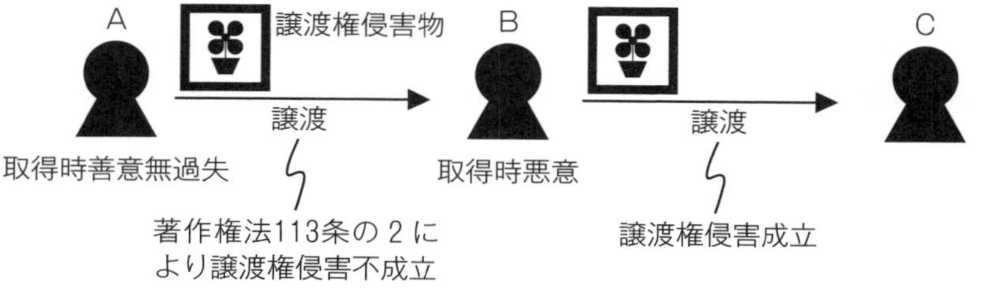

す規定ですので、著作権法113条によって著作権侵害とみなされる行為(これは「譲渡権」の侵害ではありません。）との関係では、侵害に当たらないという反論には使えません。したがって、仮に譲渡権侵害物を取得した時点で善意無過失であったとしても、その後情を知って頒布を行えば、著作権法113条１項２号によって、著作権のみなし侵害が成立しますので、この点も注意が必要です。

3　著作隣接権

著作権法89条以下では、著作者ではないけれども、著作物の具現化や流通に寄与する者に係る権利として、著作隣接権が規定されています。具体的には、著作物を演じる「実演家」の権利、音を固定する「レコード製作者」の権利及び放送（放送及び有線放送）を行う「放送事業者（有線放送事業者)」の権利です。

著作隣接権は、著作権や著作者人格権とは別に、しかも無方式で発生する権利ですので、著作者や著作権者とは別の者に帰属している可能性もあります。著作物を利用する側の立場であれば、著作隣接権にも注意を払う必要がありますし、権利行使をする側であれば著作隣接権の侵害を問えないかの検討を行うことが必要です。

(1)　実演家の権利

実演家には、財産的な権利のみならず人格権まで規定されています。

実演家の権利のうち、財産的な権利については、広くワンチャンス主義(実演家が一度録音や録画を許諾した実演については、以後その実演家の隣接権の行使を制限するというルール。著作権法91条２項、92条２項、92条の２第２項参照。最初に録音・録画を許諾するか否かが重要になりますので、「ワンチャンス主義」と呼ばれています。）の適用が認められていますので、一度適法に固定された録音・録画を利用している限り、問題となることは多くありません。ただし、実演家の送信可能化権について、録画物についてはワンチャンス主義が採用されているのに対し、録音物についてはワンチャンス主義が採用されていないなど（著作権法92条の２第２項１号)、うっかり見落としてしまいそうなポイントもありますので、実演家が関係する作品を利用する場合には、その都度著作権法の条文を確認することが重要です。

また例えばライブを無断で隠し撮りしたブートレグ盤など、そもそも無断で録音・録画がされたような場合には、ワンチャンス主義の適用がありませんので、実演家の権利侵害で対応できないかも検討してみましょう。さらにクラシック音楽など曲の著作権の保護期間が満了している場合であっても、これを演奏した実演家の著作隣接権が残っている可能性がありますので、この点でも注意が必要です。

(2) レコード製作者の権利

レコード製作者とは、レコードに固定されている音を最初に固定した者とされています（著作権法２条１項６号)。「レコード」という一般的なイメージと異なりスマートフォンに録音した場合などもレコードになることは、第３章２「種類・内容」で説明したとおりです。

音楽の著作物を利用する場合、作詞家や作曲家の著作権についてはすぐに思いつきますので十分な注意を払いますが、レコード製作者の権利はつい見落としがちです。例えばある歌手の曲の音源を流して、曲に合わせて踊るいわゆる「踊ってみた動画」を制作して動画投稿サイトにアップする場合には、曲の著作権のみならず、レコード製作者が有する複製権及び送信可能化権（著作権法96条、96条の２）をクリアしなければなりません。これに対して、自分で楽器演奏して歌唱する「歌ってみた動画」であれば、市販の音源を使用していませんので、曲の著作権さえクリアすれば足りることになります。

実演家の権利と同様、既に曲の著作権保護期間が満了していても、音源によっては、レコード製作者の権利が及んでいることがありますので、注意が必要です。

またレコードとは、「音」を固定したものと規定されており（著作権法２条１項５号)、その音が著作物であるか否かは要件とされていません。したがって、著作物ではない音（例えば、短いサウンドエフェクトや環境音、最近よく耳にするASMR［Autonomous Sensory Meridian Response］音源なども挙げられます。）を固定したものであってもレコードであり、レコード製作者の権利の対象になります。著作物ではないからと安心したり、諦めたりせずに、レコード製作者の権利にも目を向けましょう。

⑶ 放送（有線放送）事業者の権利

放送事業者及び有線放送事業者は、放送された番組を複製する権利や送信可能化する権利などを有しています（著作権法98条、99条の２など)。放送番組を無断で動画投稿サイトにアップすることは、放送番組に係る著作権を侵害する行為にも当たりますが、放送事業者の著作隣接権を侵害する行為にも該当します。

放送事業者の権利についても、番組が著作物であるかどうかに関わらず及びます。

⑷ 出 版 権

出版権とは、著作物を原作のまま、出版又は電子出版する権利です（著作権法80条１項)。著作隣接権と異なり、出版権は著作権者からの許諾に基づいて発生する権利です。ただし、単なる利用許諾とは異なり、差止めなども可能な準物権的な権利とされています。

二重に出版の許諾が行われたような場合を除けば、著作権侵害にはならずに出版権侵害だけが問題になるケースはあまりありませんし、著作権者に話を聞くことで出版権が設定されるか否かは、通常判明しますので、著作物を利用する側としては、著作権のクリアランスをきちんと行うことが重要でしょう。

一方、権利行使をする側としては、作家の先生などをわざわざ紛争の当事者として矢面に立たせることなく、出版権者のほうで侵害コンテンツへの対応を行うことができるというメリットはあります。出版権は「原作のまま」利用する権利ですので、１つの作品の小部分が利用されているような場合などには及ばず、すべてのケースをカバーできるわけではありませんが、海賊版コンテンツに対する権利行使など、一定の範囲での侵害対策を出版権者の名において行うことは可能です。

第14章 著作権等を侵害しないためには

1　基本的な考え方のフロー

著作権などの権利侵害になるか否かの考え方のフローは、第11章「著作権侵害か否かの考え方（フロー）」などで説明したとおりです。著作物を利用する側の立場から見て、著作権等を侵害しないようにするために、どのように考えたらよいかも、基本的にはこの裏返しですので、同じようなフローで考えることができます。

ただし権利を行使する側の立場であれば、自分がどういう権利を主張することができるのかは、自ずと限定されています。著作者であり、著作権を有している場合には、著作者人格権と著作権、みなし侵害あたりをまずは検討することになるでしょう。

これに対して、著作物を利用する側の立場からすると、すべての権利をクリアして初めて適法に利用することができます。したがって、著作権だけを注意すればよいわけではなく、著作者人格権や、つい見落としがちな、みなし侵害や著作隣接権まで丁寧に検討することが大事です。

2　必要性を再度考える

(1)　「なんとなく」での利用を見直す

実務に携わっていると、あまり脈絡もないのに他の作品のキャラクターを登場させてみたり、登場人物のセリフとして他人の楽曲の歌詞を使ってみたりと、「なんとなく」他人の著作物を利用しているケースも多いように感じます。

しかし著作物に係る権利は、第11章〜第13章で説明したとおり、非常に複雑に入り組んでいますので、他人の著作物を利用することには、大なり小なりではありますが、不可避的にリスクを伴います。特に脈絡もなく他人の著作物が利用される場合には、適法引用などの権利制限規定を適用できる体裁が整っていないことが多く、侵害のリスクは高まります。

創作の自由度を奪うことは本意ではありませんし、創作行為を萎縮させてはいけませんが、安易に他人の著作物を利用するとリスクがあるということは、きちんと説明しておかなければなりません。他人の著作物を利用する際には、そのようなリスクを踏まえて判断すべきです。

「なんとなく」面白いからとか「なんとなく」かっこいいからということでその著作物を利用するのではなく、リスクを勘案したうえでもその著作物を使いたいのかという点をもう一度考えてみることも重要です。

単に著作権等の侵害を回避するという後ろ向きな目的だけではなく、もう一度表現を見直すことによってより良い作品になることもありますので、より安全でより良い作品にするための前向きなステップと考えることもできます。

(2) 著作物を利用せずに想起させる

それでもストーリーの展開などの関係で、作品中に他人の著作物を登場させたいというケースはあるでしょう。ただその場合でも、本当にその著作物をそのまま利用する必要があるのか、もう一度考えてみてください。

「あの映画のシーンだ」とか「あのキャラクターだ」というように、受け手に元の著作物を想起させれば足りるような場合であれば、元の著作物のポイントを上手に捉えることで、複製や翻案といった支分権に該当するような利用行為をせずとも（すなわち表現上の本質的特徴部分まで再製しなくても）、十分想起させる表現にすることができるケースも多くあります。元の作品を想起させることと、その表現の本質的特徴部分を再製することとは異なります。

どこを似せればうまく元の作品を想起させられるのかを見極め、似せるところ部分は似せて、不必要なところは似せないようにすることで、著作権侵害のリスクを回避できることができるのです。

これもひと手間ではありますが、創作者の腕の見せ所でもあります。

(3) リンクやインラインリンクの活用

著作物へのリンクを張る行為や、インラインリンク（埋め込み表示）で著作物を表示させる行為は、支分権に該当する行為ではありませんので、原則として著作権侵害にはなりません。

インターネット上で公開されている著作物でなければリンクはできませんし、元のファイルが削除されたり、URL が変更されたりすればリンクも切れてしまうという問題はありますが、著作権の観点からするとリンクやインラインリンクは非常に手軽に著作物を表示させる方法です。

ただその際には、同一性保持権や氏名表示権に気をつける必要があることは、第12章２「氏名表示権」で前述したとおりです。

3 著作物利用の際のクリアランス

(1) 利用許諾

ア 許諾に基づく利用

適法に他人の著作物を使う代表的な方法としては、権利者の許諾を受けるという方法があります。

許諾を受ける場合、まずは自分が利用したい態様に照らして、誰の、どのような権利が及び得るのかを検討します。その考え方のフローは第11章「著作権侵害か否かの考え方（フロー）」などで説明したものと同様です。

その結果、複数の者に権利が帰属している場合は、そのうちの一部の権利についてのみ許諾を受けるということも考えられます。例えばある楽曲を使いたい場合、楽曲の著作権については許諾を受けつつ、実演家の権利やレコード製作者の権利を回避するために自分で演奏してしまうという対応も考えられます。

イ　許諾を求める相手

許諾を受けて著作物を利用する場合には、きちんと権限のある者から許諾を受けて、かつ、許諾された範囲内で利用することが大事です。

許諾を求めるべき相手は、一次的には権利者自身でしょうが、著作権等管理団体が権利者からの委託を受けて許諾窓口となっている場合や、出版社などが著作者に代わって作品の二次利用に関する窓口を務めている場合もあります。そのような場合、その窓口がどのような利用について許諾権限があるのか（例えば改変利用まで許諾できるのかなど）という点の確認は必要です。

著作権の承継（譲渡や相続など）が行われている場合などに、許諾権限を有していることの証明をどの程度厳格に求めるかが問題になります。著作権の帰属については、公示制度がなく、外部から権利帰属を確定することが難しいので、目の前のその人が本当に許諾権限を有しているのかを判断することが難しいこともあります。

例えば著作権法65条２項は、共有著作権は、その共有者全員の合意によらなければ行使することができないと規定していますが、相続が生じた場合に、誰が相続人で、その全員の合意があるのかという点について、どこまで確認をして、どのような書面を提出してもらうのかというのは、実務上はなかなか悩ましい問題です。

許諾権限を有していることについて保証条項を設けたり、著作者から順次権利譲渡や許諾がされていることを示す資料（権利の連鎖がつながっている様子に例えてChain of Titleなどと呼ばれます。）の提示を求めたりすることもあります。

ウ　許諾の範囲

利用許諾を受けた場合には、その許諾の範囲内で利用することが必要です。許諾の存在は、著作権侵害の主張に対する抗弁（利用者側で主張・立証しなければならない事項）となりますので、争いになれば利用者側で、許諾の存在のみならず、その許諾の範囲内で利用していることまで立証しなければなりません。

したがって、許諾を受ける際には、許諾の範囲をできるだけ明確に、契約書などの書面で規定しておくことが重要です。契約書を取りかわすことが難しい場合には、より簡易な書面（利用申請書など）であったとしても許諾範囲を明確にしておくことが望ましいですし、どうしても書面のやりとりが難しければ、交渉の経緯をメールでできるだけ詳細に残したり、口頭で許諾を受けた場合にその内容をメールとして送信することで残したりするようにしておくだけでも、後の紛争防止には役立つでしょう。

エ　許諾を受けることのメリット

権利制限規定に基づく利用などと比べて、許諾を受けて利用することのメリットとしては、①安心して使用することができるという点と、②（無事許諾が受けられればではありますが）改変等も含めて比較的自由に著作物を利用することができるという点が挙げられます。

著作物の利用許諾も一種の契約ですので、契約自由の原則が適用されます。したがって、何を、どの範囲で、どのように利用して、どのようにクレジット表記（著作者、著作権者、制作年や提供者などの作品についての表記）をするかなどについて、著作権者と利用者との間で自由に決定することができますし、その決定した範囲内で利用している限り、紛争のリスクが避けられます。

そのようなメリットを享受して安心して著作物を利用するためにも、著作物の利用許諾契約においては、利用態様や条件などをできるだけ特定して、明記しておくことが重要です。

オ　利用許諾を受けるデメリット

これに対して、利用許諾を受けるデメリットとしては、ケースによっては利用対価の支払を求められることもあるという点が挙げられます（権利制限規定の適用を受けて著作物を利用する場合には、多くの場合無償で利用することができます。）。

また許諾の代わりに、利用態様など作品への関与を求めてくる場合もあり、その点では創作の自由度が減ってしまうおそれもあります。

さらに、許諾を受けるための交渉などに時間がかかる場合もあります。利用開始までに時間的な余裕がある場合には、許諾交渉を行うこともできますが、利用開始が差し迫っているような場合には、許諾交渉をしている時間がないという場合も想定されます。

加えて、意外と悩ましい実際上の問題として、利用許諾を求めたにも関わらず、断られた場合にどうするかという点も挙げられます。許諾をするか否かは、最終的には著作権者が決めることですので、許諾を求めたからといって必ず許諾が受けられるとは限りません。許諾が得られなかった場合には、その著作物の利用を諦めて、他の著作物に差し替えるのか、権利制限規定などによって権利をクリアするのかという選択をしなければなりません。

最終的に権利制限規定によって著作権侵害ではないと判断される場合であっても、一度許諾を求めに行って断られ、なおその著作物を利用しているのですから、どうしても紛争のリスクは高まります。

したがって、利用が受けられる見込みの有無や程度、想定される条件などを考慮のうえ、利用許諾を求めるかどうかを検討して、場合によっては許諾を求めに行かずに、初めから権利制限規定での利用を目指すといった見切りも大事になってきます（ただし、得てしてその判断はなかなか悩ましいものになります。）。

⑵　規約等に基づく利用

ア　利用規約などに基づく利用

第14章３⑴「利用許諾」で説明した許諾に基づく利用の１類型で、実務上よく問題になるのが利用規約に基づいて著作物を利用するケースです。

現在ではウェブサイト上に規約の形で利用条件などを掲載し、イラストや写真、音楽や映像などの素材・作品を提供しているサイトが多く存在します。このような規約に基づく利用許諾も一種の契約として有効です。2020年４月１日に施行された改正民法548条の２第１項も利用規約などの定型約款に基づいて契約が成立することを定めています。

イ　規約等の確認

こういった素材・作品の提供サイトは非常に便利であり、個人、法人を問わず広く活用されていますが、サイトによって利用条件はばらばらですので、利用に当たっては規約をよく確認する必要があります。

㈠　規約の保存

同じサイトでも、利用規約が変更されることもありますので、利用の都度、規約がアップデートされていないかを確認すべきです。また、利用規約が変更になった場合に備えて、利用規約をPDF化するなどして、利用時期と対応させて保存しておくことも重要です。

㈡　規約を確認するうえでのポイント

規約を確認する際、まずは許諾の対象となる利用態様を確認する必要があります。多くのサイトでは、素材をそのまま再配布することを禁止していますが、それ以外にもサイトによって商用利用の可否や、印刷の可否、部数制限など、様々な制限が設けられていますので、注意して確認する必要があります。

また利用主体について、法人での利用を禁止していたり、法人利用についてはウェブサイト上で公開されている規約とは別内容の契約を用意したりしている場合もあります。「商用利用が可能」＝「法人利用が可能」と勘違いしがちですが、個人のクリエイターもいますので、商用利用が可能でも法人利用が可能とは限りません。

さらに気をつけるべき点として、許諾の期間も挙げられます。素材の利用期間が定められているサイトもありますし、サブスクリプション契約の場合に、契約期間内にダウンロードした素材を同期間満了後に利用できるのか（又は同期間満了後いつまでに利用しないといけないという制限があるのか）などは確認が必要です。

㈢　問い合わせや社内ルールの整備

利用規約等は、様々なケースに幅広く適用することができるように抽象的に記載されていることが多く、個別の事案についてどのように適用されるのかが不明確な場合もあります。万が一紛争になった場合、許諾の範囲内であることは利用者側で立証する必要がありますので、利用規約等に不明確な点がある場合には、利用する側の視点で都合よく解釈して済ませてしまうのではなく、運営者に問い合わせるなどして、許諾範囲を明確化しておくことも大事です。

また、素材・作品の提供サイトを会社の業務で頻繁に利用するような場合には、利用登録は誰が行うのか、利用規約等の解釈に疑義が生じたときに、どのように情報を共有して、どこを窓口として問い合わせ等の対応を行うかなど、社内の運用ルールを定めておくことが大事です。

(3) 権利制限規定

権利制限規定が適用される態様で著作物を利用する場合には、著作権者の許諾がなくても著作権侵害にはなりません。他人の著作物を利用する場合に、許諾と並んで検討される対応がこの権利制限規定です。

実務上重要な制限規定の要件などについては、第８章「著作権の制限」で詳細に説明しましたので、以下では実務上比較的よく問題となる制限規定に関する注意事項について触れたいと思います。

ア　適法引用（著作権法32条１項）

権利制限規定の中でも、比較的要件が抽象的に記載されており、また制限される支分権も限定されていないため、実務上使い勝手がよいのが、著作権法32条１項が規定する適法引用です。しかし要件が抽象的であるため、逆に適法引用が成立するか否かの判断に迷うケースも多々あります。

利用開始前でまだ修正が可能である場合には、引用する側（地の文）の説明を追記したり、引用部分と被引用部分の区別がしやすいように段落や枠を整えたりと、適法引用が成立しやすいように体裁を整えておくことも大事です。

イ　私的使用目的での複製

著作権の制限規定の中で、おそらく最も有名なのが私的使用目的での複製（著作権法30条１項）ですが、その要件については誤解も多いように思います。

第８章２(2)「要件」でも説明したとおり、「使用する者」ではなく、業者が使用者のために複製を行うような場合には著作権法30条１項は適用されませんし、会社の同じ部署内のメンバーに配るというのは「私的使用」の目的ではなく、著作権法30条１項は適用されません。

このような誤解から、相談者が私的使用目的での複製として適法であると思い込んでいるケースも少なくありません。相談者が適法であると思い込んでいると、そもそも相談の話題に上がらないということもあります。私的使用目的での複製が問題となりそうなケースでは、使用範囲や複製の方法などを相談を受けた側からきちんと確認することを心がけることも重要です。また、著作権法30条１項の規定によって複製された複製物を頒布するとみなし複製に当たりますので（著作権法49条１項１号）、そういった点もきちんと説明しておきましょう。

ウ　非営利無料での上映等

実務上相談を受けることの多い権利制限規定としてもう１つ、著作権法38条が規定する非営利無料での上映等が挙げられます。この制限規定も、私的使用目的での複製と同様、誤解されていることが多い規定です。

まず非営利無料でいう「非営利」と「無料」は別の要件です。例えば会社の宣伝目的で、無料の映画上映会を行うことは「非営利」ではありませんし、チャリティー目的であったり、赤字であったりしても入場料を徴収していれば「無料」ではありません。これらの場合、著作権法38条１項の適用はありませんので注意が必要です。

また第８章６(2)「要件」でも説明したとおり、著作権法38条１項は、公衆送信権を制限するものではありません。非営利かつ無料であっても、インターネットでの配信を伴う行為には、同項は適用されません。現在では誰でも簡単に動画等を配信することができ、公衆送信は著作物の最も手軽な利用形態の１つになっていますが、著作権法38条１項の適用はありませんので注意が必要です。

著作権法38条についても、相談者が適法だと思い込んで安心している可能性がありますので、相談を受ける側できちんと話を聞くように心がけることが大事です。

エ　権利制限に基づいて利用することのメリット

権利制限規定によれば、著作権者の許諾を受けなくても著作物を利用することができるというのが最大のメリットです。許諾を受けることのデメリットとして説明したことが、そのまま権利制限規定に基づいて利用する場合のメリットといえます。

権利制限規定の範囲内であれば、比較的自由に著作物を利用することができ、著作権者から作品に干渉されるということはありません。批判的な使い方をするような場合など、許諾を受けられる見込みがない場合には、権利制限規定で利用せざるを得ません。

また対価の支払の必要もなく、交渉の時間もかからないのは大きなメリットです。もし出版、上映といった利用開始の期限が差し迫っているのであれば、交渉をしている時間はありませんので、適法引用などの権利制限規定が適用されるようにできるだけの対処をしたうえで利用するしかありません。

オ　権利制限に基づいて利用することのデメリット

権利制限規定が適用されるか否かは、最終的には裁判所の判断を待たないと確定できませんので、それまでの間、法律関係が不安定になるというデメリットがあります。権利制限規定が適用されるかどうかについては、著作権者と利用者とで見解に相違があることもしばしばですので、最終的には権利制限規定の適用が認められて適法な利用であると認定されるとしても、著作権者からの警告や訴訟提起のリスクは拭えません。

また著作権法50条は、権利制限規定は著作者人格権に影響を及ぼすものと解釈してはならないと規定しています。したがって、著作権が制限される場合でも、著作者人格権侵害が残ってしまうということがあり得ますので、注意が必要です。

(4) 裁定による利用

著作権は、商標権を除く他の知的財産権に比べると保護期間が長く、また登録などを要せず無方式で発生します。加えて、創作行為を行うのは職業創作家に限りません。そういった事情もあって、ある著作物を利用したいと思った場合でも、誰が権利者なのかわからなかったり、権利者と連絡が取れなかったりして、許諾を得ることができないケースが生じます（そういった著作物は、俗にオーファンワークス（Orphan Works、孤児著作物）などと呼ばれています。）。

そこで著作権法は、そういったオーファンワークスについて、文化庁の裁定を受けて利用することができるという制度を設けています（著作権法67条、67条の２）。オーファンワークスの問題は年々深刻さを増していますが、それを補うように裁定制度の運用も改善されてきました。現在では、裁定が下りる前でも、申請中の段階から著作物の利用が可能になっていますし（著作権法67条の２第１項）、権利者と連絡を取るための「相当な努力」のハードルも軽減されています（詳しくは、文化庁ウェブサイト「著作権者不明等の場合の裁定制度」（https://www.bunka.go.jp/seisaku/chosakuken/seidokaisetsu/chosakukensha_fumei/）を参照）。

裁定に基づく著作物の利用に当たって提供すべき担保金の額も、通常の使用料額に相当する金額とされていますので、許諾を受けて利用する場合と比べて、特段費用が嵩《かさ》むということもありません。ある時権利者が現れて権利行使を受けてしまうリスクを考えれば、ひと手間ではありますが、裁定制度を活用するほうが安心です。

(5) コンテンツの制作発注に際しての権利処理

ア　著作権の扱い

既存の著作物ではなく、新たな著作物を利用する場合に、その制作を外部に委託することがあります。その際には制作の発注段階の契約において、その成果物の著作権の扱いについて取り決めておくことが大事です。

著作権の扱いとしては、大きく分けて、発注者が成果物の著作権の譲渡を受ける方法と、著作権は受注者に留保したまま発注者が利用許諾を受けるという方法が考えられます。

イ　著作権譲渡の場合

成果物の著作権の譲渡を受ける場合、第10章1(3)「いわゆる「特掲」の問題」で説明したとおり、翻案権及び二次的著作物の利用に係る権利（著作権法27条、28条）は、譲渡の目的として特掲しておかなければ譲渡されていないものと推定されてしまいますので注意が必要です（著作権法61条２項）。

発注者から見て、成果物をできるだけ自由に利用したいのであれば、著作権譲渡を受けてしまうほうが、その後の利用に対する制約は少なく、便利ではあります。一方受注者から見れば、成果物の著作権を譲渡してしまえば、以後自分自身でもその著作物を利用することができなくなってしまいます。特に著作権法27条、28条の権利まで譲渡された場合には、成果物そのものだけではなく、その二次的著作物に当たる範囲まで（改変をしたとしても、表現上の本質的特徴的部分が残っている範囲まで）利用が制限されてしまいます。

従来はコンテンツの受発注に際して発注書なども交付せずに、口頭で受発注が行われることも多かったようです。そういった場合に、当事者間の「力関係」に物を言わせて、発注者に成果物に関する権利を譲渡させるケースも多かったようです。しかし2010年に公正取引委員会から「コンテンツ取引と下請法」（https://www.jftc.go.jp/houdou/panfu_files/contentspamph.pdf）というガイドブックが発行されたこともあり、近年ではコンテンツ取引においても下請法に従った所定の発注書面を交付するようになっています。

裁判例においても、撮影した写真の著作権に関して、口頭では「権利の買取り」という合意がされていたにもかかわらず、それは著作権を譲渡するという趣旨ではなく、包括的な使用許諾の趣旨であったと認定したものもあります（エンジン写真事件（知財高判平25・12・25（平25ネ

10076)))。このような裁判例に照らすと、きちんと発注書や契約書をやりとりして権利関係を明確にしておくことは、発注者にとってもメリットがあるといえるでしょう。

ウ　利用許諾の場合

成果物の著作権は受注者に留保したまま、発注者で目的に応じた範囲で利用許諾を受けることもあります。発注した時点において成果物の利用範囲が明確に決まっているような場合であれば、その範囲で許諾を受ければ足りますし、発注先が有名なクリエイターであったりする場合など、著作権譲渡まで受けることが取引慣行に合致しないこともあります。

ここで、第14章3(1)「利用許諾」で説明したのと同様、新たに著作物を制作発注する場合についても、許諾の範囲を明確化しておくことが重要です。

権利譲渡の場合と異なり、利用許諾の場合には、発注段階で予定していた範囲と異なる態様で作品を利用したいと思った場合には、改めて許諾を求める必要が出てきます。そう考えると発注者としては、やはり著作権譲渡を受けてしまったほうが良いようにも思えますが、前述の「コンテンツ取引と下請法」というガイドブックでも、コンテンツ作成の目的たる使用の範囲を超えて、二次使用権などを無償で譲渡・許諾させることが不当な経済上の利益の提供要請に当たると説明されていますし、発注者と受注者の関係によっては独占禁止法上の優越的地位の濫用にも当たり得ます。

とにかく権利を買い取ってしまえば良いということではなく、予定している利用態様やコストなどを勘案して、許諾を受けるのか譲渡を受けるのかを検討する必要があります。許諾を受けた後で当初予定をしていなかった態様で追加的に利用する必要が生じたのであれば、改めて許諾を受けたうえでその分の対価を支払うというのがフェアであるように思います（その代わり、正当な対価さえ支払えば不当に利用拒絶されないような契約上の対策は必要かもしれません。)。

コンテンツの発注の段階で、成果物の利用目的や展開の可能性などに照らして、必要十分な権利処理を行うことが重要です。

⑹　職務著作に関する規程・運用の整備

ア　職務著作

第６章２「職務著作」で説明したように、著作権法15条の要件を満たした著作物については、法人が著作者になります（職務著作制度）。この規定のおかげで、社内業務の過程で制作される著作物については、会社等が著作者となり、会社等がその著作物を自由かつ無償で使用することができます。

ここで、著作権法15条は「契約、勤務規則その他に別段の定めがない限り」と規定しており、勤務規則などで異なる定めをすることができます。職務発明に関する特許法35条３項とは原則・例外が逆になっており、別段の定めがない場合、職務著作については会社帰属、職務発明については従業員帰属となります。

まだまだ会社の規模や事業内容などによっては、従業員が生み出す知的財産の権利帰属に関する規程を設けていない場合もありますし、一応規程があっても従業員が生み出した発明と著作物とがまとめて扱われている場合もあります。これらの規程を設ける場合には、事業内容に応じて、特許法と著作権法の違いや、創作物としての性質の違いに応じた規程を策定することが重要です。

イ　従業員が制作するクリエイティブコンテンツの取扱い

職務著作制度は、もともとは社員が新聞記事などを執筆するような場合を想定した規定であると説明されていますが、条文上はその対象となる著作物は制限されていません。社内業務の過程で制作される著作物の中には、日々作成される書類などから、社内デザイナーが創作したキャラクター図案などに至るまで、様々な性質のものが含まれてきます。

これら様々な性質の著作物を、ひとくくりにして職務著作として画一的に扱ってしまうのは、法律上は可能であっても、必ずしも好ましいことではありません。例えば社内デザイナーが描いたキャラクター図案を、グッズやアニメなどに展開していくような場合を考えてみます。そのキャラクターが「職務上作成」されたものか否かは、キャラクターを見ただけではわかりません。ひょっとすると入社前から描き貯めていたキャラクターのストックの中から自信作を引っ張り出してきたかもしれず、その場合には職務上作成されたものとはいえません。

その後、幅広く商品やサービス、広告などに展開していくようなことが想定されないような著作物であれば、実際上問題となることはないのでしょうが、今後の展開が想定されるような著作物について権利帰属が不明確となってしまうのは会社にとっても大きなリスクです。

したがって、従業員が制作した著作物であっても、著作物の性質や今後の展開の可能性などを考慮したうえで、ケースによっては権利関係を明確化するための書面を取り交わしておくことも重要です。

ウ　創作に対する相当の対価

また職務発明制度と異なり、職務著作制度は従業員等に対して対価（相当の利益）を与えることを要件としていません。日々作成される書類のような著作物であれば、給与以外にいちいち創作の対価を支払うということは煩雑かもしれませんが、今後大きく展開され得るような著作物についてまで、会社が無償で権利を取得するというのでは、従業員の創作のインセンティブ、働くモチベーションにも悪影響を及ぼすことは避けられませんし、最悪の場合には会社と従業員とのトラブルにすら発展しかねません。

この点特許法は、権利は会社に帰属させることで発明の活用の円滑化を図る一方、従業員に対しては相当の利益を与えることで、会社と従業員の間の利益衡量を図っています。これは会社と従業員のバランスを取るという意味では、１つのモデルケースであるように思います。著作物についても、社内規程などによって、一定の場合には創作した従業員に対して相当の利益を付与するということも考える必要があります。

なお職務発明制度における相当の利益に関しては、ガイドライン（「特許法第35条第６項に基づく発明を奨励するための相当の金銭その他の経済上の利益について定める場合に考慮すべき使用者等と従業者等との間で行われる協議の状況等に関する指針」（平成28年経済産業省告示第131号））

が制定されており、金銭以外にも、金銭的処遇の向上を伴う昇進又は昇格や法令及び就業規則所定の日数・期間を超える有給休暇の付与なども含まれると説明されています。会社や従業員の状況によりケース・バイ・ケースになると思いますが、良い創作に対して適切な利益を与えることが、従業員の創作のインセンティブを確保し、紛争を防止するためにも大事です。

第15章 法律相談時の聞き取り等のポイント

1　全体的な注意点

(1)　聞き取り時の注意

現在の社会では誰しもが著作物の創作者にも利用者にもなります。このように著作権法は非常に身近な法律ですが、相談者が必ずしもその内容を正確に理解しているとは限りません。「著作権」という言葉は皆聞いたことがありますが、著作権と特許といった他の知的財産との区別すらついていないケースや、その内容を誤解しているケースも多々あります。法律相談を受けるに当たっては、相談者が著作権法を知らない場合よりも、著作権法を誤解している場合のほうが危険なこともあります。

著作権等に関する法律相談を受ける際には、第11章「著作権侵害か否かの考え方（フロー）」などで説明したフローに沿って法的にきちんと交通整理をしたうえで、相談者から１つ１つ必要な情報を聞き取ることが重要です。ただし、我々は法律のプロではあっても、創作のプロではありません。創作のプロから見た視点やこだわりが、事案の本質を把握することに役に立つことも多いので、多少の脱線になったとしても相談者の話には丁寧に耳を傾けることが重要です。

(2)　説明時の注意

相談者から聞き取った内容を法的に整理して、相談者に説明する段階でも、著作物とはどういうもので、どういう行為が権利侵害になるのかなど、丁寧に、わかりやすく説明をすることが大事です。相談者の話を聞いてみると、著作権の守備範囲の及ばないところにこだわりを持っていたり、憤っていたりする場合もあります。そのような事案では特に丁寧な説明を心がけることが、依頼者との信頼関係を保つうえでは重要です。

2　創作の経緯などの聞き取り

著作権等侵害の問題が発生した場合には、権利行使をする側、受ける側に関わらず、可能であれば直接、難しければ間接的にでも、著作者から創作の経緯などについて確認することが役立ちます。

創作の経緯を直接の体験として把握しているのは著作者ですし、多くの場合、類似の表現についてもよく把握しています。

(1)　創作時期や創作の契機・経緯

著作権等の侵害か否かは、最終的には表現を比較して判断することにはなりますが、まずはその背景となる創作の契機・経緯について確認することが大事です。それによっていつ頃、どういったいきさつで創作したのか、どういう先行表現があり、何を参考にしてその表現が生まれたのかなどといった事情を確認することができます。

権利行使を受ける側の立場からしても、被疑侵害表現を創作した際の契機・経緯の聞き取りを行うことで、権利者側の表現に接していたのかどうかや、どうして似たような表現になったのかなどといった点を確認することができます。

また、創作の契機・経緯の聞き取りを行うことは、著作者がどこにこだわりを持ち、何に対して憤っているのかという、紛争の核心を掴むことにも役立ちます。著作権関連の事案を扱っていると、著作権等の侵害ではなく、著作権を離れたアイデアの模倣、描写対象の共通性などに対して相談者が憤っているということもしばしばあります。時には作品からも離れて、相手方との人間関係のもつれから紛争が生じているようなケースすらあります。著作権関連の事案の中には一定数、著作者の心情的なところから紛争が生じているケースが含まれています。相談者の話に耳を傾け、紛争の核心を把握し、事案に応じた解決を図ることが大事です。

さらに創作の経緯を聞き取ることの大きな効用の１つとして、表現のどの部分に著作者の個性が現れているのかを把握できるという点が挙げられます。創作のプロではない相談を受ける側からすると、一見しただけではありふれた表現のように見えても、実は著作者が非常に悩み抜いて（苦吟して）生み出された表現であるということがあります。翻訳のケースなどが典型ですが、国の文化の違いなども踏まえた素晴らしい意訳であるからこそ、あまりに自然に見えているということがあります。そういったケースでも、著作者から創作の経緯を聞き取ることで、気付かなかった個性的な表現を浮かび上がらせることができるのです。

(2) 先行表現の有無・内容

著作権侵害が認められるためには、共通する表現に個性が現れていること（ありふれた表現ではないこと）が必要です。私は比喩的に「表現の相場」という言葉を使いますが、他の類似表現に比べて、問題となる表現のどこに、どのように個性が現れているのかという点は大事なポイントです。

相談を受ける側の人間は創作のプロではありませんので、どのような表現が一般的で、どのような表現が個性的であるのかという相場観を持っているとは限りません。たまたま自分が好きな分野の作品であれば、一定の相場観を持っているかもしれませんが、その相場観が正しいとも限りません（むしろ好きな分野であるからこそ、偏った相場観を持っていることも往々にしてあります。）。したがって、著作権等の侵害事案においては著作者、あるいは編集者、プロデューサーなどその分野の表現について相場観を持っている人から聞き取りを行うことが重要です。

創作に当たって参考にした先行文献があれば、その確認も行います。先行文献は表現の相場観を示す客観的な資料ですから、立証のことも念頭に入れるのであれば、先行文献においてどのような表現がされているのかを検討することは重要なポイントとなります。通常はどういう先行文献があるのかについても、著作者等が詳しいですから、この点においても、著作者等の聞き取りは重要です。

(3) ウェブサイト上の表現の調査

表現の相場を把握するために、著作者等からの聞き取りと合わせて、相談を受けた側で自らウェブサイト上で類似表現を調査することもあります。そこで類似表現が見つかった場合には、その類似表現がいつのものであるのかという点については気を付ける必要があります。たとえ相談者の表現と類似の表現が存在しても、その表現が相談者の表現を真似して行われたものであれば、その類似表現があるからといって相談者の表現がありふれているとはいえません。

書籍などの文献であれば、奥付などの発行日などの記載から表現の行われた時期を確定することができますが、ウェブサイト上の表現は、いつ表現がされたのかが明確ではないものが多く含まれます。この点は最終的には証明力の問題になりますが、ウェブサイト上の表現を調査する場合には、掲載日や投稿日などの記載に留意しつつ、必要に応じてWayback Machine（非営利法人Internet Archiveが運営している、同法人が保存するウェブサイトの閲覧が可能なサービス（https://archive.org/web/））などを利用して過去のアーカイブなどを調査することも大事です。

3　権利関係などの確認

(1) 権利者の確認

権利行使をする側の立場からすれば、誰の名義で、どのような権利の侵害を主張することができるのかを確認する必要があります。例えば著作権侵害の主張は難しくても、著作者人格権や著作隣接権に基づく権利主張が考えられる場合もあります。

これらの事情の確認のため、問題となっている著作物について、著作者や著作権者、著作隣接権者など、どんな関係者が存在するのかの聞き取りを行うことが重要です。これも広い意味では創作の経緯の一部といえるかもしれません。

またそこで判明した関係者について、連絡がつくのか、協力を得ることができるような関係であるのか、もし権利行使を行うこととなった場合にその者の名前を出してよいのかなどを検討しておくことも重要です。

権利関係の聞き取りに際しては、権利譲渡などがあればその経緯、職務著作の問題が生じそうであれば会社からの指示の経緯などにも注意する必要があります。第14章 3⑴イ「許諾を求める相手」で説明したとおり、著作権の所在や承継関係は公示されていませんので、聞き取りが非常に重要になります。

⑵ 著作物を利用する側の場合

著作物を利用する側からは、権利者側の内部的な関係を把握できないことが通常です。しかし、著作者が誰かによって権利の保護期間にも影響しますし、誰に許諾を求めればいいのかなども異なってきます。さらに人間や会社同士の関係性なども、現実に権利行使を受けるリスクや許諾を得られる見込みなどに影響します。

そこで著作物を利用する側においても、著作物に付された名義や著作物に関するウェブサイトなどの情報から、想定される著作者や権利者を検討することも大事です。

4 獲得目標の確認

すべての法律相談に共通する問題だとは思いますが、著作権等の侵害事案においても、どこを着地点（落としどころ）として設定するかは大事です。紛争解決に当たっての獲得目標を相談者とよく話し合い、相談者の納得のうえで決めていくことは非常に重要です。

著作権等の侵害事案は、特許などの他の知的財産の事案と比べると著作者等の思いが強く影響しているケースも多く含まれています。そのようなケースで思いの部分を置き去りにしてしまうと、法律的には正しい解決であっても、当事者にとっては不満の残る解決となってしまうことがあります。

そこで著作権等の侵害事案においては、法律上何ができて、何ができないのかをきちんと説明したうえで、交渉の過程でもどこを重視して解決を目指すのかという点を逐次確認しながら進めていくことが重要になってきます。

(1) 権利行使をする側の着地点

権利行使をする側の獲得目標としては、早く侵害行為を止めてほしいというケースもあれば、損害賠償を重視しているケースもあります。あるいは謝罪をさせることや経緯説明を受けて事実関係を明らかにすることを重視しているケースもあります。

話し合いで結論が出ないのであれば、最終的な権利救済の手段としては、訴訟に拠らざるを得ません。したがって、相談者に説明をするうえでも、訴訟になった場合にどのような結果が想定されるかという点は、常に念頭に置いておく必要があります。

訴訟上、著作権等の侵害に対して認容される救済手段として主なものは、差止めと損害賠償です。著作権法115条は著作者人格権侵害の場合に名誉回復等のための適当な措置を請求することができると規定していますが、判決でこの請求が認容されるケースは多くありません。

権利行使をする側で相談を受けた場合は、このような事情を説明したうえで、相談者がどの部分を重視して、どの部分は譲歩できるのかという点について聞き取りを行うことが重要です。

(2) 権利行使を受ける側の着地点

権利行使を受ける側としても、最終的に訴訟になった場合にどのような結果が想定されるかという点を念頭に入れておく必要があります。

相談を受けてみて、仮に著作権侵害が成立する可能性が高いと判断した場合に、その後も被疑侵害著作物の利用を継続すれば、差止めを求めて訴えを提起されるリスクは高まりますし、損害賠償の観点からしても、潜在的なリスクは雪だるま式に増える一方です。

著作権等の侵害事案には、著作者などの思いが強く反映されるケースも含まれています。そういった場合は、訴額の多寡に関わらず訴えを提起されるリスクがあります。侵害の規模が小さいからどうせ訴えてこないだろうなどと安心せずに、交渉段階から権利者側がどの点を重視していて、何に憤っているのかなどについて、きちんと耳を傾け、誠実に対応していくことが大事です。

そのうえで、権利行使を受ける側としても、何を回避すべきで、どの点は譲歩できるのかについて、相談者と確認しておくことが重要です。表現の目的や内容などによっては、一度その表現が世に出たことで既に表現行為の目的は達成していて、差止めが大きな不利益とならないケースもあり得ます。逆に、印刷済みの在庫をたくさん抱えているような場合や取引先との関係などから、差止めが大きなダメージとなるケースもあります。

ケースに応じて、また相談者の要望に応じて、適切な着地点を設定することが大事です。

5　多様な権利を想定した聞き取り

第12章や第13章で説明したとおり、著作物に関係する権利は著作権にとどまらず、著作者人格権や著作隣接権なども存在します。権利行使をする側、権利行使を受ける側いずれの場合にも、これら多様な権利にも気を配って、聞き取りを行う必要があります。

権利行使をする側であれば、どんな権利者がいて、誰からどんな協力が得られるのかというのは、攻める際の選択肢に関わりますので、確認が必要です。

権利行使を受ける側の立場からしても、様々な関係者がいる可能性があることを念頭において聞き取りを行う必要があります。例えば、相談者がある音楽の著作物を利用したいと話している場合、著作隣接権にも気を配っていれば、どういう音源を使うのかとか誰が歌唱・演奏するのかという点も確認することができます。逆に相談者が著作物ではない音を使用したいと話している場合に、著作物ではないから大丈夫と安心してはいけません。著作物ではない音を固定した場合でも、レコード製作者の権利は問題となり得ますので、どういう音源を利用するのかという点について、確認をする必要があります。

インラインリンクの場合のトリミングの有無なども同様で、相談者がインラインリンクの形で表示させたいと考えているのであれば、著作権侵害の問題は生じないでしょうが、トリミングの有無などによっては著作者人格権侵害の問題は生じ得ますので、どのように表示されるのかといった仕様の確認はすべきでしょう。

第16章 訴訟外における著作権等侵害事案の対応

続いて、相談者からの聞き取りを経て、訴訟外で対応を行う場合の手段や注意点について説明します。

1　侵害通知

著作権等の侵害事案が発生した場合、多くのケースでは、権利者から被疑侵害者に対し、警告書などによって権利侵害である旨を通知するということが行われます。通知に当たって検討すべき主な事項は、

- 通知の手段
- 誰から通知をするか
- 誰に対して通知をするか
- 通知の内容

です。

(1)　通知の手段

権利者と被疑侵害者との関係性などにもよりますが、侵害通知は書面、口頭、メール等によって行われます。実務上は、形に残らない口頭ではなく、メールや書面による通知が行われるケースが多いと思われます。弁護士が通知を行う場合には、内容証明郵便（電子内容証明郵便を含みます。）が使用されるケースが多いですが、最近ではインターネット上で権利侵害が生じることも多く、その場合には書面を郵送しようにも住所などが簡単

には判明しないこともありますので、メールやウェブサイト上の通知フォームを使用するケースも多くなっています。

書面による通知を行う場合、書面のタイトルをどのようにするかという点も問題になりますが、書面のタイトル自体が法的な効力に影響を与えるわけではなく、せいぜいのところ受け取った側に与える印象が若干変わり得るという程度ですので、あまりこだわる必要はありません。実務上は表現が柔らかいほうから順に「ご連絡」、「通知書」、「警告書」などとすることが多いと思われます。

(2) 誰から通知をするか

誰から通知を行うかという点については、大きく分けて相談者の名義で行うのか、弁護士名で行うのかという選択肢があります。

弁護士名で通知を行った場合、被疑侵害者からも弁護士名で回答がくる可能性が高くなります。双方弁護士が関与することで、早期に妥当な落とし所を見つけることができるケースもありますし、逆に法律的な論点に固執しすぎて、紛争がこじれるケースもあります。

誰の名義で通知をするのかという点については、法律的な正解があるわけではありませんので、権利者と話し合いながら、当事者間の関係性なども踏まえて選択をするしかありません。

(3) 誰に対して通知をするか

誰に対して通知を行うのかという点については、まず細かい点として、通知先が会社である場合に、宛先を担当部署か、知財部か、あるいは代表者にするのかというような点が問題になることはあります。しかし、通常はそれによって法的な効力が変わるわけではありませんので、この点も書面のタイトルと同様、こだわる必要はありません。

それよりも重要なのは、著作権等の侵害品が転々流通しているなど、権利侵害に関与している関係者が複数いるような場合です。このような場合に、流通の過程にいる者のうち、誰に対して（どこまで川下に対して）侵害通知を行うかという点は慎重な検討が必要です。

流通の川下にいる者も、譲渡などの支分権該当行為を行っている限り、形式的には被疑侵害者ではあります。しかし、不正競争防止法２条１項21号は「競争関係にある他人の営業上の信用を害する虚偽の事実を告知し、又は流布する行為」を不正競争行為と規定しています。例えばライバル会社の取引先に対して、ライバル会社の商品が著作権侵害であるという侵害通知を行ったにもかかわらず、結果として著作権侵害が認められなかった場合、その侵害通知は「虚偽」であり、ライバル会社の「営業上の信用を害する」ものといえます。そしてこのような行為は、形式的には被疑侵害者に対する通知だったわけですが、取引先にまで通知を行うことの相当性や、通知の内容、訴訟提起の有無などの事情によっては、違法なものと評価され、侵害通知を発した側が不正競争行為の責任を負うことになります。

また仮に不正競争の責任までは負わないとしても、取引先にまで侵害通知を行うことで、ライバル会社の心情を大きく害し、紛争が熾烈化し、話し合いによる解決が難しくなるおそれがあります。

このように、流通の川下にいる者に侵害通知を行うことについては慎重に検討する必要があります。

⑷　通知の内容

ア　通知の根拠・法律構成

侵害通知を行う場合には、通常、どのような権原に基づいて、どの行為が、どの権利を侵害しているのかという点は、最低限記載します。

著作権侵害のケースであれば、通知人が著作権を保有していることと、被疑侵害者が支分権該当行為を行っていることが要件事実（権利主張をする側で最低限主張立証しなければならない事実）になりますので、これらに当てはまる事情をそれぞれ記載します。著作物の類否が問題になるようなケースでは、対比表などと呼ばれる表を作成して、両著作物の表現の本質的特徴部分が一致しているということを示す場合もあります。この場合、内容証明郵便は書式が厳格に決められており、対比表を見やすく作成するのには向いていないので、侵害通知の本文を内容証明で送付しつつ、対比表は配達証明付きの一般書留郵便などで別送することもあります。

イ　抗弁事由など

許諾の有無や権利制限規定の適用の有無は、被疑侵害者が反論として主張・立証すべき事柄（抗弁事由といいます。）ですので、必ずしも侵害通知に権利者から記載しておく必要はありません。

しかし事案によって、被疑侵害者からの反論が予想される場合や、迅速な解決を図るために侵害通知の段階から争点化しておくメリットがあるような場合には、あらかじめ抗弁事由がないことを指摘しておくこともあります。

ウ　要求事項

侵害通知で単に権利侵害であることを相手方に伝えるだけでは意味がありませんので、権利者から被疑侵害者に対して、どのような対応を要求するのかについても記載します。要求事項は大きく分けて、㋐差止め等、㋑金銭請求及び㋒それ以外の事項に整理できます。

㋐　差止め等

差止め等の関係では、著作権法112条１項に基づく侵害行為の停止や同２項に基づく侵害の停止や予防に必要な措置として在庫の廃棄などを求めるケースが多いように思います。

在庫の廃棄に関連して、被疑侵害者自身が保有する在庫のみならず、市中在庫の回収や廃棄を求めることもあります。ただし、市中在庫については、その所有権が誰に帰属するのかなどの法律上の論点もありますし、回収を行うとなれば、被疑侵害者とその取引先等との関係に影響を及ぼすので、被疑侵害者自身が保有する在庫に比べると、任意の廃棄に応じるハードルは高くなります。

なお、権利者の意向として、金銭請求をすることよりも、とにかく侵害の停止を求めたいというような場合には、侵害行為を停止しさえすれば、それ以上損害賠償請求などは行わないということを、侵害通知に明記することで、被疑侵害者による任意の侵害停止措置を促すこともあります。

(イ) 金銭請求

金銭請求の関係では、侵害通知の段階で、権利者が把握している事情から損害額を確定することは困難ですので、損害賠償請求を行うための前提として、まずは製造・仕入・輸入などの数量、販売数量及び在庫数量などの開示を求めるケースが多いように思います。

金銭請求の根拠としては、一般的には不法行為に基づく損害賠償請求（著作権であれば民法709条、著作者人格権であれば同710条）となります。損害賠償請求を行う際の、損額の額及び侵害行為との因果関係についてのみなし・推定規定が著作権法114条に置かれていることは第11章９「権利侵害の場合の効果」で説明したとおりです。侵害通知で損害額に言及する場合には、どういった根拠で請求するのかも記載したほうがよいでしょう。

損害賠償請求権は損害及び加害者を知った時から３年間行使しないときは消滅時効にかかってしまいます（民法724条１号）。そこで不法行為に基づく損害賠償請求権が時効消滅している場合には、侵害者において本来著作物の利用に際して権利者に支払う必要のあったライセンス料相当額の支払を免れたという利益を得ているとして、不当利得返還請求を行うこともあります。ただし令和２（2020）年４月１日施行の民法改正で不当利得返還請求権を含む一般債権の消滅時効に関して、権利を行使することができることを知った時から５年間という主観的起算点（民法166条１項１号）が新設されたため、従来と比べると不当利得返還請求を行える期間は短くなりました。

(ウ) それ以外の事項

差止め及び損害賠償以外の請求としては、侵害行為に及んだ経緯の説明や侵害の成否に関する被疑侵害者の意見、侵害行為に対する謝罪などを求めるケースが多いように思います。

謝罪等については、ホームページなどで公表して謝罪する場合と、当事者間で謝罪文を差し入れるなどして非公表の形で謝罪する場合とがあります。また、謝罪をする場合に、誰から誰に対して、何について、どのような文章で謝罪をするのかなども問題になります。

権利者によっては、この謝罪を受けることを重視する人もいます。裁判になった場合には、謝罪文の掲載請求は著作権法115条に基づく請求になりますが、この請求は著作者人格権侵害の場合にのみ認められる請求であり、著作権（著作財産権）の侵害の場合には請求できませんし、判決で謝罪文の掲載まで認められるケースは少ないのが実情です。したがって、謝罪という点にこだわるのであれば、話し合いでの解決を目指すのも選択肢です。

一方、被疑侵害者から見ると、訴訟提起に至り判決で謝罪広告の掲載を命じられる可能性は高くはないのですが、権利者が訴訟を提起したことや著作権侵害を認める判決が下された旨をプレスリリースすることは止められません。著作権侵害事件を含む知的財産事件については、ほとんどの判決文が裁判所のウェブサイトに掲載されますので、事件の内容なども公になる可能性が高いといえます。したがって、被疑侵害者としても、紛争を公にしないために、話し合いで適切な落とし所を見つけるメリットがあります。

謝罪といっても、著作権侵害を認めなければ謝罪にならないというわけでもなく、侵害かどうかはともかく紛争に至るような表現をしてしまったことや、それによって権利者に不快の念を抱かせてしまったことについて謝罪をするケースもあります。柔軟性の点こそ話し合いによる解決の最大のメリットですので、単に謝罪をする／しないではなく、謝罪の内容や対象も含めて、双方の立場を尊重した形での謝罪ができないかなどを検討することも重要です。

2　侵害通知に対する回答

次に、侵害通知を受け取った被疑侵害者の対応について検討します。

侵害通知を受け取った場合、まずは侵害通知に記載された事実関係や権利侵害の有無などについて、相談者から聞き取りを行いながら検討します。そのうえで、侵害が成立する可能性の大小や、訴訟提起に至る可能性の大小、通知人の要求事項などを踏まえて、被疑侵害者としてどのような対応を取るのか、どのような回答を行うのかを検討します。

対応として検討すべき主な点は、

- 被疑侵害行為を停止するか否か
- 販売数量等を開示するか否か
- 侵害通知への回答をするか否か及びその内容

です。

(1) 被疑侵害行為を中止するか否か

多くのケースで最初に検討するのが、権利侵害と指摘されている行為を中止するか否かです。被疑侵害行為を中止するか否かによって、その後訴訟提起に至る可能性も大きく変わってきますし、侵害通知や権利者の他の要求事項に対する対応方針も変わり得ます。

通常、侵害が成立する可能性の大小は、被疑侵害行為を中止するか否かの判断に大きな影響を与えます。侵害が成立する可能性が高ければ被疑侵害行為を中止し、低ければ継続するという判断になりやすいでしょう。

その他にも、被疑侵害行為とされる表現行為の目的がどの程度達成されているのかや、被疑侵害行為を中止した場合の経済的な影響や取引先などとの関係への影響、他の類似案件への影響、紛争の早期解決のメリットなどを総合的に考慮して、被疑侵害行為を中止するか否かを決定します。これらの事情によっては、権利侵害をしている可能性が高いとしても被疑侵害行為を継続せざるを得ない場合もありますし、権利侵害をしている可能性が低くても中止を決定することもあります。

被疑侵害行為を中止する場合には、当該表示を削除してしまうのか、他の表現に差し替えるのか、いつから中止するのかなども検討する必要があります。ウェブサイトなどに掲載されている場合であれば、被疑侵害表現の部分だけを削除したり、差し替えたりすることも比較的容易ですが、印刷物などの場合には部分的な削除や差替えは困難ですので、現在保有している在庫状況なども考える必要があります。

(2) 販売数量等を開示するか否か

権利者が侵害通知において、販売数量等の開示を求めている場合、その開示をするか否かを検討する必要があります。

この場合も、権利侵害が成立する可能性の大小、被疑侵害行為を中止するか否か、訴訟を提起される可能性の大小、訴訟を提起された場合の経済的、社会的な影響、早期解決のメリットなどを考慮して、開示するか否かを検討することになります。

(3) 侵害通知への回答をするか否か及びその内容

ケースによって、侵害通知に対してまったく回答をしないということもないわけではありません。しかし、侵害通知を受けているのに何も回答をしなければ、通知人としては誠実な対応が期待できないと考えるでしょうから、訴訟を提起されてしまうリスクは増加する一方です。したがって、被疑侵害者としては侵害が成立しないと考える場合であっても、何かしらの回答を行うのが一般的です。

実務上多い回答を大別すると、①侵害を認め要求事項の全部又は一部に応じる旨の回答、②侵害は否認しつつ被疑侵害行為は中止する旨の回答、③侵害を否認し要求事項には応じない旨の回答などが挙げられます。

3 裁判外での和解

侵害通知と回答書のやりとりの結果、そのまま特段の書面を取り交わすこともなく、紛争がフェードアウトすることもあります。一方、一定の条件で合意ができる場合に、合意内容を記載した書面を取り交わして紛争を終結させることもあります。このような書面を取り交わすことは、法的安定性を高めるという点ではメリットがあります。

合意書面には、

- 侵害の成否
- 被疑侵害行為を停止するか否か
- 金銭支払の有無や額
- 謝意を表明するか否か、謝意の対象
- 守秘条項や清算条項

などが含まれるのが一般的です。

⑴ 侵害の成否

権利者と被疑侵害者とで侵害の成否についての見解が合致する場合には、侵害が成立すること又は成立しないことを認める旨を合意書に記載するケースもあります。一方、両者で侵害の成否について争いがある場合などには、侵害の成否について合意書で触れないケースもあります。

当事者の意向として侵害の成否にこだわる場合もありますが、侵害の成否について白黒つけずに、双方の立場を尊重しながら妥当な落としどころを見つけるというのが、和解の大きなメリットの１つといえます。

⑵ 被疑侵害行為を停止するか否か

被疑侵害行為を停止しない場合、権利者においてその行為について異議を述べないということを合意書に記載します。

被疑侵害行為を停止する場合、いつから中止するのかを記載します。

現在行っている被疑侵害行為を停止するだけではなく、将来においても被疑侵害行為を行わないことを記載することも多いですが、その範囲についてどのように記載するかが問題となることがあります。現在行っている被疑侵害行為を停止する以上、同一の行為を将来においても行わないと記載するのであれば、特段争いにはなりません。これに対して、「同様の行為」を行わないとか、「侵害行為」を行わないというような抽象的な記載では、その範囲が不明確となり、かえって将来における紛争の種にもなりかねません（特に、侵害行為を行わないと記載するのでは、著作権法が規定していることと変わりませんので、合意として意味があるとは思えません。）。

例えば、著作物の範囲や被疑侵害行為の態様、媒体などを限定することで、ある程度不作為の内容が明確になるような記載を行うことが、当該条項の実効性を確保し、将来の紛争を抑止するという観点からは重要です。

⑶　金銭支払の有無や額

金銭支払を合意の内容とする場合には、支払の名目（「損害賠償金」、「解決金」、単なる「金」など）、金額、支払方法（一括／分割、振込など）を記載します。

なお金銭の名目については、これを「損害賠償金」と書いても「解決金」と書いても、支払われる金銭の性質が、著作権等の使用対価であると評価される場合には、消費税や源泉所得税の課税対象となりますので注意が必要です（消費税について、国税庁タックスアンサー「No.6157 課税の対象とならないもの（不課税）の具体例」を参照。源泉所得税について、所得税法161条11号ロ及び国税不服審判所2003年11月19日裁決を参照）。

⑷　謝意を表明するか否か、謝意の対象

被疑侵害者から通知人に対して、謝意を示すことを合意内容とする場合があります。この際検討すべきは、謝罪を公表するか否かや、何に対して、誰に謝罪をするのかという点です。

公表の有無に関しては、当事者間でのみ謝意を示すこととして、非公表とするケースもあります。謝罪文を公表する場合であれば、権利者と被疑侵害者のどちらが（あるいはどちらも）、どのような媒体で公表するのかという点も問題となります。さらに謝罪を公表する場合には、その公表期

間も決める必要があります。

謝罪内容に関しては、権利侵害を認めて、侵害行為を行ったことについて謝罪するというケースもあれば、権利侵害は認めない（あるいは権利侵害の成否については触れない）が、紛争を生じさせてしまったこと、あるいは権利者に不快の念を抱かせてしまったことについて謝罪するというようなケースもあります。

(5) 守秘条項や清算条項

著作権等の侵害事案に特有の問題ではありませんが、合意内容や合意の存在について守秘義務を負うか否かを決定する必要があります。守秘義務を定めるのであればどちらが、何について、守秘義務を負うのかを合意書に記載します。

また清算条項についても、当事者の関係性（他の取引関係の有無など）に応じて、清算範囲を一切の権利義務とするか、当該事案に限定するかを検討することになります。

(6) 文　　例

ア　警告書の文例

参考までに、被疑侵害者である株式会社乙が製造、販売するスマホケースに描かれたイラストが、著作権者である株式会社甲がウェブサイト上などで使用しているイメージキャラクター「くまのすけ」のイラストに類似しているとして、甲が乙に対して、著作権侵害の通知を行う場合の文例を掲載します（**図表16－1**参照）。

イ　回答書の文例

上記アの警告書に対し、乙社イラストからはくまのすけのイラストの表現上の本質的特徴部分が感得できないとして著作権侵害の成立は争いつつ、乙社商品の製造、販売を中止する旨の回答を行う場合の文例を掲載します（**図表16－2**参照）。

ウ　和解合意書の文例

上記ア、イのようなやりとりがなされた後、甲社と乙社との間で訴訟外での和解が成立した場合の合意書の文例を掲載します（**図表16－3**参照）。

図表16－1　警告書の文例

警告書

2021年１月１日

〒○○
○○県○○市○○
株式会社乙
代表取締役　○○　殿

〒□□
東京都□□区□□
□□法律事務所
電　話□□　　ＦＡＸ□□
株式会社甲　代理人
弁護士　□□

冠省

当職は、株式会社甲（以下「甲」といいます。）より委任を受け、同社の代理人として、貴社に対し、以下のとおり警告いたします。

1　甲は、ホテルなどの宿泊施設の運営等を目的とする株式会社であり、全国100か所以上で「ホテルＸ」チェーンを運営しています。

甲は2000年以降、ホテルXのイメージキャラクターとして、熊をモチーフとしたキャラクター「くまのすけ」を採用し、甲のウェブサイト（https://www.□□）やパンフレット等において継続して使用しています。[1]

くまのすけは、1999年ころに甲から外部のデザイン事務所に対し、キャラクター制作を委託し納品を受けたものですが、甲と外部デザイン事務所との制作委託契約により、成果物であるくまのすけのイラストの著作権（著作権法27条、28条の権利を含みます。）は、デザイン事務所から甲に対して譲渡されています。[2]

したがって、現在では甲がくまのすけのイラストに係る著作権を保有しています。

2　ところで、甲において確認をしたところ、貴社が製造し、貴社ウェブサイト（https://www.○○）で販売しているスマホケース（以下「貴社商品」といいます。）に描かれている熊のキャラクターのイラスト（以下「貴社イラスト」といいます。）は、くまのすけのイラストと酷似しており、貴社イラストからは、くまのすけのイラストの表現上の本質的特徴部分を優に感得できます（詳細な対比は、本警告書と別送する同日付けの対比表をご参照ください。[3]）。

このようにくまのすけのイラストと酷似する貴社イラストを付した貴社商品を製造する行為は、甲の保有する複製権を、貴社商品を販売する行為は譲渡権を、それぞれ侵害するものです。[4]

1　Xの事業内容やイメージキャラクターとして使用している事実などは、請求原因事実（著作権侵害が認められるために必要な事実）ではありませんが、大事な、思い入れがあるキャラクターであり、断固とした対応をとる必要があることを示す事情として記載しました。

2　特掲すべき著作権法27条、28条の権利を含め、著作権の譲渡を受けていることを示す事実です。特に本件はデッドコピーの事案ではなく、類否が問題となるので、著作権法27条、28条の権利を含め、譲渡を受けていることを指摘しています。

また貴社イラストの写った貴社商品の写真を貴社ウェブサイトのホスティングサーバに記録し、インターネット上で公開する行為は、甲の保有する複製権及び公衆送信権を侵害するものです。

3　したがって、甲は貴社に対し、本警告書をもって、本警告書到達後直ちに貴社商品の製造及び販売を中止するとともに、貴社商品の在庫を廃棄し、廃棄したことを証明する文書（マニフェスト等）を提示することを求めます。また、貴社ウェブサイトから貴社商品のページを削除することも求めます。[5]

加えて、本警告書到達後２週間以内に、当職宛てに書面で、下記(1)〜(3)の各事項について回答するよう求めます。

(1)　貴社商品の販売開始時期

(2)　これまでの貴社商品の製造数量、販売総数及び在庫数量

(3)　販売先ごとに、販売先の名称並びに貴社商品の販売日、販売数量及び販売金額

4　くまのすけは甲が長年使用してきた、大事なイメージキャラクターです。本警告書に対して、誠意あるご対応をいただけない場合には、訴訟提起など更なる法的手段を取ることを検討せざるを得ませんので、その旨申し添えます。

3　内容証明郵便では、書式が制限されていますので、２つのイラストをわかりやすく対比するために対比表は別送することを想定しています。なお、本文例では、対比表は省略しますので、図表17－２の訴状案に添付した対比表をご覧ください。

4　厳密に言えば、乙のイラストが二次的著作物に当たる場合には、著作権法28条によって原著作者が専有する権利（複製権等）の侵害になりますが、記載を省略しました。

5　商品ページ全体が著作権を侵害しているわけではありませんので、著作権法112条１項の請求としては、乙のイラストが写っている写真の削除を求めることになると思います。しかし、商品の販売が著作権侵害に当たる以上、その商品ページを存続させる意義はありませんし、著作権法112条２項の請求としては、商品ページ全体の削除も成り立ち得ると考え、このような要求としたものです。

本件に関しては当職が受任しておりますので、上記の回答その他、以後のご連絡は当職に宛てて、書面でいただくようお願いします。

草々

図表16－２　回答書の文例

回答書

2021年１月15日

〒□□
東京都□□区□□
□□法律事務所
株式会社甲　代理人
弁護士　□□ 先生

〒○○
東京都○○区○○
○○法律事務所
電　話○○　　ＦＡＸ○○
株式会社乙　代理人
弁護士　○○

冠省

当職は、株式会社乙（以下「乙」といいます。）より委任を受け、同社の代理人として、貴社から乙に対して送付された2021年１月１日付け警告書（以下「貴社警告書」といいます。）に対して、以下のとおり回答いたします。

1　貴社警告書では、乙社が製造、販売するスマホケース（以下「乙社商品」といいます。）に描かれた熊のキャラクター（以下「乙社イラスト」といいます。）が、貴社のイメージキャラクターであるくまのすけのイラスト（以下「貴社イラスト」といいます。）に酷似している旨、また、乙社商品の製造、販売等が貴社イラストに係る貴社著作権を侵害する旨指摘されています。

2　しかし、貴社警告書と同日付けで送付された対比表において、貴社が貴社イラストと乙社イラストとで類似していると指摘されている点は、いずれも他の熊のイラストにも見られるようなありふれた表現であって、これらの点が共通することをもって乙社イラストから貴社イラストの表現上の本質的特徴部分が感得されるとはいえません。

むしろ、貴社イラストと乙社イラストを対比した場合には、

- 顔の輪郭は、貴社イラストでは円形であるのに対して、乙社イラストでは横長の楕円形である
- 鼻を見ても、貴社イラストと乙社イラストでは、顔全体に対する鼻の大きさが異なる
- 目や口の表情についても、貴社イラストはウィンクをして片方の口角を上げてニヤリと笑っているのに対し、乙社イラストでは両目を開けて口も真っ直ぐに微笑んでいる

など、同じ熊をモチーフにしたイラストであるといっても、両者から感得される表現の本質的特徴は全くの別物です。したがって、乙

社商品の製造、販売等は貴社の著作権を侵害するものではありません。

3　なお、今回貴社警告書を受けて、乙社イラストの制作経緯について調査を行いましたが、乙社イラストは、ファンシーなグッズを好む需要者層をターゲットとし、ぷくっと可愛らしくデフォルメされた、ぬいぐるみのような熊をイメージして乙社の社内デザイナーが創作したものであり、その後社内の会議で数回の修正を経て現在の乙社イラストが完成しました。当該デザイナーにも確認をしましたが、乙社イラストの創作から完成に至るまでの過程で、貴社イラストを参考にした事実はありませんでした。[6]

4　以上のとおり、乙社の行為は貴社著作権を侵害するものではありません。

一方で貴社警告書を受けて、くまのすけが貴社にとって思い入れのある、大事なイメージキャラクターであることは理解しました。乙社の事情としても、乙社商品は、注文があるたびに無地のスマホケースにイラストをプリントして製造するものであって、在庫を保有しているわけではありません。そこで乙社としては、貴社との無用な紛争を避けるためにも、以後乙社商品の製造、販売は中止することとし、既に乙社商品のページは乙社ウェブサイトから削除しております。[7]

貴社警告書に記載された他の要求事項につきましては応じかねます。

6　独自制作をしたという事情により、悪意を持って類似のイラストを使用したわけではないことを示しました。

7　著作権侵害は否定しつつも、中止することの影響や、紛争の早期解決のメリットなどを勘案して、中止するという対応を取りました。

5　本件に関しては当職が受任しております。もし更なるご連絡がある場合には、以後当職に宛てて、書面でいただくようお願いします。

草々

図表16－3　合意書の文例

合意書

株式会社甲（以下「甲」という。）及び株式会社乙（以下「乙」という。）は、乙が製造、販売していた別紙1記載のスマホケース（以下「本件商品」という。）について、以下のとおり合意する。[8]

1　乙は、本合意書締結日以降、本件商品の製造、販売を行わない。

2　乙は甲に対し、以下の各事項を保証する。

(1)　本合意書締結の時点において、乙が本件商品の在庫を保有していないこと。

(2)　本合意書締結までに、以下のウェブページを削除したこと。[9]

https://www.〇〇

3　甲は、乙が別紙2記載のイラストを利用することについて異議を

8　別紙は省略します。

9　乙社商品が掲載されていたウェブページを削除済みであることを保証するものです。ただし、ウェブサイトが削除されたことは、甲においても確認できる事柄ですので、乙が保証するのではなく、甲及び乙で相互に確認するという形式でもよいように思われます。

述べない。[10]

4　甲及び乙は、本合意の内容を含み、本件の内容を第三者に開示しないことを相互に約する。

5　甲及び乙は、本合意書に定めるもののほか、相互に一切の債権債務のないことを確認する。

2021年２月１日

甲代理人
〒□□
東京都□□区□□
□□法律事務所
弁護士　□□

乙代理人
〒○○
東京都○○区○○
○○法律事務所
弁護士　○○

10　甲社と乙社との間で、変更後のイラストについての合意ができた場合を想定しています。このような合意ができれば、将来の紛争防止に役立つといえます。なお別紙は省略します。

第17章 著作権等侵害訴訟

訴訟外でのやりとりによって解決に至らなかった場合には、著作権等侵害訴訟を提起して紛争解決を図るのが一般的です。そこで以下では、著作権の侵害訴訟を例として手続や審理について説明します。

1　国際裁判管轄と準拠法

(1)　国際裁判管轄

インターネットが普及した現在では、海外に居ながら、海外のサーバを使用して、日本国内に向けて情報を発信することが極めて容易に可能になっています。このように、海外のサーバ等において権利侵害が生じている場合に、日本の裁判所に権利救済を求めるためには、日本の裁判所が国際裁判管轄権（その事件を取り扱う資格）を有することが必要になります。

民事訴訟法３条の３各号は、訴えの類型ごとに、日本の裁判所が国際裁判管轄権を有するための要件を規定しています。そのうち著作権侵害訴訟において問題となることが多いのは、民事訴訟法３条の３第８号が規定する不法行為に関する訴えに係る国際裁判管轄です。同号は「不法行為があった地が日本国内にあるとき（外国で行われた加害行為の結果が日本国内で発生した場合において、日本国内におけるその結果の発生が通常予見することのできないものであったときを除く。）。」と規定していますが、ここでいう「不法行為があった地」には不法行為の結果が発生した地も含まれると解されています（同号創設前の判例ですが、タイ王国在住の個人と株式会社円谷プロダクションとの間で、「ウルトラマン」シリーズ等のテレビ映画の著作権の帰属などが争われ、国際裁判管轄が問題となった円谷プロ事件（最判平13・6・8（平12オ929））。なお民事訴訟法3条の3第8号のかっこ書の反対解釈からもそのように理解できます。）。

したがって、海外のサーバから公衆送信が行われている場合であっても、日本国内に向けて送信され、日本国内で侵害著作物が閲覧できる場合であれば、日本において不法行為の結果が発生しているといえると考えられます（韓国TV事件（東京地判平26・7・16（平25ワ23363））も、韓国国内に設置されたサーバから日本国内に向けて公衆送信を行うサービスに関して、「日本に在住する韓国人に向けられたサービスであり、被告による『不法行為があった地』の少なくとも一部は日本国内にあると認められる」と判断しています。）。

(2) 準 拠 法

日本の裁判所が国際裁判管轄権を有し、そこに訴えを提起することができるか否かと、日本の法律を適用して判断が行われるか否かは別の問題です。意外に思われるかもしれませんが、日本の裁判所が、アメリカの法律を解釈適用して判断を行うということもあり得ます。

どこの国の法律を適用するのかという点は、準拠法の選択の問題と呼ばれ、日本では「法の適用に関する通則法」という法律がそのルールを定めています。著作権侵害事案の準拠法については、著作権に関する条約であるベルヌ条約の規定（5条2項）と法の適用に関する通則法との関係について議論もありますが、一般的には著作権侵害に基づく損害賠償請求権に関しては、法の適用に関する通則法17条の「加害行為の結果発生地」である日本の法律が準拠法となり、差止請求権に関しては、法の適用に関する通則法17条の「加害行為の結果発生地」又はベルヌ条約5条2項「保護が要求される同盟国」として日本の法律が準拠法になると解されています。

2　国内裁判管轄

(1)　第一審の管轄

ア　民事訴訟法６条、６条の２

日本の裁判所が国際裁判管轄権を有する場合に、日本のどの裁判所に訴えを提起することができるのでしょうか（**図表17－１**参照）。これは国内裁判管轄の問題と呼ばれ、民事訴訟法４条以下で規定されています。

そのうち、著作権侵害訴訟を含む知的財産権に関する訴えについては、民事訴訟法６条及び６条の２に特別の規定が設けられています。著作物の中でも特にプログラムの著作物に関する訴えについては、特許権に関する訴えと同様、技術的・専門的な知見を要することから、東京地方裁判所と大阪地方裁判所に専属管轄が認められています（民事訴訟法６条１項）。大雑把にいえば、日本の東半分は東京地方裁判所、西半分は大阪地方裁判所の専属管轄に属するのですが、名古屋高等裁判所の管轄区域内については大阪ではなく、東京地方裁判所の専属管轄となるというのは、距離的に考えるとちょっと意外かもしれません。

プログラムの著作物以外の著作物に関する訴えについては、民事訴訟法６条の２が、土地管轄を有する地方裁判所と東京・大阪地方裁判所との重畳的な管轄に属する旨規定しています。例えば札幌に居住する原告が那覇に居住する被告に対して、著作権侵害に基づく損害賠償請求訴訟を提起する場合、民事訴訟法４条１項に基づいて被告住所地を管轄する那覇地方裁判所に訴えを提起することもできますし、民事訴訟法６条の２第２号により大阪地方裁判所に訴えを提起することもできます。あるいは、民事訴訟法５条１号に基づいて、損害賠償債務の義務履行地である原告住所地を管轄する札幌地方裁判所に訴えを提起することもできますし、民事訴訟法６条の２第１号により東京地方裁判所に訴えを提起することもできます。

イ　簡易裁判所

なお、レアケースかもしれませんが、知的財産権に関する訴えで、訴額が140万円を超えないものの管轄はどのように定まるのでしょうか。民事訴訟法６条１項や同６条の２は「地方裁判所」が管轄を有する場合の規定ですので、訴額が140万円を超えない訴えについては適用がありません(裁判所法33条１項１号、24条１項かっこ書)。したがって、プログラムの著作物に関する訴えであれば、民事訴訟法６条２項により、各地の簡易裁判所と東京・大阪地方裁判所との選択的管轄に属することになります（図表17－１)。

プログラムの著作物以外の著作物に関する民事訴訟法６条の２には、このような選択的管轄の定めがありませんので、各地の簡易裁判所に訴えを提起すべきことになります（ただし民事訴訟法18条の規定に基づいて、簡易裁判所がその所在地を管轄する地方裁判所に裁量移送を行うことは可能です。)。

図表17－１　国内裁判管轄

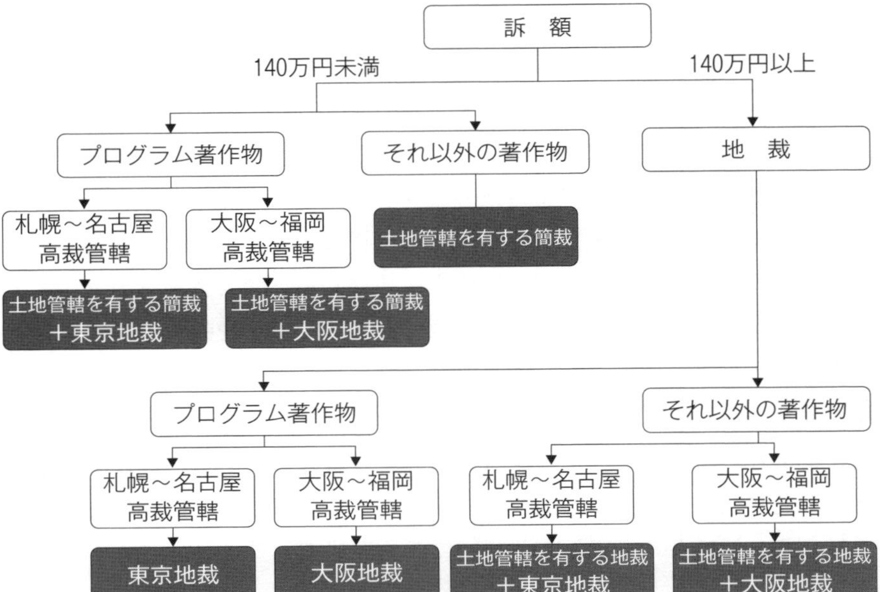

⑵　控訴審の管轄

プログラムの著作物に関する訴えについては、第一審が東京地方裁判所に係属していたもののみならず、大阪地方裁判所に係属していたものについても、東京高等裁判所（実際にはその特別の支部である知的財産高等裁判所）の専属管轄に属します（民事訴訟法６条３項）。

これに対して、プログラムの著作物以外の著作物に関する訴えについては、民事訴訟法６条３項のような規定はありませんので、その控訴審は通常の民事事件と同様、各地方裁判所を管轄する高等裁判所に係属することになります。

3　著作権侵害訴訟の審理手続の特色

著作権侵害訴訟も通常の民事訴訟ですから、基本的な手続については、他の事件と変わるわけではありません。しかし、著作権侵害訴訟には２段階審理など、審理手続の運用面で特色のある点もありますので、以下で説明します。

⑴　訴額の算定

著作権侵害訴訟を含む知的財産権に関する訴訟に関しては、東京地方裁判所及び大阪地方裁判所が、それぞれ訴額の算定方法に関する原則的な取扱いを公表しています（いずれも同内容です。裁判所ウェブサイト「知的財産権法に基づく請求等の訴額の算定基準」（https://www.courts.go.jp/tokyo/saiban/sinri/ip/index.html）を参照）。

通常はそこに記載された算定方法から原告が１つを選択して、数式に数字を当てはめた「訴額算定書」を作成し、訴状とともに提出します。その際、訴額算定の根拠となる売上等の数字についての疎明は求められていません。

一方、著作権侵害に基づく損害賠償請求の訴額は、通常の民事訴訟と同様、請求額がそのまま訴額となります（一部請求も可能です。）。

(2) 知財専門部の存在

知的財産に関する訴訟に関しては、東京地方裁判所に４部（民事第29、40、46、47部）、大阪地方裁判所に２部（第21、26民事部）、それぞれ知財専門部が設置されています。各知財専門部には知的財産高等裁判所への配属経験がある裁判官も多く配属されています。

訴えの提起は通常の民事事件と同様に、地方裁判所の事件係に対して行いますが、その後知的財産に関係する訴訟については、これらの専門部に配転される運用になっています。複数の専門部のうち、どの部に配転されるかはわかりません。

知的財産に関する訴訟の審理は３名の裁判官の合議体によって行われます。多くの事件では、１名又は２名を受命裁判官（合議体３名のうち、主に審理を担当する裁判官）として、弁論準備手続（民事訴訟法168条に規定する、争点及び証拠の整理のための非公開の手続）に付して審理が行われます。コロナ禍の影響もあり、最近では、当事者双方の出頭が不要な書面による準備手続（民事訴訟法175条）に付したうえで、ウェブ会議システムを使用することも多くなってきました。

(3) 書面の提出の運用

知的財産に関する訴訟における準備書面その他の提出書面の部数等については、東京地方裁判所及び大阪地方裁判所の知的財産専門部が、それぞれウェブサイトで運用を公表しています。

東京地方裁判所では、プログラム著作物以外の著作物に関する事件であれば、正本、副本のほかに写しを３部（すなわち正副合わせると最低５部）提出するよう求めています（裁判所ウェブサイト「書類及び電磁データ の提出について」(https://www.courts.go.jp/tokyo/saiban/shorui_denji/index.html)）。

プログラムの著作物に関する事件であれば、裁判所調査官が関与するため、さらに写しをもう１部追加することになります（すなわち合計で写し４部。正副合わせて最低６部）。また準備書面などの主張書面については、運用として、電磁データの提出も求められています。

⑷　２段階審理

ア　侵害論と損害論

知的財産に関する訴訟で、損害賠償請求も行われている場合には、権利侵害が成立するか否かの議論（侵害論）と侵害が認められる場合の損害額の議論（損害論）を区別して、２段階に分けて審理をする運用となっています。すなわち、まず侵害論の審理を行い、裁判所において権利侵害が認められると判断した場合に、続いて損害論の審理が行われるのが一般的です。侵害論の審理が終わった段階で、侵害論に関してそれ以上に主張立証がないことを調書に記載することもあります。

２段階審理が採用されることによって、権利侵害が成立しない場合には、損害論の審理は不要となり、損害算定の基礎となる売上その他の情報を開示する必要もありません。これによって審理の迅速化が図れると同時に、相手方に対して不必要に売上金額等の経営に関わる情報を開示することも防止できます。

一方権利侵害が成立する場合には、売上金額等の損害算定の基礎となる情報について裁判所からも任意で提出するように強く求められます。侵害が成立しているので、被告が任意で開示しないのであれば、文書提出命令（民事訴訟法223条）等も発令されやすくなります。

このように２段階審理には、売上等の情報を不必要に開示することを避けつつ、権利侵害が成立する場合の損害論の審理をスムーズに行うという効果があります。

イ　２段階審理と判決

以上のように知的財産関係訴訟では侵害論と損害論の２段階審理が採用されていますが、これは１つの民事訴訟の中の審理計画の問題にすぎません。権利侵害が認められた段階で、差止請求の部分について手続を分離して終局判決を行ったり、侵害の成否に関する中間判決を行ったりするという運用も考えられるところではあります。実際に中間判決が行われたケースもありますが、多くの事件では損害論に進む前に事実上心証が開示されるだけで、損害論の審理が終わった段階で、差止請求と損害賠償請求の双方について、１つの判決で判断が示されるという運用がされています。

この点に関連して、後述の仮処分の箇所で説明するように、本案訴訟と仮処分事件とを並行させるなどの実務上の工夫も行われています。

ウ　和解の促進

また、２段階審理のもう１つの効果として、和解の促進という点が挙げられます。

損害賠償請求が行われている事案においては、２段階審理が行われるため、侵害論の審理が終わった段階で侵害の成否に関する裁判所の心証が明確に示されます。

判決前に裁判所の心証が明らかにされるため、その心証を踏まえての和解を行う契機が生まれます。実務上も、知的財産に関する訴訟で裁判上の和解に至るタイミングとしては、侵害論の心証が示された段階と、損害額の心証が示された段階と、大きく分けると２つのタイミングがあります。

エ　控訴審の審理

控訴審においては、必ずしも第一審のような２段階審理が行われているわけではなく、ケース・バイ・ケースで柔軟に進行しているように思われます。第一審で損害論の審理が行われているようなケース（すなわち第一審において権利侵害が認められたケース）では、控訴審においては初めから侵害論と損害論を合わせて審理するケースが多いように感じます。一方で、第一審で損害論に入らずに判決に至ったケース（すなわち第一審において権利侵害が認められなかったケース）では、まず侵害論の審理を先行させるケースもあります。

4 訴　　状

訴状には、他の事案と同様、被告に対して求める請求の内容を示す請求の趣旨と、そこに記載された請求の根拠となる請求原因事実を漏れなく記載します。

⑴ 請求の趣旨

請求の趣旨には、差止請求、損害賠償請求及び訴訟費用の被告負担などが記載されることが一般的です。また事案によっては、著作権法115条の名誉回復等の措置として、謝罪広告等の掲載請求が記載されることもあります。

差止めに関する請求の趣旨について、どの程度差止対象となる行為を特定すべきかという点が問題となることがあります。

少し特殊なケースではありますが、マリカー事件地裁判決（東京地判平30・9・27（平29ワ6293））では、被告が運営しているウェブサイトや動画共有サービスにおいて、原告著作物の「複製物又は翻案物を自動公衆送信又は送信可能化してはならない。」という請求の趣旨に関して、このような無限定な内容の行為について、差止めの必要性を認めるに足りる立証はされていないと判断されています。

他方、裁判例を見ますと「翻案してはならない」という主文になっている判決も散見されますので、どの程度差止対象となる行為を特定すべきかについては、著作物の内容や掲載媒体、実際の侵害態様などによりケース・バイ・ケースであると言わざるを得ません。

また、差止めに関する請求の趣旨に関しては、侵害箇所が書籍や映画などの一部にとどまる場合に、書籍全体の発行や映画自体の上映を差し止めることができるのかという問題があります。この点に関して、写真で見る首里城事件（那覇地判平20・9・24（平19ワ347））は、著作権侵害に基づく損害賠償請求を認容しつつ、権利侵害となる写真が１点だけであったことや書籍の増刷状況などに照らし書籍がさらに発行される可能性が小さいことなどを理由として、差止請求については、権利濫用に当たるとして棄却しています。

その後の判決を見ますと、侵害部分を含む状態で複製、上映等をしてはならないと判断しているものが多いように思います（第12章３⑴ア「同一性保持権とは」で説明した、あなたもまた虫である事件など）。

請求の趣旨において差止対象となる行為を不必要に限定してしまうと、それ以外の態様で侵害が行われることを防止できずに、紛争解決として不十分となる場合もありますので、訴状の段階ではある程度広範な記載とならざるを得ないと思います。審理の過程で、裁判所の指示や示唆を踏まえながら、柔軟に対応していく必要があるでしょう。

⑵　請求原因

請求原因のうち、特に損害額に関する箇所は、訴え提起の段階では、原告において損害額の算定に必要な資料（被告の売上金額や利益率など）を保有していないことが通常です。著作権侵害事件では、侵害論と損害論の２段階審理が採用されていますので、訴状の段階では、どのような法律構成で損害額を主張するのか（例えば、著作権法114条１項～３項のいずれに基づいて損害額の主張を行うのかなど）をきちんと明示したうえで、具体的な数字等については、被告ウェブサイトや市場の状況など、外形的に把握できる情報から推測できる範囲で記載することで足ります。

⑶　訴状の文例

では先ほど登場した甲社と乙社に再び登場してもらい、著作権侵害訴訟の訴状例を掲載します。第16章３⑹ウ「和解合意書の文例」では乙社が乙社商品の製造、販売を任意に中止することで、無事訴訟外での解決ができましたが、**図表17－２**の訴状の文例では、乙社が乙社商品の製造、販売を継続していることを前提としています。

図表17－2　訴状の文例

訴　状

印紙

令和３年４月１日

東京地方裁判所民事部　御中[1]

〒□□　□□県□□市□□
原　　　　　　　　告　株式会社甲
上記代表者代表取締役　□□

〒□□　東京都□□区□□
□□法律事務所【送達場所】
電　話　□□　　FAX　□□
原告訴訟代理人弁護士　□□　㊞

〒○○　○○県○○市○○
被　　　　　　　　告　株式会社乙
上記代表者代表取締役　○○

訴訟物の価額　△△
貼用印紙額　　△△

1　甲も乙も住所地は東京都ではありませんが、民事訴訟法６条の２に基づいて、東京地方裁判所に重畳的な管轄権が認められるという想定です。

請求の趣旨

1　被告は、別紙被告商品目録記載の商品を製造し又は譲渡してはならない。[2]
2　被告は、別紙被告商品目録記載の商品を廃棄せよ。[3]
3　被告は、別紙写真目録記載の各写真を公衆送信（送信可能化を含む。）してはならない。[4]
4　被告は、別紙写真目録記載の各写真のデータを削除せよ。[5]
5　被告は原告に対し、金344万2450円及びこれに対する本訴状送達の日の翌日から支払済みまで年３分の割合による金員を支払え。
6　訴訟費用は被告の負担とする。
との判決及び仮執行の宣言を求める。

請求の原因

第１　当事者
1　原告
原告は、ホテルなどの宿泊施設の運営等を目的とする株式会社であり、全国100か所以上で「ホテルＸ」チェーンを運営している（甲１：原告の現在事項全部証明書）。

2　例えば、同じイラストをＴシャツなどにもプリントして販売しているような場合であれば、より抽象的に、「別紙被告著作物目録記載の著作物を複製し又は譲渡してはならない」などと記載することも考えられます。
3　請求の趣旨第１項に対応する著作権法112条２項に基づく侵害予防請求です。
4　著作権を侵害しているのは各写真なので、著作権法112条１項に基づく請求としては、このような記載になると思われます。一方、被告商品の譲渡のためのウェブページであることを理由に、著作権法112条２項に基づいて被告商品の商品ページ自体の削除を請求することも考えられます。
5　請求の趣旨第３項に対応する著作権法112条２項に基づく侵害予防請求です。

2　被告

被告は、雑貨の企画、製造、販売等を目的とする株式会社である（甲２：被告の現在事項全部証明書）。

第２　原告著作物

１　別紙原告著作物目録記載のイラスト（以下「原告著作物」という。）は、原告の運営する「ホテルＸ」のイメージキャラクター（名称「くまのすけ」）であり、原告はその運営するウェブサイト（甲３：ホテルＸのウェブサイト）やホテルＸに関するパンフレット（甲４：ホテルＸのパンフレット）等において、同イラストを継続して使用している。

２　1999年ころ、原告は外部デザイン事務所に原告著作物の制作を委託し、納品を受けた。原告と外部デザイン事務所との間の制作委託契約では、原告著作物の著作権（著作権法27条、28条の権利を含む。）は、外部デザイン事務所から原告に譲渡される旨規定されている（甲５：制作委託契約書）。したがって、原告は原告著作物の著作権を保有している。

第３　被告の行為

１　被告は、遅くとも2020年７月１日以降現在まで[6]、別紙被告著作物目録記載の著作物（以下「被告著作物」という。）が印刷された別紙被告商品目録記載のスマートフォンケース（以下「被告商品」という。）を製造し、被告が運営するウェブサイトにおいて販売している（甲６の１：2020年７月１日時点の被告ウェブサイトのアー

6　差止めの必要性を基礎付けるため、現時点でも販売を継続していることを示しています。

カイブ。甲６の２：2021年３月末日時点の被告ウェブサイト。)。また被告ウェブサイトには、被告著作物が写った別紙写真目録記載の写真１〜５（以下、合わせて「被告写真」という。）が掲載されている（甲６の１、２)。

2　被告商品には、別紙被告著作物記載のイラスト（以下「被告著作物」という。）が印刷されている（甲７：写真撮影報告書)。原告著作物と被告著作物を対比すると別紙対比表のとおりである。

両著作物を対比すると、原告著作物に比べて、被告著作物のほうが、やや輪郭が横長である点及び鼻がやや大きい点において相違はするものの、各パーツが丸みを帯びた形で描かれている点や、黒地に目鼻口が白く描かれている点、これらの配置、バランスなどは酷似している。さらに、耳の形状や大きさ、配置位置などはほぼ同一である。輪郭の相違などの点は、原告著作物に描かれたキャラクターの縦横比をわずかに変更した程度の相違であり、同じキャラクターがやや太ったという印象を与えるにすぎないのであり、両著作物から感得される表現上の特徴は異ならない。

一方、原告著作物と被告著作物では、右目の描き方や口の位置や傾きが異なるものの、これも同じキャラクターが異なる表情をしているという程度の印象の相違を与えるにすぎず、両著作物から感得される表現の本質的部分は異ならない。

加えて、原告著作物と被告著作物がこれだけ酷似していることや、原告著作物が全国100か所以上で展開している著名な「ホテルX」チェーンのイメージキャラクターとして、そのウェブサイトやパンフレットにおいて20年以上継続して使用されていることに照らせば、被告著作物が原告著作物に依拠して制作されたものであることは明らかである。[7]

そうすると、被告商品の製造及び販売は、原告の複製権及び譲渡権（被告著作物が原告著作物の翻案に当たる場合には著作権法28条により原告が専有するこれらの権利。以下同様とする。）を侵害する行為である。

また、被告写真を被告ウェブサイトのホスティングサーバに記録し[8]、インターネット上で公開することは、原告の複製権及び公衆送信権（送信可能化権を含む。以下同様とする。）を侵害する行為である。

第４　差止請求

以上より、原告は被告に対し、著作権（複製権、譲渡権及び公衆送信権）の侵害を理由として、被告商品の製造、販売及び被告写真の公衆送信の停止を求めることができる（著作権法112条１項）。

また、原告は被告に対し、上記差止請求をするに際し、侵害の予防に必要な行為として、被告商品の廃棄及び被告写真のデータの削除を求めることができる（著作権法112条２項）。

第５　損害賠償請求

１　損害額

(1)　被告商品の販売による逸失利益[9]

被告は、遅くとも2020年７月１日以降、被告商品を販売しており、

7　デッドコピーの事案であれば、依拠性が問題となることはほとんどありませんが、本件のように類否が問題となるような事案では、依拠性も争点となり得ます。通常依拠性を直接立証する証拠はありませんので、著作物の類似の程度や原告著作物がどの程度広く知られているか、原告と被告の事業内容など、被告が原告著作物に依拠したことを推認させる事情を主張すべきことになります。

8　ホスティングサーバへの複製行為は既に完了していますので、今後再度同様の複製行為が行われるおそれが認められない限り、差止めの対象にはなりません。また本件では、ホスティングサーバへの複製については、損害賠償額の算定の基礎事情にもなっていませんので、請求原因事実として指摘する必要はないかもしれません。

その販売総数は１万個を下回らない。

イラスト素材の販売サイトにおいて、イラストを商品化して利用する場合の料金は、サイトＰでは200円、サイトＱでは400円、サイトＲでは240円であり、これら３サイトを平均すると280円である（甲８の１〜３：サイトＰ〜Ｒのイラスト使用料規定)。そうすると、被告商品を販売することに対し、原告が受けるべき金銭の額は、被告商品１つ当たり280円を下回らない。[10]

したがって、被告が被告商品を販売した著作権侵害行為により原告が被った損害の額は、280万円を下回らない（著作権法114条３項[11]）。

⑵　被告写真の掲載による逸失利益

被告は、遅くとも2020年７月１日以降、被告ウェブサイトに被告写真を掲載している。

イラスト素材の販売サイトにおいて、イラストをウェブサイト上に掲載する場合の料金は、サイトＰでは１年当たり5000円、サイトＱでは期間無制限で１万円、サイトＲでは１年間当たり１万2000円であり、これら３サイトを平均すると9000円である。そうすると、被告写真の掲載に対し、原告が受けるべき金銭の額は、被告写真１枚当たり9000円を下回らない。

被告ウェブサイトには被告写真が５枚掲載されているから、被告が

9　訴え提起の段階では、被告の販売数量等を正確に把握することは困難ですので、被告ウェブサイトなど外形的に得られる情報から、およその金額を主張するしかありません。損害論の審理に入り、被告からの資料開示の結果、損害額が訴状記載の金額を上回る可能性が生じるようであれば、請求の拡張などを検討します。ただし、一部請求を行う場合には残部については時効は中断しませんので、消滅時効については注意が必要です。

10　著作権法114条３項の「相当の額」として、他のウェブサイトを参考として、イラストを商品化利用する場合の利用料相当額を主張してみました。

11　著作権法114条１項〜３項など、損害額の算定の根拠規定は明示しておくべきです。本件では、甲はくまのすけのスマホケースなどを自ら販売していないので、著作権法114条１項や２項に基づく算定は困難であるように思われます。

被告写真を掲載した著作権侵害行為により原告が被った損害の額は、４万5000円（9000円×５枚）を下回らない（著作権法114条３項）。

⑶　弁護士費用相当額

原告は、被告が著作権侵害行為に及んだことにより、本件訴訟提起を余儀なくされたものである。本件訴訟が著作権侵害訴訟という専門性が高く、弁護士に依頼するのでなければ、訴訟を追行することが著しく困難な類型の訴訟であることに照らせば、原告が被った被告による不法行為と相当因果関係が認められる弁護士費用相当の損害額は、28万4500円を下回らない。

⑷　消費税相当額

上記⑴～⑶の合計額である312万9500円に対する消費税相当額（10％）は31万2950円である。

⑸　損害額合計

原告の被った損害の額は、以上の⑴～⑷の合計額344万2450円である。

２　被告の過失[12]

被告は、様々なイラストを付した商品を企画、製造、販売する株式会社であり、商品を制作するに当たっては、他人の著作権を侵害しないようにすべき注意義務を負っている。原告著作物が20年にわたり、著名なホテルチェーンである「ホテルＸ」のイメージキャラクターとして継続的に使用されていたことに照らせば、被告が注意義務を果た

12　特許法103条などと異なり、無方式主義を採用する著作権法には過失の推定規定はありません。

していれば、原告著作物を認識し、著作権侵害を回避することができたはずであるが、被告はその注意義務を怠り、漫然と原告著作物に依拠して被告著作物を制作することにより、著作権侵害行為に及んだものであり、過失が認められる。

3　損害賠償請求に関する小括

以上より、原告は被告に対し、被告の著作権侵害行為により原告が被った損害の賠償請求として、344万2450円及びこれに対する本訴状送達の日の翌日から支払済みまで年３分の割合による金員の支払を求めることができる（民法709条、著作権法114条３項）。

第６　総括

よって、原告は被告に対し、著作権侵害を理由として、請求の趣旨記載のとおりの判決を求める。

証拠方法

証拠説明書のとおり

附属書類

1	訴状副本	１通
2	訴状写し	３通[13]
3	甲号証	正本１通、副本１通、写し３通
4	証拠説明書	正本１通、副本１通、写し３通
5	資格証明書	各１通
6	訴訟委任状	１通
7	訴額算定書	１通

以上

（別紙）

原告著作物目録

以下のイラスト

以上

（別紙）

被告著作物目録

以下のイラスト

以上

13　知的財産関係事件については、所定部数の写しの提出が求められています。プログラムの著作物以外の著作物に係る訴訟の場合には、写しは３部必要です。

（別紙）

被告商品目録

以下のスマートフォンケース[14]

以上

（別紙）

被告写真目録

写真１

（写真２以下は省略）

以上

14　商品名で特定することも考えられます。

（別紙）

対比表[15]

原告著作物

1　熊をモチーフにしたイラストであり、黒を基本として、耳、目、鼻及び口を白で描いている。

2　顔の輪郭は円形であり、上部約1/3の左右の箇所に略半円状の耳が描かれている。耳の周囲の輪郭を細く残しつつ、耳の内部は略半円状に白く描かれている。

3　顔の中心部からやや下にかけて顔の横幅の約1/3の長径を有する楕円状の鼻が描かれている。顔の縦幅に対する鼻の短径は、約1/6である。

4　鼻の上部に、縦長の楕円状の目（輪郭）が白く描かれている。その内部に、右目は黒の「＞」が描かれ、左目は黒の円が描かれている。

5　鼻の下には、やや離隔して上弦が直線の薄い円弧状の口が白く描かれている。

被告著作物

1　熊をモチーフにしたイラストであり、黒を基本として、耳、目、鼻及び口を白で描いている。

2　顔の輪郭は横長の楕円形であり、上部約1/3の左右の箇所に略半円状の耳が描かれている。耳の周囲の輪郭を細く残しつつ、耳の内部は略半円状に白く描かれている。

3　顔の中心部からやや下にかけて顔の横幅の約1/3の長径を有する楕円状の鼻が描かれている。顔の縦幅に対する鼻の短径は、約1/4である。

4　鼻の上部に、縦長の楕円状の目（輪郭）が白く描かれている。その内部に、左目、右目ともに黒の円が描かれている。

5　鼻の下には、やや離隔して上弦が直線の薄い円弧状の口が白く描かれている。

以上

15　原告から見て、両著作物が類似している箇所を濾過して、記載しました。対比表を作成するに当たっては、客観的な対比と、客観的な対比を元にした類否の評価とは区別して考える必要があります。本訴状例では、対比表の記載は客観的な対比にとどめ、類否に関する評価は訴状本文に記載しました。

5　答弁書など

(1)　答弁書の記載

訴え提起前にどの程度事前交渉が行われていたのかなどの事情にもよりますが、迅速かつ計画的な審理が行われる知的財産権関係の訴訟では、答弁書において、請求の趣旨に対する答弁にとどまらず、請求原因のうち基本的な事実関係の認否程度は行われることが多いように思われます。

本件のように著作物の類否が問題となるような事案では、原告著作物や被告著作物がどのようなものであるかは、その後の主張立証の前提となりますので、訴状で特定された著作物の態様と異なるところがあれば、早期に認否、反論しておくべきでしょう。

(2)　対比表を用いた主張の整理

また、著作物の類否や創作性が問題となる事案では、原告が作成した対比表に、さらに被告の主張や、創作性を判断するための他の類似表現などを追加していき、双方の主張を一覧性のある対比表の形にまとめていくこともあります。裁判所ウェブサイトの知的財産裁判例集にも実際の主張対比表などが掲載されていますので、ご参照ください（例えば、キャラクター画像を用いたLINEスタンプやグッズの販売につき、著作権侵害等が問われ、侵害が否定された「うるせぇトリ」事件（東京地判令２・10・14(令元ワ26106)）の添付文書２は主張対比表、添付文書３は従来表現との対比を示した表です。)。

なお、裁判所ウェブサイトで知的財産裁判例を検索すると、その「裁判例結果一覧」のページ（**図表17－３**参照）では、中央の事件表示部（事件番号や判決年月日が表示された箇所）の右側には判決全文のPDFファイルへのリンクが張られています。主張対比表などは判決全文ではなく別紙や添付資料などとして掲載されていることが多いのですが、これらの別紙や添付資料へのリンクは、事件表示部の左側の「知的財産裁判例」の箇所をクリックして表示される「裁判例結果詳細」のページ（**図表17－4**参照）に表示されるので注意が必要です。

図表17－3　裁判例結果一覧

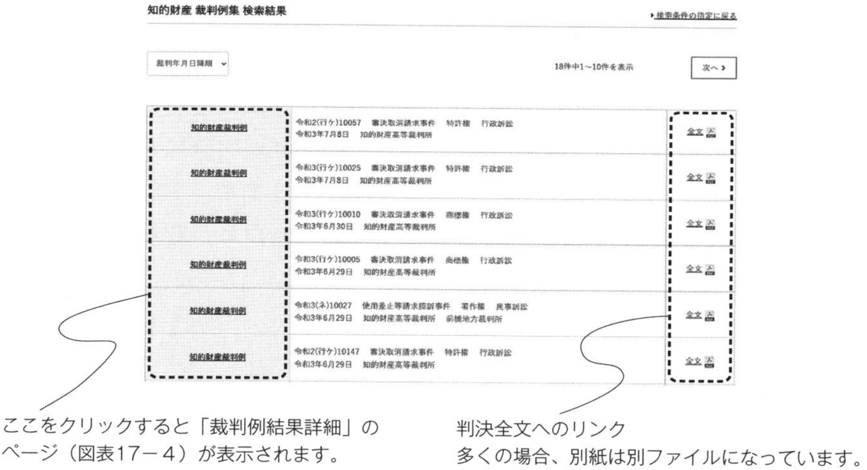

図表17－4　裁判例結果詳細

6　訴訟の終結

著作権侵害訴訟においても、多くの事案は訴訟上の和解又は判決で終結します。

著作権侵害訴訟を含む知的財産権の侵害訴訟については、一般的に侵害論と損害論の２段階審理が採用されているため、損害賠償請求が行われている事案においては、損害論の審理に進むか否かを決めるために明確に裁判所の心証が示されます。このように裁判所の心証が明確に示されることで、訴訟上の和解が促進されるという特殊性があります。実際にも、心証開示の段階で、裁判所から和解の可能性を尋ねられたり、和解が成立したりすることもしばしばあります。

第18章 著作権侵害訴訟以外の紛争解決手段

話し合いによって解決に至らない場合、一般的に用いられる紛争解決手段は著作権侵害訴訟ですが、それ以外の紛争解決手段もありますので、以下に紹介します。

1　著作権侵害差止めの仮処分

損害賠償請求を行うためには本案訴訟を提起せざるを得ませんが、差止請求のみを行うのであれば、仮処分の申立てという手段もあります。

(1) 迅 速 性

雑誌の発行や映画の上映などが行われる前に、著作権侵害がされているという情報を掴むことができ、かつ、その発行や上映の時期が差し迫っているようなケースでは、本案訴訟を提起して判決を得る時間はありませんので、著作権侵害の差止めを求める仮処分を申し立てることが考えられます。

このようなケースにおける仮処分事件では、迅速に審理が行われ、発行や上映が行われる前に侵害／非侵害の結論が出ることもあります。

(2) 手続上のメリット

著作権侵害の差止めを求める仮処分は、仮の地位を定める仮処分（争いがある権利関係について、現在債権者に生じる著しい損害又は急迫な危険を避けるために暫定的な措置をすることを求める仮処分）であり、「口頭弁論又は債務者が立ち会うことができる審尋の期日を経なければ、これを発することができない。」とされています（民事保全法23条４項。通常は審尋期日が設けられます。）。

この口頭弁論又は審尋の期日の呼出しは、正式な送達手続による必要がなく、「相当と認める方法」によることができると規定されています（民事保全規則３条１項）。特に債務者が海外に居住、所在するような場合、正式な送達手続を行うと時間がかかってしまいますので、相当と認める方法（海外の場合は、国際スピード郵便（EMS）などが利用されます。）で足りる仮処分手続を利用するメリットがあります。

(3)　２段階審理との関係

第17章３(4)「２段階審理」で説明したとおり、知的財産権の侵害訴訟では侵害論と損害論との２段階審理が行われるのが一般的です（**図表18－１**参照）。前述のとおり、侵害論の審理の結果、権利侵害が認められれば、その時点で差止請求の部分については審理を分離して終局判決をすることも可能ではありますが、そのような運用はされていません。

そのため、侵害が認められた段階で速やかに差止めを実現したいような場合には、本案訴訟とともに仮処分の申立てを行っておくことで（この場合、通常は仮処分事件だけが先行することなく、両事件は同時に進行していきます。）、侵害心証が得られた時点で仮処分事件について仮処分決定を得ることができます（本案事件については損害論に進みます。）。

また、本案訴訟で侵害心証が示されたにも関わらず、被告が任意に侵害行為を中止しない場合に、その段階で追加的に差止めを求めて仮処分を申し立てることもあり得ます。この場合、本案訴訟を担当したのと同一の部

図表18－１　仮処分と本案訴訟の関係

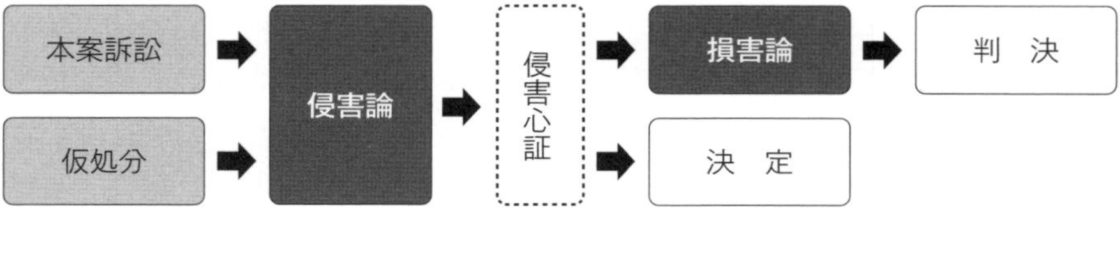

が仮処分事件の審理も担当するという運用が取られていますので、迅速に仮処分決定を得ることができます。

⑷　その他のメリット

その他にも、仮処分事件に関しては、取下げに債務者の同意が不要である点や、申立てに要する印紙額が本案訴訟に比して低額で済むというようなメリットもあります。

そういった利点を活かして、裁判所の関与のもとで和解の話し合いを行うことを目的に、仮処分の申立てを行うこともあります。

2　知財調停

⑴　知財調停の新たな運用

東京地方裁判所及び大阪地方裁判所では、知的財産権に関する紛争について簡易・迅速な解決を図るために、令和元（2019）年10月１日から、知的財産権に関する調停手続について、新たな運用を開始しました（東京地方裁判所「知財調停手続の運用について」（https://www.courts.go.jp/tokyo/saiban/l3/Vcms3_00000618.html）、大阪地方裁判所「大阪地裁における新たな知財調停についての説明」（https://www.courts.go.jp/osaka/vc-files/osaka/file/oosakatizaicyouteisetumei.pdf））。

通常、調停事件は簡易裁判所が管轄を有していますが（民事調停法３条１項）、東京地方裁判所又は大阪地方裁判所を管轄裁判所とする旨の管轄合意書を提出することで、東京地方裁判所又は大阪地方裁判所の知財専門部において、調停事件を取り扱うこととしています。

知財調停の対象となる事件については、法律上の制限はありませんが、東京地方裁判所のウェブサイトによれば、知的財産権に関する紛争のうち、あまり争点が複雑ではないもののほうが調停による解決に適していると説明されており、著作権侵害の有無に関する紛争事例もその中に含まれています（これに対して、複雑な特許権侵害事件などは、これまでどおり訴訟によるべきでしょう。）。

⑵ 知財調停の特徴

知財調停の特徴としては、柔軟性、迅速性、専門性及び非公開性が挙げられます。迅速性については、東京地方裁判所及び大阪地方裁判所のいずれの審理モデルにおいても、原則として第3回期日までに調停委員会の心証が示されるとされています。

著作権に関する紛争の中には、当事者や作品が有名であるなど、社会的な耳目を集めやすい事案もありますし、作品の利用関係などを定める場合に、柔軟な解決が期待できるなど、知財調停に適した事案もあるように思います。ただし上述のとおり、実務上は裁判所の関与のもとでの和解を目指して仮処分を申し立てることも行われています。そういった仮処分手続との差別化がどのように図られていくのかは、今後の運用次第と言えます。

なお侵害訴訟の審理中に、争点など事案の性質に応じて、当事者の意見を聞いたうえで、事件を調停に付すこともあります（民事調停法20条）。

⑶ 調停による紛争の解決

調停の終了事由や効果は、通常の調停事件と異なりません。当事者が合意に至れば調停が成立し、合意を記載した調書は裁判上の和解と同一の効力を有します（民事調停法16条）。

当事者が合意に至らない場合でも、裁判所は申立ての趣旨に反しない限度で、事件の解決のために必要な決定をすることができます（いわゆる「17条決定」。民事調停法17条）。

17条決定に対して、異議の申立てがなければ、当該決定は裁判上の和解と同一の効力を有します（民事調停法18条5項）。

3　その他の紛争解決手段

(1)　仲裁・調停等

他の分野の事案と同様かと思いますが、著作権のライセンス事案などにおいても、当事者間の公平を図るため、あるいは国をまたいだ執行力の問題から、国際商業会議所（ICC）などの仲裁制度を利用した紛争解決を図ることとしている例があります。知的財産の分野では、日本知的財産仲裁センターや世界知的所有権機関（WIPO）なども仲裁等の制度を提供しており、ソフトウェアに関しては一般社団法人ソフトウェア情報センター（SOFTIC）なども仲裁等の制度を提供しています。

ただし、これらの制度が積極的に活用されているとは言い難い状況です。

(2)　著作権紛争解決あっせん

著作権法は105条以下において、著作権に関する紛争のあっせん制度を規定しています。せっかく著作権法自身が規定している制度ではありますが、現在ほとんど活用されていません。平成14（2002）年時点のデータとして、昭和46（1971）年の創設以来、あっせんの審理が行われたのは６件、そのうち解決に至ったのは４件だけだとされています（文化審議会著作権分科会司法救済制度小委員会（平成14年第８回）の資料３「著作権分野における裁判外紛争解決の在り方について」）。

第19章 インターネット上での著作権侵害

かつては、書籍やCDといった有体物やテレビ放送などが、著作物を発信する主な媒体で、著作物の発信を行う主体としても、多くはそういった媒体を持っている一部の事業者でした。しかし近年ではインターネットが広く普及し、それに伴って誰でも全世界に向けて簡単に著作物を発信できるようになりました。

発信だけではなく、著作物が利用される場としても、インターネットの占める割合が拡大しており、それに伴う影響か、筆者自身もインターネット上での著作権侵害に関する相談を受ける機会はどんどん増加しています。

インターネット上で生じているといっても、一般的な著作権侵害の事案と考え方の基本が変わるわけではありませんが、いくつか特徴的な点もありますので、以下説明します。

1　関係者の調査

例えばある書籍の中で著作権侵害が行われていることを発見した場合には、奥付などから出版社や著者を確認して、これらの者に対して著作権の侵害通知を送るなどのアクションをとります。

インターネット上で著作権侵害が行われていることを発見した場合も同様で、アクションをとっていくためには、相手方の連絡先を確認する必要があります。そのための方策としては、インターネット上であれば、サイトの運営者や、侵害コンテンツを投稿した投稿者、侵害コンテンツが蔵置されているホスティングサーバの運営者などを調査していくことになります。

(1) サイト運営者

ウェブサイトには、個人のウェブサイトであればプロフィールページ、会社のウェブサイトであれば会社概要のページなどに運営者の連絡先情報が記載されていることがあります。またウェブサイトに関する問い合わせ先として、運営者のメールアドレスなどの連絡先情報が記載されていたり、問い合わせ用のフォームなどが用意されていたりする場合もあります。

これらの箇所を確認して、サイト運営者への連絡手段が見つかれば、その手段を通じて侵害通知などを発することができます。

(2) 投稿者

個人や団体が運営しているサイト上で著作権侵害が生じている場合には、通常は運営者自身がコンテンツを掲載した結果、著作権侵害が生じているケースが多いと思われます。これに対して、第三者がメッセージやコンテンツを投稿する機能を備えているようなサイトで、その投稿によって著作権侵害が生じているケースもあり、その場合著作権侵害を行っているのは投稿者ということになります。

こういった投稿者に対して侵害通知を送る場合、サイトによっては、投稿者に対して直接メッセージを送信することができるようになっていることもありますが（例えばTwitterのダイレクトメッセージ機能など）、投稿者に直接連絡する手段が用意されていないようなサイトも多くあります。

投稿者に直接連絡を取る手段があれば、それを使って投稿者に侵害通知などを発することができます。そのような手段がなければ、サイト運営者に連絡をして、投稿の削除を求めたり、投稿者に関する発信者情報の開示を求めたりしていくことになります。

(3) ホスティング事業者

ア　ホスティング事業者とIPアドレス

ウェブサイトは、そこに表示される文章、画像やレイアウトに関するデータなどがインターネットに接続されたホスティングサーバ（記憶領域）に記録されています。当該ホスティングサーバからインターネット回線を通じて閲覧者の端末にデータが送信されることで、閲覧者の端末上にウェブページが表示されます（**図表19－1**参照）。このホスティングサーバは一般的には、サイト運営者自身が管理しているわけではなく、サイト運営者はホスティング事業者が管理するサーバの一部の領域を借りています（例えば裁判所ウェブサイト（https://www.courts.go.jp）は、Amazon社が運営するサーバを借りて運用されています。）。

図表19－1　ウェブサイトの仕組み

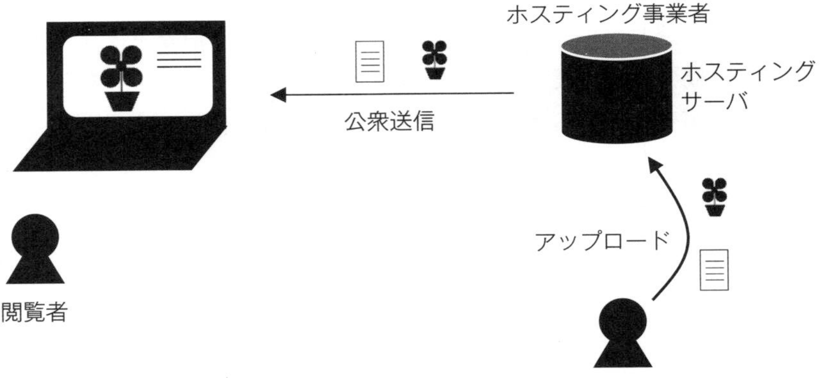

ホスティングサーバには、IPアドレスというインターネット上の住所のようなものが割り当てられており、ウェブサイトを閲覧する際には、このIPアドレスから、どこのホスティングサーバにデータを読みにいけば

よいのかを特定します。どのIPアドレスがどのホスティング事業者に割り当てられているのかは決まっていますので、IPアドレスを見れば、どのホスティング事業者がそのサーバを管理しているのかを知ることができます。

イ　ホスティング事業者の位置付け

ホスティングサーバの運営者（ホスティング事業者）は、サイト運営者に対して記録領域を提供しているだけで、自身はコンテンツを取捨選択してアップロードしたり、配信したりしているわけではありません。

通常このような位置付けにあるホスティング事業者は、自ら著作権侵害の責任を負っているわけではありません。日本の法律では、特定電気通信役務提供者の損害賠償責任の制限及び発信者情報の開示に関する法律（以下では「プロバイダ責任制限法」といいます。）3条1項において、ホスティング事業者は①情報の流通によって権利が侵害されていることを知っていたとき（1号）又は②情報の流通を知っていて、それによって権利が侵害されていることを知ることができたと認めるに足りる相当の理由があるとき（2号）を除いて、自らは違法情報の流通に対する損害賠償責任を負わないという免責規定が設けられています。

しかしホスティング事業者に対して著作権侵害が生じていることを通知することによって、ホスティング事業者が自ら侵害コンテンツを削除する場合もありますし、ホスティング事業者からサイト運営者に連絡を取り、その結果サイト運営者の意思で侵害コンテンツを削除する場合もありますので、ホスティング事業者に対して侵害通知を行うことも有効な場合があります。

(4)　ドメイン管理者

ア　URLとIPアドレス

ウェブサイトには「http://」や「https://」から始まる文字列で表されるURLが割り当てられています。

IPアドレスもURLも、ウェブサイトのデータが格納されている所在を示すもので、IP アドレスと URL を紐付ける情報が、DNS サーバに記録されています。ウェブサイトを閲覧する際には、通常 URL で閲覧したいサイトを特定しますが、この DNS サーバに問い合わせることで、その URL で表されるウェブサイトのデータをどの IP アドレスのホスティングサーバに取りに行けばよいのかを知ることができます（**図表19－2**参照）。

図表19－2　名前解決の仕組み

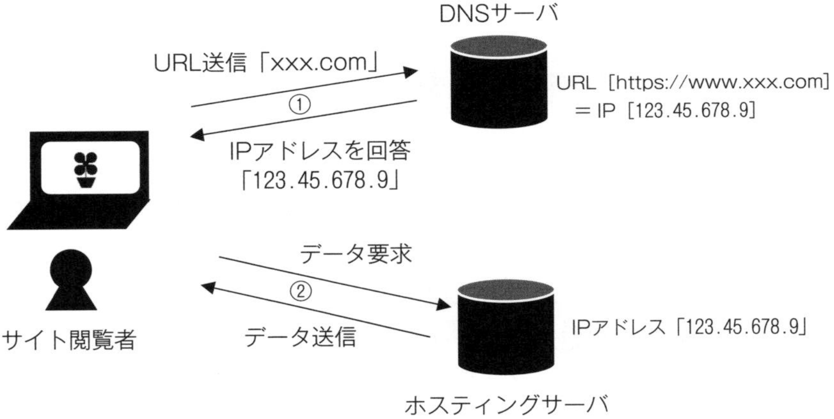

イ　ドメイン名

URL のうち、「https://」などの後に表示されている部分（裁判所ウェブサイトでいえば、「courts.go.jp」の部分）は「ドメイン名」と呼ばれています。多くの会社や団体では、独自のドメイン名を取得してウェブサイトを運営しています。

このドメイン名を取得するためには、ドメイン登録を行う必要があります。その際にドメインの管理者を指定し、その情報はインターネット上に公開されることになっていますので、そのドメイン管理者の情報も、侵害通知の送り先候補の１つとなり得ます。しかし実際には、多くのウェブサイトでドメイン管理者などの表示を匿名化するサービス（プライバシープロキシサービスなどと呼ばれています。）が利用されており、公開されているドメイン管理者の欄には、実際のドメイン管理者ではなく、この匿名化サービスの事業者の情報が記載されています。

したがって、ドメイン管理者に対する通知が奏功することはあまりありません。

2　インターネット経由での侵害通知の発送

現在では、電子メールやメッセージアプリなどによって連絡を取り合うことが広く普及してきましたが、警告書などについては、いまだに書面で送付されることが多いといえます。

しかしインターネット上の情報からサイト運営者等の住所までたどり着くことは多くありません（住所の情報を得るためには第19章３で説明する発信者情報開示請求の手続などを経る必要があります。）。そのため、警告書などを書面で送付しようにも、送付することができないという事態が、頻繁に発生します。

そういった場合には、紙で送付することにこだわらずに、メールでも通知フォームでも、連絡の取れそうな手段を利用して、侵害通知を送付してみることが重要です。著作権侵害を行っている者の中には、著作権侵害であることを気付かずに著作権侵害を行ってしまっている者や、安易な気持ちで著作権侵害に及んでしまっている者もいます。そういったケースでは、内容証明郵便であるかどうかなどの形式が重要なのではなく、侵害の事実や権利者が遺憾に思っているということが伝わるのが重要で、それによって任意に著作権侵害を停止してくれることもあります。

メールや連絡フォームなどを通じて連絡を行う場合には、いつ、どのような通知を行ったのかを記録しておくためにも、メールの送信控えを保存しておいたり、送信フォームに通知事項を記入した後の画面をPDFやスクリーンショットなどに保存しておいたりするとよいでしょう。

なお送信フォームに関しては、フォーマットや文字数が制限されていることもありますので、そういった制限の範囲内で侵害の内容などが理解できるように記載する工夫も必要です。

3　発信者情報開示請求

(1)　氏名等及び住所の特定

インターネット上で著作権侵害が行われている場合、第19章１や２で説明したように、確認できる連絡先に対して、メールや送信フォームなどで侵害通知を送るという方法が考えられます。しかし、そのような訴訟外での通知によって所望の対応が得られない場合、最終的には訴訟を提起せざるを得ません。

残念ながら日本では、電子メールその他の方式で訴状を送達することは認められていませんし、匿名訴訟のような制度もありません。したがって、訴訟提起のためには、侵害行為を行っている者の氏名（又は名称）と住所を特定する必要があります。

(2)　発信者情報開示制度

インターネット上で著作権侵害が行われている場合、サーバの運営者や接続プロバイダなど、侵害情報の流通の過程にいる事業者に対して、発信者に関する情報の開示を求めて、発信者の氏名等と住所を特定していくことになります。

プロバイダ責任制限法４条１項が規定する「特定電気通信」とは、ウェブページや電子掲示板等の不特定の者によって受信されることを目的とするような電気通信の送信であり、「特定電気通信設備」とはホスティングサーバや回線など、特定電気通信の用に供される設備です。「特定電気通信役務提供者」とは、ホスティング事業者やインターネット回線を提供するISP（Internet Service Provider）など、特定電気通信設備を他人の通信の用に供する者です。すなわち、インターネット上で著作権侵害が生じている場合に、そのホスティング事業者やISPなどに対して、所定の情報の開示を求めることができる制度が発信者情報開示制度です。

開示対象となる発信者情報は、氏名、住所のほか、省令で発信者の電話番号や電子メールアドレス、侵害情報に係るIPアドレス（侵害情報を書き込んだ際に使用されたIPアドレスなど）が規定されています（「特定電気通信役務提供者の損害賠償責任の制限及び発信者情報の開示に関する法律第四条第一項の発信者情報を定める省令」を参照）。

なお、プロバイダ責任制限法は、令和３年４月28日に公布された令和３年法律第27号で、従来の本案訴訟や仮処分に基づく発信者情報開示に加えて、「発信者情報開示命令」という新たな裁判手続が設けられるなど、大幅な改正が行われました。ただし、その施行日は公布から１年６月以内とされており、本書発行の時点では未施行ですので、以下では、現行法を基準としてご説明しつつ、必要に応じて改正法の説明を行います。

⑶　氏名等及び住所の特定までの流れ

著作権侵害物がインターネット上に公開されている場合、そこには複数の特定電気通信役務提供者が関与しているのが通常です。そしてすべての特定電気通信役務提供者が発信者の氏名等や住所を把握しているわけではなく、通信に用いられたIPアドレスなどの情報しか把握していない場合もあります。

したがって、実際に発信者の氏名等や住所の情報の開示を受けるまでには、複数の特定電気通信役務提供者に対して順次発信者情報開示請求を行っていく必要があります。

例えば、格安SIMカードを使用したスマートフォンの回線を使用して、電子掲示板に著作権侵害物が投稿されたようなケースを考えてみます（**図表19－３**参照）。

著作権者としては、電子掲示板に投稿された著作権侵害物を見つけた場合、まずは電子掲示板の運営者情報などを調査し、電子掲示板の運営者に対して、発信者情報の開示を請求します。しかしここで、電子掲示板サイ

図表19－3　掲示板の場合の発信者特定

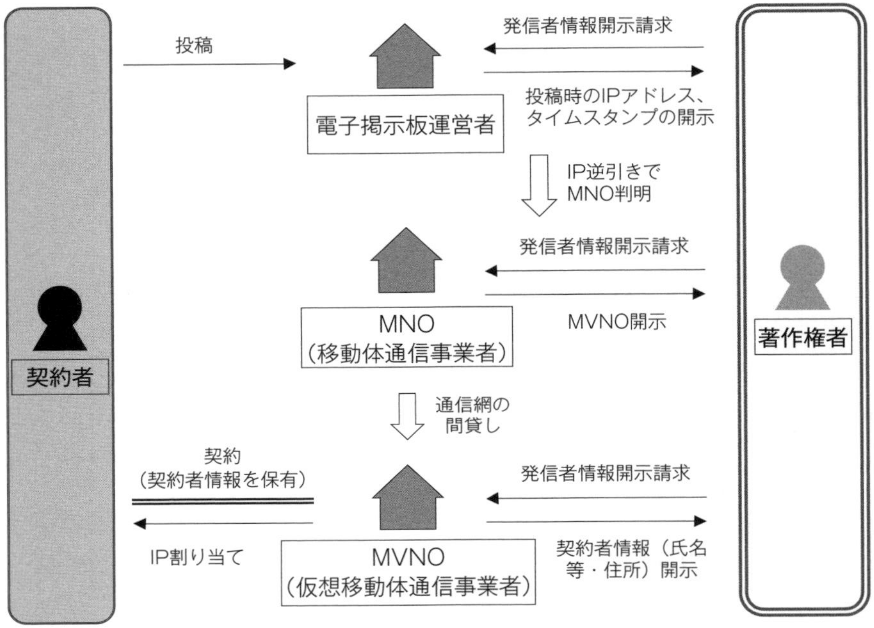

トでは、投稿する際にいちいち氏名（実名）や住所を入力することは求められませんので、電子掲示板の運営者は投稿者の氏名等や住所の情報を把握していません。電子掲示板の運営者が把握しているのは、著作権侵害物を投稿した際に用いられたIPアドレスや投稿が行われた時間のタイムスタンプなどです。したがって、著作権者としては、電子掲示板の運営者に対して、これらの情報の開示を請求することになります。

では、IPアドレスの開示を受ければ、それで投稿者を特定できるのでしょうか。通信に用いるIPアドレス（v4）は、契約者ごとに固定されているわけではなく、同じ者が、同じ場所から、同じ端末で接続する場合でも、通信のたびに異なるIPアドレスが割り当てられることになります。したがって、投稿に用いられたIPアドレスが判明しただけでは、まだ発信者を特定したことにならないのです。

IP アドレスとともに、投稿が行われた時間を特定するためのタイムスタンプの開示を求めるのはこのためで、その投稿が行われていたときに、そのIP アドレスを割り当てられていたのは誰かということをISP などに対して確認する必要があります。

通信時に割り当てられるIP アドレスの範囲は、通信事業者によって決まっていますので、開示されたIP アドレスから逆引きをすることで、どの通信事業者からそのIP アドレスが割り当てられたのかということまでは判明します。本件のようにスマートフォンの回線から投稿が行われた場合には、逆引きによってNTT ドコモなどの移動体通信事業者（MNO。通信キャリアなどとも呼ばれます。）が判明しますので、著作権者としては、そこに対して発信者情報の開示請求を行っていくことになります。

ところが、ここでさらにMNO 自身が氏名等や住所などの契約者情報を把握していない場合もあります。

MNO 自身がエンドユーザと契約をして通信サービスを提供している場合には、MNO が氏名等や住所などの契約者情報を把握していますが、格安SIM カードが使用されている場合などは、エンドユーザとの契約はMNO ではなく、MNO の通信網を間借りして通信サービスを行う仮想移動体通信事業者（MVNO）が行っていることがあるからです。このような場合、契約者情報を保有しているのはMVNO であり、MNO はそのIP アドレスをどのMVNO に間借りさせているのかということしかわかりません。この場合、著作権者としてはそのMVNO を割り出した後、さらにMVNO に対して契約者情報の開示を求める必要があります。

このような問題を解決するため、改正法では、発信者情報開示命令という新たな裁判手続が規定され（改正８条）、その手続の中では、図表19－３の例で言えば、電子掲示板の運営者に対して、次の段階で相手となるMNO の情報を提供するよう求めることができるようになりました（提供命令、改正15条）。著作権者としては、改めてMNO に対して発信者情報開示命令の申立てを行い、その手続の中でさらに提供命令を得て、

MVNOに対する発信者情報開示命令の申立てを行う（又は発信者情報開示請求の訴訟を提起する）ことになりますが、この提供命令の制度を利用することで、対応に要する時間を短縮できることが期待されます。

(4) 訴訟外での発信者情報開示請求

発信者情報開示によって、発信者の氏名等や住所を特定するためには、**図表19－3**のようなステップを踏むことになります。

各ステップの発信者情報の開示請求は、訴訟外で任意に又は仮処分や本案訴訟といった裁判手続によって行うことができます。以下では、まず訴訟外で任意に発信者情報の開示を求める場合について説明します。

ア　任意開示の請求

この点は任意の開示請求にも裁判上の開示請求にも共通しますが、まず請求を行う前の準備として、発信者情報開示請求を行う際には、権利侵害が生じていることを示すための資料が必要になります。侵害されているウェブページを発見したら、侵害の状況がわかるように、プリントアウト、PDF化、録音、録画するなどして、保存しておくように心がけましょう。保存する際には、URLや日付が表示されるようにしておくとよいでしょう。

発信者情報の任意開示を求める場合には、一般社団法人テレコムサービス協会が策定している「プロバイダ責任制限法　発信者情報開示関係ガイドライン」に掲載されている書式（通称「テレサ書式」）がよく用いられています。もちろんこのテレサ書式によらなければならないという制約はありませんが、一般社団法人テレコムサービス協会は多くの情報通信事業者が会員となっていますので、同協会が策定するガイドライン・書式を用いることで、スムーズに開示手続が進むことが期待できます（https://www.telesa.or.jp/consortium/provider から入手できます。）。

なお、同ガイドラインでは、開示請求者の本人確認のために、押印は登録印鑑で行うこととして、発行から３か月以内の印鑑登録証明書を添付することを求めています。さらに本人確認のため、テレサ書式の注１に記載されているとおり、個人の場合は運転免許証、パスポート等本人を確認できる公的書類の写しを、法人の場合は資格証明書を添付することを求めています。弁護士が代理人として請求を行う場合には、通常委任状の添付は不要ですが、その場合でも本人性を確認するための資料は必要であるとされています。請求に当たっては、これらの書類の添付を忘れないようにしてください。

テレサ書式を使用するか否かに関わらず、プロバイダ責任制限法４条１項の定める要件に沿って、開示請求を行うことが重要です。

特に実務上問題となることが多いのは、権利侵害の明白性の要件で、著作権侵害との関係では、著作権者であることと著作権侵害の事実をしっかりと記載することが重要です。

著作権者であることについては、例えば著作物が書籍などとして発行されているような場合には、表紙や奥付、販売サイトの写しなどを資料として添付することが考えられます。

著作権侵害の事実については、一般社団法人テレコムサービス協会のガイドラインでは、裁判外で発信者情報の任意開示を行うためには、特定電気通信役務提供者において著作権侵害があることを明確に判断できることが必要であると説明しています。そして、そのような判断が可能なケースとして、

- 情報の発信者が著作権等侵害であることを自認している
- 情報が著作物等の全部又は一部を丸写ししている
- 著作物等の全部又は一部を丸写ししたファイルを現在の標準的な圧縮方式（可逆的なもの）により圧縮している

という類型を挙げています。このようなガイドラインによれば、裁判外で任意開示が受けられるのは、多くの場合デッドコピーなどの事例となり、著作物の類否が問題となるようなケースでは、裁判手続によらざるを得ないことになります。

イ　任意の削除請求

インターネット上で著作権侵害を発見した場合、特定電気通信役務提供者に対して、訴訟外で発信者情報の任意開示を求めると同時に、侵害情報の削除などの侵害停止措置を請求するケースが多くあります。そのような場合、特定電気通信役務提供者としては、侵害停止措置は任意で応じつつも、発信者情報の任意開示については応じられないという対応となることがあります。

現に生じている侵害状態をいったん停止することに比べると、発信者情報の開示については個人情報保護などの観点から、より慎重に対応している事業者が多いように思います。

ウ　弁護士会照会

発信者情報の任意開示に応じてもらえない場合、多くのケースでは裁判上の開示請求に進むことになりますが、ケースによっては弁護士会照会制度（弁護士法23条の２）を活用することが考えられます。弁護士会照会制度については、最判平28・10・18（平27受1036）が「23条照会を受けた公務所又は公私の団体は、正当な理由がない限り、照会された事項について報告をすべきものと解される」と判示しており、照会を受けた者は原則として回答・報告義務を負うものとされています。

弁護士会照会を行うことで、特定電気通信役務提供者としては、法令上の義務に従って開示をした形になりますので、任意開示に比べれば回答をしやすくなるということが期待できます。

また発信者情報以外の事項も合わせて照会したい場合なども、弁護士会照会を用いることがあります。

⑸　裁判上の発信者情報開示請求

任意又は弁護士会照会を通じての開示が難しい場合には、仮処分や本案訴訟によって裁判上の発信者情報開示を行う必要があります。改正法では、これらの仮処分や本案訴訟に加えて、新たな裁判制度である発信者情報開示命令を利用することもできます。

ア　通信ログの開示請求

ここで発信者情報のうち、IPアドレスやタイムスタンプなどの情報開示を請求する場合には、仮処分によるのが一般的です。

サーバに対して、いつ、どのIPアドレスからアクセスがあったのかや、いつ誰にどのIPアドレスを割り当てたのかといった通信ログの保存期間は、各特定電気通信役務提供者によって異なりますが、一般的には数か月程度です。この保存期間が過ぎると、通信ログは削除されてしまい、発信者の特定ができなくなってしまいますので、通信ログの開示請求は急ぐ必要があるのです。

なお実務上、特定電気通信役務提供者に対して、発信者情報開示請求を行うので、通信ログの保存を請求することがあります。多くの事業者は任意での通信ログの保存に応じてくれますが、任意での保存に応じてくれない場合には、通信ログの削除禁止の仮処分を申し立てることも可能です。改正法のもとでは、発信者情報開示命令の申立手続中に、発信者情報の消去禁止を求めることもできます（消去禁止命令、改正16条）。

しかしこのような通信ログの保存措置をとれるのは、相手方である特定電気通信役務提供者が判明している場合です。

例えば**図表19－4**でいえば、事業者Ａは既に判明しているので、事業者Ａに連絡をして通信ログを削除しないよう求めることができます。しかし事業者Ａが通信ログを保存してくれたとしても、まだ安心はできません。その後事業者Ａから通信ログの開示を受けたとしても、その時点で既に次の特定電気通信役務提供者（**図表19－4**の事業者Ｂ）の通信ログの保存期限が過ぎてしまっていることもあります。そうすると事業者Ｂとしては、その時そのIPアドレスを割り当てたユーザが誰だったのかなどを把握することができなくなってしまい、発信者の特定に至らないという事態が生じ得ます。

こういった事情がありますので、IPアドレスやタイムスタンプなどの通信ログの開示請求については、急ぐ必要があり、仮処分手続が一般的に使われています。改正法では、発信者情報開示命令の手続の中で提供命令、消去禁止命令を利用することで、迅速な手続によって発信者情報の開示を受けることが期待できます。

図表19－4　通信ログの保存

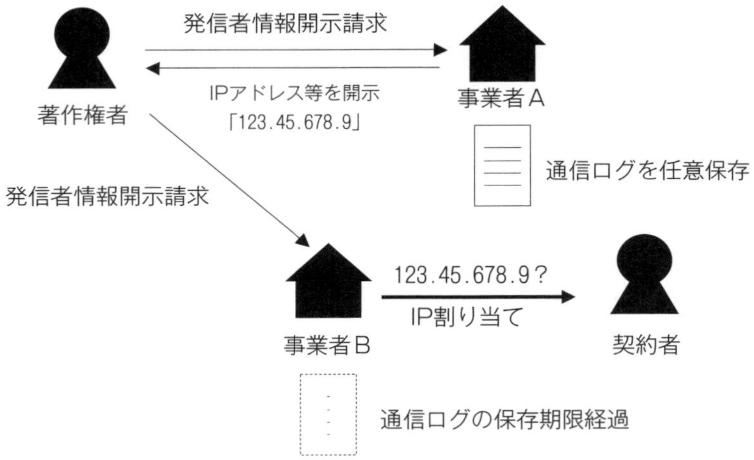

イ　発信者情報開示請求の仮処分及び本案訴訟の管轄

㈠　国際裁判管轄

発信者情報開示請求権の法的性格は不法行為に関するものではありません。したがって著作権侵害訴訟とは異なり、民事訴訟法３条の３第８号の不法行為管轄を活用することができません。海外の特定電気通信役務提供者に対して発信者情報開示請求の仮処分の申立てや本案訴訟を提起する際、多くのケースでは民事訴訟法３条の３第４号又は５号の適用が問題となります。

当該事業者が日本に事業所がある場合には、民事訴訟法３条の３第４号に基づいて国際裁判管轄を主張することになります。

これに対して、日本に事業所がない場合には、同５号に基づいて当該事業者が「日本において事業を行う者」であることを主張しなければなりませんので、日本語のウェブサイトが用意されているか否か、日本からサービスの利用申込みができるかなど、事業者と日本との接点を示す必要があります。

(イ) 国内裁判管轄

知的財産権侵害を理由とする発信者情報開示請求の訴えが、民事訴訟法６条や６条の２でいう「特許権等に関する訴え」や「意匠権等に関する訴え」に該当するのかについて、明確に述べた裁判例は見当たりません。しかし、これらの「に関する訴え」は、知的財産権のライセンス契約に関する訴えなども含むと広く解釈されていることや、知的財産権に関する専門的な知見に基づく審理、判断が行われることが望ましいという法の趣旨に照らしても、知的財産権侵害を理由とする発信者情報開示請求の訴えについて、民事訴訟法６条や６条の２が適用されると解釈すべきであるように思われます。なお、実際の裁判例では、名古屋や静岡の通信事業者を被告とする著作権侵害を理由とする発信者情報開示請求訴訟が、東京地方裁判所で審理された例もあります。このように解釈すると、プログラムの著作物以外の著作物の著作権侵害を理由とする発信者情報開示請求の本案訴訟や仮処分事件は、民事訴訟法６条の２及び民事保全法12条１項に従って、被告の住所地を管轄する地方裁判所などのほか、民事訴訟法６条の２の規定に従い、東京地方裁判所又は大阪地方裁判所にも重畳的な管轄権が認められます（なお事物管轄について、発信者情報開示請求は財産権上の請求ではありませんので、その訴額は160万円となり（民事訴訟費用等に関する法律４条２項)、地方裁判所が管轄を有します（裁判所法24条１号))。なお東京地方裁判所の場合には、知的財産に関する仮処分事件は、通常の事件受付ではなく、知財専門部（受付を担当する部は１年ごとに変わります。）において申立てを行う扱いになっていますので、注意してください。

海外の特定電気通信役務提供者に対する発信者情報開示請求の仮処分及び本案訴訟において、当該事業者が日本に事業所等を有していない場合には、民事訴訟法４条や５条等の規定に従って国内の裁判管轄を決定することができません。民事訴訟法６条や６条の２も、同４条、５条の規定により裁判管轄が定まることを前提とした規定ですので、同４条、５条によって裁判管轄が定まらないときには適用されません。

そのような場合、民事訴訟法10条の２の規定に従って、最高裁判所規則で定める地（民事訴訟規則６条の２により、東京都千代田区）を管轄する東京地方裁判所が管轄を有することになります。

普段あまり見慣れない条文かもしれません。

ウ　発信者情報開示命令の管轄

令和３年のプロバイダ責任制限法の改正で新たに創設された発信者情報開示命令の手続に関しては、改正９条が国際裁判管轄について、同10条が国内裁判管轄について、それぞれ特則を置いています。その内容は、民事訴訟法の規定とほぼ同様ですので（３条の３第４号などのほか、６条や６条の２と同様の規定も置かれています。）、管轄権の所在については、多くのケースで、本案訴訟や仮処分事件と同様の結論になると考えられます。

⑹　発信者情報開示の仮処分命令申立書

図表19－５では、発信者情報開示の仮処分命令を申し立てる場合の申立書の例を示します。

図表19－５　発信者情報開示の仮処分命令申立書

発信者情報開示仮処分命令申立書

印紙

令和３年４月１日

東京地方裁判所民事部　御中[1]

〒□□　□□県□□市□□
債　　権　　者　株式会社甲
上記代表者代表取締役　□□

〒□□　東京都□□区□□
□□法律事務所【送達場所】
電　話　□□　ＦＡＸ　□□
債権者代理人弁護士　□□　㊞

〒○○　東京都○○区○○
債　　務　　者　株式会社丙
上記代表者代表取締役　○○

仮処分により保全すべき権利

特定電気通信役務提供者の損害賠償責任の制限及び発信者情報の開

1　東京地方裁判所では、知的財産関係の仮処分の申立ては、知財専門部で受け付けていますので注意してください。本案訴訟は、通常の事件受付です。

示に関する法律４条１項に基づく発信者情報開示請求権

申立ての趣旨

債務者は、債権者に対し、別紙発信者情報目録記載の各情報を仮に開示せよとの裁判を求める。

申立ての原因

第１　当事者

１　債権者

原告は、ホテルなどの宿泊施設の運営等を目的とする株式会社であり、全国100か所以上で「ホテルＸ」チェーンを運営している（甲１：原告の現在事項全部証明書）。

２　被告

被告は、ウェブサイト及びソーシャルネットワーキングサービスの企画、制作、運営等を目的とする株式会社であり（甲２：被告の現在事項全部証明書）、画像投稿サイトＹ（URL：https://www.〇〇〇以下「本件サイト」という。）を管理、運営している（甲３）。

第２　被保全権利

１　権利侵害の明白性

(1)　本件投稿

本件サイトは、不特定多数者が画像やコメントを投稿することができるサイトであるところ、本件サイトにおいて、氏名不詳者により別紙発信者情報目録に記載のとおりの投稿（以下「本件投稿」という。）が行われた。

(2)　著作権

別紙債権者著作物目録記載のイラスト（以下「債権者著作物」という。）は、債権者の運営する「ホテルX」のイメージキャラクターであり、債権者はその運営するウェブサイト（甲４：ホテルXのウェブサイト）やホテルXに関するパンフレット（甲５：ホテルXのパンフレット）等において、同イラストを継続して使用している。

1999年ころ、債権者は外部デザイン事務所に債権者著作物の制作を委託し、納品を受けた。債権者と外部デザイン事務所との間の契約では、債権者著作物の著作権（著作権法27条、28条の権利を含む。）は、外部デザイン事務所から債権者に譲渡される旨規定されている（甲６：制作委託契約書）。したがって、債権者は債権者著作物の著作権を保有している。

(3)　権利侵害

本件投稿のイラストは、債権者著作物そのものであるが、債権者は本件投稿（すなわち本件サイトのホスティングサーバ（以下「本件サーバ」という。）への複製及び本件サーバからの公衆送信（送信可能化を含む。））を許諾したことはない。したがって、本件投稿は債権者の著作権（複製権及び公衆送信権）を明白に侵害する行為である。

２　開示関係役務提供者該当性[2]

本件投稿を含む本件サイトは、不特定の者に対して自由に受信、閲覧させるものであるから、特定電気通信役務提供者の損害賠償責任の制限及び発信者情報の開示に関する法律２条１号の「特定電気通信」に該当する。

2　プロバイダ責任制限法２条の定義では、３号の「特定電気通信役務提供者」の定義に「特定電気通信設備」が登場し、２号の「特定電気通信設備」の定義に「特定電気通信」が登場しますので、「特定電気通信」該当性から記載すると、書きやすいと思われます。

そして本件投稿を含む本件サイトを蔵置する本件サーバは、このような通信の用に供されているから、同２号の「特定電気通信設備」に該当する。

債務者は本件サーバを、他人である不特定者の本件サイトへの投稿や閲覧といった通信の用に供する者であるから、同３号の「特定電気通信役務提供者」に該当する。

第２、１(3)で前述したとおり、本件投稿は債権者の著作権を侵害するものであるから、本件サーバを他人の通信の用に供している債務者は、特定電気通信役務提供者の損害賠償責任の制限及び発信者情報の開示に関する法律４条１項の「開示関係役務提供者」に該当する。

３　発信者情報の保有

債務者は本件サーバを管理しており、通信ログとして、本件投稿に係る別紙発信者情報目録記載の情報を保有している。

４　開示を受ける正当理由

債権者は、本件投稿の投稿者に対し、著作権侵害を理由として、その差止めや不法行為に基づく損害賠償請求等の準備をしている。[3]

そのためには、本件投稿の投稿者に係る別紙発信者情報目録記載の各情報が必要であり、債権者には同情報の開示を受けるべき正当な理由がある。

５　小括

したがって債権者は債務者に対し、被保全権利として特定電気通信役務提供者の損害賠償責任の制限及び発信者情報の開示に関する法律

３　まだ侵害停止措置が取られていなければ、差止請求の準備も主張できますが、損害賠償請求の準備のためだけであっても、正当理由は否定されません。

４条１項に基づく発信者情報開示請求権を有している。

第３　保全の必要性

債権者が本年投稿の投稿者に対し差止めや損害賠償等を請求するためには、債務者から別紙発信者情報目録記載の情報の開示を受けたうえで、本件投稿時に当該 IP アドレスを発信者に割り当てたインターネットサービスプロバイダに対して、発信者の氏名及び住所の開示を求める必要がある。

ここでインターネットサービスプロバイダの通信ログの保存期間は、各事業者によって異なるものの、多くの場合は数か月程度であり、債権者が債務者に対し別紙発信者情報目録記載の情報の開示を求めて本案訴訟を提起しても、請求が認容されるころには通信ログが削除されてしまっている可能性が高い。

このような事情に照らすと、債権者は、債務者に対し、別紙発信者情報目録記載の情報の開示を仮に求める必要がある。

第４　総括

よって、債権者は、本申立てに及ぶ次第である。

証拠方法

証拠説明書のとおり

附属書類

１　申立書副本　　　１通

２　申立書写し　　　２通[4]

4　東京地方裁判所の運用では、著作権に関する保全事件について、申立書を正副に加え写し２通（プログラムの著作物に関する事件については３部）を提出するよう求めています。

3　甲号証　　　　　正本１通、副本１通、写し１通

4　証拠説明書　　　正本１通、副本１通、写し１通

5　資格証明書　　　各１通

6　訴訟委任状　　　１通

以上

（別紙）

発信者情報目録

1　下記の投稿をした際のIPアドレス及びタイムスタンプ

2　前項のIPアドレスと組み合わされたポート番号

記

U　R　L：https://www.○○○／○○

投稿日時：○○年○○月○○日○○時○○分○○秒

投稿内容：パクリだクマ！！！

以上

（別紙）

債権者著作物目録

以上

引用裁判例の出典

本書で紹介した下級審裁判例のうち、裁判所ウェブサイトでの掲載が確認できないものの出典は以下のとおりです（判例タイムズは判タ、判例時報は判時と表記。なお、判タへの掲載があるものについては判タのみ掲載）。

第2章

- 【模型原型事件】京都地判平９・７・17（平７ワ1371）、大阪高判平10・７・31（平９ネ2769、平10ネ205）、いずれも公刊物未登載（LEX/DBインターネットより）。
- 【プロ野球カードゲーム事件】東京地判平25・11・29（平23ワ29184）公刊物未登載（LEX/DBインターネットより）。
- 【市史事件】東京地判平８・２・23（平３ワ4959）判タ933号216頁、東京高判平８・10・２（平８ネ1129・2413）判時1590号134頁。
- 【雑誌「諸君！」事件】東京地判平４・２・25（昭59ワ3358）判タ784号84頁、東京高判平５・12・１（平４ネ765）公刊物未登載（LEX/DBインターネットより）。
- 【計装士講習会資料事件】東京地判平18・２・27（平18ワ1720）判タ1226号297頁。
- 【浅間山荘短歌事件】東京地判平９・10・31（平８ワ24327）判時1681号107頁、東京高判平10・５・28（平９ネ5055・5251）判時1681号104頁。

第5章

- 【色画用紙見本帳事件】東京地決平11・６・23（平11ヨ22022）判時1684号121頁。

- 【契約書案返還請求事件】東京地判昭62・５・14（昭61ワ8498）判時1273号76頁。
- 【少林寺拳法事件】高松高判平８・４・26（平５ネ402、平７ネ25）：判タ926号207頁。
- 【ライブドア裁判傍聴記事件】東京地判平19・11・26（平19ワ9982）公刊物未登載（LLI/DB 判例秘書インターネットより）。
- 【真田広之ブロマイド写真事件】東京地判昭62・７・10（昭57ワ2997）判時1248号120頁。
- 【津医療生活協同組合写真事件】津地判平６・１・31（平４ワ117）、名古屋高判平６・10・27（平６ネ134）、いずれも公刊物未登載（LEX/DB インターネットより）。
- 【スメルゲット事件】横浜地判平17・５・17（平16ワ2788）公刊物未登載（LEX/DB インターネットより）。
- 【スモーキングスタンド事件】東京地判平９・４・25（平５ワ22205）判タ944号265頁。
- 【チョコレート製造用機械設計図事件】東京地判平９・６・30（昭58ワ12196・12434）公刊物未登載（LEX/DB インターネットより）。

第６章

- 【高速道路パノラマ地図事件】東京地判昭39・12・26（昭39ワ1089）判タ172号195頁。
- 【新潟鉄工事件】東京地判昭60・２・13（昭58刑わ506）判タ552号137頁、東京高判昭60・12・４（昭60う562）判時1190号143頁。
- 【ノンタン事件】東京地判平10・３・30（平２ワ4247、平３ワ14827）公刊物未登載（LEX/DB インターネットより）。
- 【薬理学教科書事件】東京地判平２・６・13（昭57ワ11321）判タ742号187頁。

第８章

- 【血液型と性格事件】東京地判平10・10・30（平７ワ6920）判タ991号240頁。

第10章

- 【ポパイベルト事件】東京地判平６・10・17（平２ワ13098）判タ879号254頁。
- 【ひこにゃん事件】大阪地判平22・12・24（平22ヨ20020）判時2167号102頁、大阪高判平23・３・31（平23ラ56）判時2167号81頁。

第13章

- 【システムサイエンス事件】東京地判平７・10・30（平元ワ8292、平２ワ8050）判タ908号69頁。

なお、本書に掲載の最高裁決定及び最高裁判決のうち次のもの以外は、裁判所ウェブサイトでの掲載は確認できず、LEX/DB インターネットにて確認しております。

- 【ワン・レイニー・ナイト・イン・トーキョー事件】最判昭53・９・７（昭50オ324）。
- 【江差追分事件】最判平13・６・28（平11（受）922）。
- 【キャンディ・キャンディ事件】最判平13・10・25（平12受798）。
- 【リツイート事件】最判令２・７・21（平30受1412）。
- 【雑誌「諸君！」事件】最判平10・７・17（平６オ1082）。
- 【RGB アドベンチャー事件】最判平15・４・11（平13受216）。
- 【パロディ・モンタージュ写真事件】最判昭55・３・28（昭51オ923）。
- 【チャップリン事件】最判平21・10・８（平20受889）。
- 【シェーン事件】最判平19・12・18（平19受1105）。
- 【クラブキャッツアイ事件】最判昭63・３・15（昭59オ1204）。

参考文献

- 加戸守行『著作権法逐条講義〔六訂新版〕』（著作権情報センター、2013年）
- 中山信弘『著作権法〔第３版〕』（有斐閣、2020年）
- 髙部眞規子『実務詳説 著作権訴訟〔第２版〕』（きんざい、2019年）
- 田村善之『著作権法概説〔第２版〕』（有斐閣、2001年）
- 高林龍『標準著作権法〔第４版〕』（有斐閣、2019年）
- 島並良・上野達弘・横山久芳『著作権法入門〔第２版〕』（有斐閣、2016年）
- 小倉秀夫・金井重彦編著『著作権法コンメンタール〔改訂版〕Ⅰ』（第一法規、2020年）
- 小倉秀夫・金井重彦編著『著作権法コンメンタール〔改訂版〕Ⅱ』（第一法規、2020年）
- 小倉秀夫・金井重彦編著『著作権法コンメンタール〔改訂版〕Ⅲ』（第一法規、2020年）
- 小泉直樹・田村善之・駒田泰土・上野達弘編『著作権判例百選〔第６版〕』（有斐閣、2019年）
- 田村善之・高瀬亜富・平澤卓人『プラクティス知的財産法Ⅱ 著作権法』（信山社、2020年）
- 文化庁長官官房著作権課「著作権テキスト～初めて学ぶ人のために～令和３年度」
  https://www.bunka.go.jp/seisaku/chosakuken/seidokaisetsu/pdf/93293301_01.pdf
- 文化庁ウェブサイト「令和２年通常国会 著作権法改正について」
  https://www.bunka.go.jp/seisaku/chosakuken/hokaisei/r02_hokaisei/

「令和３年通常国会 著作権法改正について」
https://www.bunka.go.jp/seisaku/chosakuken/hokaisei/r03_hokaisei/

- 裁判所ホームページ
https://www.courts.go.jp/index.html
- 文化庁ホームページ
http://www.bunka.go.jp/
- 公益社団法人著作権情報センター（CRIC）ホームページ
https://www.cric.or.jp/index.html/
- 一般社団法人日本音楽著作権協会（JASRAC）ホームページ
http://www.jasrac.or.jp/
- 一般社団法人テレコムサービス協会（TELESA）ホームページ
https://www.telesa.or.jp/
- 一般財団法人ソフトウェア情報センター（SOFTIC）ホームページ
https://www.softic.or.jp/
- 国際商業会議所 日本委員会（ICC JAPAN）ホームページ
http://www.iccjapan.org/
- 世界知的所有権機関（WIPO）ホームページ
https://www.wipo.int/portal/en/index.html
- INTERNET ARCHIVE WayBackMachine ホームページ
https://archive.org/web/

著者略歴

南部 朋子（なんぶ ともこ）／第1部担当

一橋大学法学部卒業。2002年弁護士登録（千葉県弁護士会）。2005年弁理士登録。2008年米国ペンシルバニア大学ロースクールLL.M.修了。2008年～2009年外務省国際法局経済条約課（知的財産関連条約を担当）・社会条約官室課長補佐（任期付任用公務員）。2010年米国ニューヨーク州弁護士登録。2014年よりINPIT千葉県知財総合支援窓口にて著作権等の相談を担当。弁護士法人リバーシティ法律事務所所属。
著作権法に関する主な著作として、『ポケット図解 著作権がよ～くわかる本』（秀和システム、2016年、共著）、「著作権の基本を理解！インターネット上の著作物をビジネス利用する際の注意点」ビジネスガイド2020年4月号（No.884）p67-73など。

平井 佑希（ひらい ゆうき）／第2部担当

北海道大学農学部卒業。北海道大学大学院農学研究科修了。横浜国立大学大学院国際社会科学研究科法曹実務専攻修了。2008年弁護士登録（東京弁護士会）。2012年弁理士登録。中央大学法科大学院兼任講師（知的財産法）、東京医科歯科大学非常勤講師（知的財産法）など。
著作権法に関する主な著作として、「ゴルフシャフト・デザイン事件」著作権研究44、「海賊版サイトをめぐる法的論点の整理―「漫画村」の出現を契機として」ジュリスト2018年9月号（No.1523）p82-87、「二次的著作物の創作性［豆腐屋事件］」別冊ジュリスト242号（著作権判例百選〔第6版〕）、「ジル・スチュアートライセンス契約事件（控訴審）」コピライト2020年8月号（No.712）p23-34など。

トラブルを防ぐ
著作権侵害の判断と法的対応

令和３年12月20日　初版発行

検印省略

日本法令®

共著者	南　部　朋　子
	平　井　佑　希
発行者	青　木　健　次
編集者	岩　倉　春　光
印刷所	東 光 整 版 印 刷
製本所	国　　宝　　社

〒101-0032
東京都千代田区岩本町１丁目２番19号
https://www.horei.co.jp/

（営　業）　TEL　03-6858-6967　　Eメール　syuppan@horei.co.jp
（通　販）　TEL　03-6858-6966　　Eメール　book.order@horei.co.jp
（編　集）　FAX　03-6858-6957　　Eメール　tankoubon@horei.co.jp

（バーチャルショップ）https://www.horei.co.jp/iec/
（お 詫 び と 訂 正）https://www.horei.co.jp/book/owabi.shtml
（書籍の追加情報）https://www.horei.co.jp/book/osirasebook.shtml

※万一、本書の内容に誤記等が判明した場合には、上記「お詫びと訂正」に最新情報を掲載しております。ホームページに掲載されていない内容につきましては、FAXまたはEメールで編集までお問合せください。

- 乱丁、落丁本は直接弊社出版部へお送りくだされば お取替えいたします。
- JCOPY〈出版者著作権管理機構 委託出版物〉
  本書の無断複製は著作権法上での例外を除き禁じられています。複製される場合は、そのつど事前に、出版者著作権管理機構（電話03-5244-5088、FAX 03-5244-5089、e-mail: info@jcopy.or.jp）の許諾を得てください。また、本書を代行業者等の第三者に依頼してスキャンやデジタル化することは、たとえ個人や家庭内での利用であっても一切認められておりません。

ISBN 978-4-539-72845-1